Englands Zivilprozeß

Von

Arthur Cu

Berlin · Verlag von Julius Springer · 1928

ISBN-13:978-3-642-93943-3 e-ISBN-13:978-3-642-94343-0
DOI: 10.1007/978-3-642-94343-0

Softcover reprint of the hardcover 1st edition 1928

Vorwort.

Wie mein Buch über „Englands Privat- und Handelsrecht“, so soll auch die vorliegende Darstellung des Zivilprozesses dazu bestimmt sein, dem Ausländer eine Übersicht und Orientierung zu geben.

Eine Aufklärung über die Mittel und Wege der Rechtsverfolgung in England erscheint um so eher angezeigt, als sich das englische Verfahren vom kontinentalen stark unterscheidet. Dazu kommt, daß das Prozessieren jenseits des Kanals recht teuer ist, was für den kontinentalen Interessenten eine vorläufige Orientierung besonders wünschenswert macht.

Ich glaube, daß dieses Buch, zusammen mit meiner Darstellung von Englands Privat- und Handelsrecht, dem Bedürfnis nach erster Information entgegenkommt. Über Einzelfragen wird man natürlich, wie ja übrigens auch auf dem Kontinent, immer einen in der Praxis stehenden Juristen befragen müssen, um so mehr, als auch das englische Recht trotz starker konservativer Tendenzen steter Wandlung unterliegt und selbst im Prozeßrecht die Präjudizien eine große Rolle spielen.

Zürich, den 1. Juni 1928.

Dr. ARTHUR CURTI,
Rechtsanwalt.

Inhaltsverzeichnis.

Seite

Vorwort III

Gesetze und Literatur XI

Erster Teil.

Die Personen der Rechtspflege.

Erstes Kapitel.

Die Rechtsanwälte, Solicitor und Barrister.

Zweites Kapitel.

Der Richter.

I. Allgemeines 5
II. Die Richter des High Court 6
III. Arbeitsteilung, Besetzung der Gerichte 6

Drittes Kapitel.

Hilfspersonen des Gerichtes.

I. Der Master 7
II. Die District Registrars 9
III. Official Referees (amtliche Begutachter, Schiedsrichter) 10
1. References for Trial. 2. References for Inquiry or Report. 3. Assessment of damages. 4. Submission to an Official Referee.
IV. Assessors 12
V. Sheriff, Bailiff, Receivers 12
VI. Die Geschworenen, die Jury 12
1. Die Grand Jury. 2. Die Petty Jury.

Zweiter Teil.

Gerichtsorganisation und Zuständigkeit.

Erster Abschnitt.

Die Gerichtsorganisation.

Erstes Kapitel.

Übersicht.

Zweites Kapitel.

Die King's Bench Division.

I. Die Richter 17
II. Zuständigkeit 17
1. Erstinstanzlich, insbesondere Handelssachen. 2. Als Berufungsinstanz (Divisional Court).
III. Hilfspersonen 20
1. Masters. 2. Die District Registrars. 3. Official Referees.

Drittes Kapitel.

Die Chancery Division.

Seite

I. Die Richter 20
II. Zuständigkeit 20

Viertes Kapitel.

Die Probate, Divorce and Admiralty Division.

I. Die Richter 21
II. Zuständigkeit 21
1. Ehesachen. 2. Testamentssachen (Probate Actions). 3. Admiralty-Prozesse, Fälle des Seerechts.

Fünftes Kapitel.

Der Court of Assize.

Sechstes Kapitel.

Der Court of Appeal, das Berufungsgericht.

I. Die Richter 24
II. Arbeitsteilung 24
III. Zuständigkeit 24
IV. Art der Entscheidung 25

Siebentes Kapitel.

Das House of Lords.

I. Die Richter 25
II. Zuständigkeit 25
III. Das Verfahren 25

Achtes Kapitel.

Das Judicial Committee des Privy Council.

I. Die Richter 25
II. Zuständigkeit 26

Neuntes Kapitel.

Niedere Gerichte.

Zweiter Abschnitt.

Gerichtsbarkeit, Zuständigkeit.

Erstes Kapitel.

Ursprüngliche (erstinstanzliche) Zuständigkeit.

I. Grundsatz (allgemeine Gerichtsbarkeit) 27
II. Grenzen der allgemeinen Gerichtsbarkeit 27
1. Gegenüber britischen Staatsangehörigen in England. 2. Gegenüber im Ausland wohnenden Personen.
III. Ausländische Aktiengesellschaften 29
IV. Konkurrenz verschiedener Gerichte 29
V. County Courts 30

Zweites Kapitel.

Berufungsinstanzen.

Dritter Teil.

Seite

Das Verfahren vor dem High Court.

Erste Abteilung.

Das Verfahren vor der King's Bench Division.

Erster Abschnitt.

Klageerhebung, einleitende Schritte.

Erstes Kapitel.

Der Writ of Summons.

I. Allgemeines 35
II. Issue of the writ 35
III. Service of the writ, Zustellung des writ 36
IV. Inhalt des writ 37
V. Arten der Indorsements 37
1. Generally indorsed. 2. Specially indorsed.

Zweites Kapitel.

Die Einlassung (appearance).

I. Allgemeines 41
II. Der Beklagte läßt sich nicht ein 42

Drittes Kapitel.

Originating summons.

Zweiter Abschnitt.

Das Verfahren vor dem „Master in Chambers“.

Erstes Kapitel.

Übersicht.

Zweites Kapitel.

Summarisches Verfahren bei liquidated damages, liquider Geldforderung.

I. Allgemeines 45
II. Beispiele von specially indorsed writs 47
III. Die Order XIV 48
IV. Beispiele 49
V. Klagen auf Rechnungsstellung (indorsement for an account) 50

Drittes Kapitel.

Summons for directions, prozeßleitende Verfügungen des master.

1. Pleadings (Schriftenwechsel) 52
2. Particulars 52
3. Evidence (Beweis) 52
4. Sicherheitsleistung für Kosten 52
5. Sistierung des Verfahrens 53
6. Ort und Gericht der mündlichen Hauptverhandlung (trial, place for trial) 53
7. Art des Prozeßverfahrens (Mode of trial) 53
8. Form der Zustellung des Summons for directions 53

Viertes Kapitel.

Die Pleadings, der Schriftenwechsel.

Seite

I. Allgemeines 57
II. Klagebegründung (Statement of Claim) 58
1. Angabe der Tatsachen. a) Kurze Einleitung; b) Klagegrund: α) aus Vertrag, β) aus unerlaubter Handlung; c) Schadensnachweis. 2. Art der Rechtshilfe.
III. Klageantwort (Defence) 61
1. Keine Antwort. 2. Traverse. 3. Confession and avoidance. 4. Bestreitung aus rechtlichen Gründen (Verjährung). 5. Zahlung an die Gerichtskasse. 6. Gegenforderung. 7. Widerklage. 8. Justification. 9. Beispiele.
IV. Reply (Replik) 67
V. Notice of trial; entry for trial 67
VI. Abstand vom Prozeß; discontinuance 69

Fünftes Kapitel.

Vorbereitung der Hauptverhandlung.

1. Particulars 70
2. Interrogatories; Discovery of facts 70
3. Discovery of documents 71
Beispiele von Affidavits of Documents 72
4. u. 5. Folgen der Verweigerung von Auskunftserteilung und Urkundenvorlage 74, 75
6. Urkunden und Bücher in dritten Händen, Geschäftsbücher von Banken 75
7. Aufforderung, Tatsachen anzuerkennen 76
8. Vorsorgliche Maßnahmen 76

Sechstes Kapitel.

Bereitstellung der Beweismittel.

I. Aufgabe der Parteien 77
II. Zeugen 77
III. Affidavit-Beweis; evidence on affidavit 78
IV. Urkunden 79
V. Wahl des urteilenden Gerichtes und Gerichtsortes 80

Siebentes Kapitel.

Interlocutory Proceedings vor dem Master.

I. Begriff 82
II. Form der Application 82
III. Zweck 83
IV. Setting aside a writ 83
V. Verbesserung und Ergänzung des writ und der pleadings 84
VI. Überweisung an ein Schiedsgericht 84
VII. Interpleader 85
VIII. Verweisung an den County Court 86
IX. Sicherstellung der Prozeßentschädigung 86
X. Third Party Procedure, Streitverkündung 87
XI. Particulars, genauere Angaben 89
XII. Striking out Pleadings 91
XIII. Interrogatories 91
XIV. Discovery of documents 92
XV. Discontinuance 94

Dritter Abschnitt.

Seite

Die Hauptverhandlung, the trial of an action (Hearing).

Erstes Kapitel.

Der Gang der Verhandlung.

I. Allgemeines 95
II. Abwesenheit einer Partei 97
III. Erscheinen beider Parteien 97
IV. Das Recht zu beginnen 98
V. Die Vorträge der Anwälte 98
VI. Vergleich 101
VII. Das summing-up des Richters 102
VIII. Der Wahrspruch der Jury 102
IX. Schadenersatz 103
X. Das Urteil, judgment 105
XI. Form des Urteils 105
XII. Schriftliche Wiedergabe von Urteilen, Urteilsbegründungen und Verhandlungen 106
XIII. Die Rechtskraft des Urteils 107
XIV. Verhandlung ohne Jury 108

Zweites Kapitel.

Die Beweisaufnahme; evidence.

I. Allgemeines 108
II. Mitwirkung von Geschworenen 108
III. Arbeitsteilung 109
1. Judge, Richter. 2. Jury, Geschworene.
IV. Beweismittel 109
1. Zeugen, oral evidence. 2. Urkundenbeweis, documentary evidence. 3. Augenschein, real evidence.
V. Terminologie (evidence, proof) 109
VI. Rechtsvermutungen (presumptions) 110
VII. Kein Beweis nötig, gerichtsnotorische Tatsachen, Zugeständnisse . 110
VIII. Beweislast, burden of proof 110
IX. Der Beweissatz; was zu beweisen ist 111
1. Nur Tatsachen, nicht Rechte (ausgenommen fremdes Recht). 2. Nur erhebliche Tatsachen. 3. Nur Tatsachen, die am Schlusse des Vorverfahrens streitig sind.
Nicht zu beweisen:
a) zugegebene Tatsachen; b) unbestreitbare Tatsachen: Estoppel by deed, Estoppel by record.
X. Zeugenbeweis 111
1. Aussage unter Eid. 2. Die Partei als Zeuge. 3. Ehemann und Ehefrau als Zeugen. 4. Pflicht zur Beantwortung aller Fragen.
Ausnahmen:
a) bei Gefahr strafrechtlicher Verfolgung; b) bei Gefahr der Überweisung wegen Ehebruchs; c) Ehemann und Ehefrau; d) Banquiers; e) Rechtsanwälte und Klienten; f) Geheimpflicht im öffentlichen Interesse.
XI. Sachverständige 112
XII. Urkundenbeweis, documentary evidence 114
I. Originalurkunden 114
1. Öffentliche Urkunden. 2. Gerichtliche Urkunden. 3. Bücher einer Bank, bankers books. 4. Privaturkunden.
II. Primary and secondary evidence (Beweis durch die Urkunde selbst, Beweis durch Personen, welche sie gesehen) 115

Vierter Abschnitt.

Vollstreckung; execution.

Seite

I. Allgemeines. Der Vollstreckungs-Writ 116
II. Formen von Vollstreckungs-Writs 117
III. Der writ of fieri facias 118
IV. Bei Grundstücken 119
V. Auf Besitz anderer Sachen als Grundstücke oder Geld 119
VI. Equitable execution (Bestellung eines Receiver, Sachwalters, Sequesterbeamten) 119
VII. Drittansprecher; interpleader 120
VIII. Beschlagnahme von Forderungen; garnishee proceedings 121
IX. Verhaftung des Schuldners; attachment of the debtor 122
X. Bei Weigerung, eine Urkunde zu errichten 122
XI. Writ of sequestration bei Zahlung an die Gerichtskasse 122

Zweite Abteilung.

Das Verfahren vor der Chancery Division.

Erstes Kapitel.

Prozesse, die durch Zustellung eines writ eingeleitet werden.

I. Allgemeines. Writ und Zwischenverfügungen (interlocutory proceedings) 123
II. Representative proceedings 124
III. Vorsorgliche Maßnahmen; interlocutory relief 125
IV. Summons for directions, prozeßleitende Verfügungen 127
V. Schriftenwechsel; pleadings 127
VI. Die öffentliche Hauptverhandlung (trial) und das Beweisverfahren (evidence) 127
VII. Urteil; judgment 127
VIII. Prüfung von Rechnungen, Festsetzung von Vermögen und andere Feststellungen; the master's certificate 128
IX. Sachwalter, receivers, Sequester 130
X. Vollstreckung; execution 130
1. Verhaftung (attachment) bei Mißachtung gerichtlicher Verfügungen, contempt of Court. 2. Charging order, Verarrestierung von Vermögen. 3. Distringa Notice; Sperrung von Aktien- und Obligationenregistern. 4. Equitable execution.

Zweites Kapitel.

Gesuche, die auf andere Art als durch writ of summons vor Gericht gebracht werden.

I. Originating summons 132
II. Originating motion 133
III. Petition 133

Dritte Abteilung.

Das Verfahren vor der Probate, Divorce und Admiralty Division.

Erstes Kapitel.

Das Verfahren vor dem Divorce Court in Ehesachen.

I. Übersicht 134
II. Das Verfahren 134
III. Der co-respondent 137

Seite
IV. Unterhaltsbeiträge während des Prozesses; alimony pendente lite 138
V. Ökonomische Folgen der Scheidung (maintenance) 139
VI. Unterhaltsbeitrag, maintenance, bei gerichtlicher Trennung 139
VII. Die Kinder; custody of children 139
VIII. Decree nisi; decree absolute 139
IX. Berufung 140
X. Kosten des Scheidungsprozesses 140

Zweites Kapitel.

Das Verfahren vor der Probate Division.

(Zulassung von Testamenten und Bestellung eines Erbschaftsverwalters.)

I. Nicht-streitige Fälle 140
II. Prozeßfälle 141
III. Das Verfahren 142
IV. Die Klage auf probate in solemn form 143
V. Wirkung der probate in solemn form 145

Vierter Teil.

Die Berufung, Appeal.

I. Allgemeines 146
II. Berufungen gegen Entscheide des High Court an den Court of Appeal 146
III. Hauptverhandlung 147
IV. Form der Berufung 148
V. Beispiel einer Berufungserklärung 150
VI. Aussichten einer Berufung 151
VII. Zuständiges Berufungsgericht 152
VIII. Berufung an das House of Lords 152

Anhang.

Fristen-Verzeichnis.

Fünfter Teil.

Erstes Kapitel.

Die Prozeßkosten 156

Zweites Kapitel.

Die Vollstreckung ausländischer Urteile in England 160

Drittes Kapitel.

Das Vollstreckungs- und Konkursverfahren 161

Viertes Kapitel.

Schiedsgerichtliches Verfahren; arbitration 172

Gesetze und Literatur.

Eine Übersicht über die gebräuchlichsten Gesetze und die allgemeine Literatur gibt des Verfassers Buch „Englands Privat- und Handelsrecht“, Bd. 1, S. 15 u. 16, und Bd. 2, S. 2—5, Berlin: Julius Springer 1927, in diesem Buche zitiert Curti I und II. Dort ist auch eine Darstellung des materiellen Privat- und Handelsrechtes zu finden. Hier seien die Gesetze und die Literatur gegeben, die für den Ausländer in Betracht kommen, der sich näher für das Prozeßrecht interessiert.

A. Gesetze.

Zu den Gesetzen müssen auch die von den Gerichten erlassenen Prozeßverordnungen, Rules, gerechnet werden, da sie Gesetzeskraft haben. Siehe unten S. 15.

Alle Prozeßvorschriften sind wiedergegeben in dem jährlich erscheinenden Buch „*The Annual Practice*“ (London, Sweet & Maxwell) und was speziell das Prozeßverfahren vor den County Courts betrifft in dem Buche „*Annual County Court Practice*“ (London, Sweet & Maxwell).

An einzelnen Gesetzen sind folgende zu erwähnen:

Supreme Court of Judicature (Consolidation) Act, 1925, auch bloß Consolidation Act oder Judicature Act genannt (ersetzt die Judicature Acts von 1873 und 1875). — Rules Publication Act, 1893. — Administration of Justice Act, 1925. — Rules of the Supreme Court, abgedruckt in „Yearly Practice of the Supreme Court“. — Court of Probate Act, 1857. — Probate Rules, 1862. — Matrimonial Causes Rules, 1924. — Appellate Jurisdiction Acts, 1876, 1887, ordnet u. a. die Zuständigkeit des House of Lords. — Juries Act, 1918. — County Courts Acts, 1888, 1903, 1919, 1924, von welchen das Gesetz von 1888 das grundlegende ist. — County Courts (Admiralty Jurisdiction) Acts, 1868, 1869. — Mayor's and City of London Court Act, 1920. — Arbitration Act, 1889. — Debtors Act, 1869. — Bankruptcy Act, 1914. — Bankruptcy (Amendment) Act, 1926. — Deeds of Arrangement Act, 1914.

B. Literatur.

Es kann hier nur die gebräuchlichste Literatur angegeben werden.

Stephens Commentaries on the Laws of England, 11. Aufl., Bd. 3 (Zivilprozeß), S. 439—751. Verlag Butterworth & Co. — Odgers on the Common Law of England, 3. Aufl., Bd. 2, S. 315—717, Verlag Sweet & Maxwell, Ltd., 1927. — Odgers Principles of Pleading and Practice in Civil Actions in the High Court of Justice, 9th Ed. London, 1926, Stevens and Sons, Ltd. — Cookle, Ernest: Cases and Statutes on the Law of Evidence, 4th Ed. London: Sweet & Maxwell, Ltd. — Hibbert, W. Nembhard: The Law of Procedure, a Handbook for students and practitioners. London 1921. — Wilshere, A. M.: The Outlines of Procedure in an Action in the King's Bench Division for the use of students, 3 rd. Ed. London 1923. — Stringer: The ABC Guide to Practice, Crown Office Practice, Davice and Boland, 1928. — Daniell, E. R.: Practice of the Chancery Division of the High Court of Justice, and on Appeal therefrom, 8th Ed. — Tristram and Coote: „Probate Practice“, 16th Ed. —

Brown and Watts: Law and Practice in Divorce and Matrimonial Causes, 10th Ed. — Roscoe, Williams and Bruces: Treatise on the Admiralty Jurisdiction and Practice. — Williams, Sir R. V.: Law and Practice in Bankruptcy, 13th Ed. 1926. — Ringwood: Principles of Bankruptcy. — Marston Garsia: Civil Procedure in a Nutshell with numerous specimens and examples of Writs, Pleadings, Summonses and Orders in use in the King's Bench Division of the High Court. London, Sweet & Maxwell Ltd., 1927. — Osborns Law Dictionary, Sweet & Maxwell, 1927. — Benas & Essenhigh's Precedents of Pleadings.

Juristische Zeitschriften.

The Law Times, Windsor House, Breams Buildings, London E. C.; The Solicitor's Journal, 94 Fetter Lane, London E. C. 4.

Eingehende systematische Verzeichnisse über die englische Rechtsliteratur sind unentgeltlich zu erhalten von der Buchhandlung Sweet & Maxwell, Ltd., in London. Dort können auch die einzelnen Gesetze (Acts of Parliament) separat bezogen werden.

Berichtigung.

Lies S. 154, Zeile 5 von unten: „innerhalb 14 Tagen“ statt „innerhalb 4 Tagen“.

Erster Teil.

Die Personen der Rechtspflege.

Erstes Kapitel.

Die Rechtsanwälte, solicitor und barrister.

I. Allgemeines. Die Arbeit des Rechtsanwaltes, des Advokaten, wird in England von zwei Berufsgruppen besorgt, den solicitors, die man Geschäftsanwälte nennen kann, und den barristers, den Anwälten der öffentlichen Gerichtsverhandlung[1].

Wenn auch die Mitglieder beider Gruppen die Wahrung und Verteidigung privater Rechte anderer Personen übernehmen, oft sogar gemeinsam dasselbe Interesse zu verteidigen haben, so sind doch solicitor und barrister scharf voneinander zu unterscheiden nach der Art ihrer Ausbildung, ihrer Arbeit, ja meistens auch nach ihrer sozialen Stellung.

In Deutschland, der Schweiz und in anderen Ländern des Kontinents besteht die Aufgabe eines Rechtsanwaltes, eines Advokaten, in der Wahrung sämtlicher rechtlichen Interessen der Klienten, sei es als Rechtsberater in nichtstreitigen Angelegenheiten, wie Verträgen, Testamenten, Gesellschaftsgründungen, sei es als Vertreter der Partei vor Gericht im schriftlichen und im mündlichen Verfahren. Ganz im Gegensatz dazu kennt England eine scharfe Arbeitsteilung bei Erledigung dieser Aufgaben. Während der in mündlicher Verhandlung vor Gericht auftretende Anwalt, mit dem Namen Barrister, ausschließlich die Vertretung in der mündlichen Verhandlung vor dem urteilenden Richter besorgt, fällt alle übrige Arbeit dem Solicitor zu.

Dies gilt für das führende und für die Rechtsprechung maßgebende Gericht, den Supreme Court of Judicature in London, während Solicitors in der Provinz und vor den unteren Gerichten, wie den County

[1] Der gemeinsame Name aller Juristen ist lawyer, also Rechtskundiger, da law Recht im objektiven Sinne ist —, im Gegensatz zu right —, dem Recht im subjektiven Sinn. Will der englische Jurist den Unterschied zwischen materiellem Recht und Prozeßrecht hervorheben, so nennt er das erstere *substantive law* und das letztere *adjective law*.

Courts, ebenfalls die Sache ihres Klienten in der mündlichen Verhandlung vertreten können.

Der rechtsuchende Klient wird sich deshalb an eine Solicitorfirma wenden und regelmäßig nur mit dem Solicitor persönlichen Kontakt haben, jedenfalls solange eine Sache nicht zur mündlichen Hauptverhandlung vor Gericht zitiert ist.

Der Barrister ist nach der herrschenden Übung für die Zuweisung von Prozessen ganz auf den Solicitor angewiesen, welcher den Prozeß nach beendetem Schriftenwechsel dem Barrister zur weiteren Besorgung übergibt mit den die mündliche Hauptverhandlung vorbereitenden Akten und mit einer Instruktion über den konkreten Rechtsfall, betitelt „brief". Ein Barrister, der keine Prozesse hat, ist ein „briefless barrister". Es wäre indessen unrichtig, wenn angenommen würde, der barrister befasse sich ausschließlich mit der Vertretung vor Gericht. In ganz wichtigen Rechtsfällen wird doch auch außergerichtlich das Gutachten eines barristers eingeholt. Man spricht dann von „Counsel's opinion".

II. Der Solicitor. Nachdem der Kandidat die ordentlichen englischen Schulen besucht und das Alter von 17 Jahren erreicht hat, tritt er direkt in die praktische Lehre bei einem Solicitor ein. Hier lernt er die Jurisprudenz des täglichen Lebens kennen, Verträge abschließen, Testamente errichten, überhaupt alles, was mit dem Rechtsleben zu tun hat. Dazu gehört auch die Zusammenstellung des Prozeßmaterials für das Verfahren in chambers (siehe unten) und die Vorbereitung der mündlichen Verhandlung bis zur Übergabe des „brief" an den Barrister. — Den Solicitors fällt ein großer Teil der Arbeit zu, die auf dem Kontinent von Notaren besorgt wird.

Die Solicitors gehören einer hochangesehenen Berufskorporation, der seit 100 Jahren bestehenden Law Society, an.

Vor dem Prüfungskomitee dieser Law Society hat der Kandidat verschiedene Prüfungen zu bestehen, zunächst beim Eintritt in die Lehre, um sich über die Elemente der allgemeinen Bildung auszuweisen, dann nach etwa 12 Monaten die Prüfung über die Elemente des englischen Rechtes und am Schlusse der fünfjährigen Lehrzeit das Schlußexamen über das ganze englische Recht des praktischen Lebens und die Kenntnis der wichtigeren Gerichtsentscheidungen.

An Lehrgeld zahlt der Solicitorkandidat £ 80 dem Staat, £ 100—£ 400 dem Lehrherrn, dem Solicitor, in dessen Bureau er arbeitet, und schließlich noch £ 30 vor der Eintragung in die Liste der Solicitors.

Der Kandidat erhält während der 5 Jahre Lehrzeit kein Honorar für seine Arbeit, doch meistens als Taschengeld (pocket money) einen großen Teil des Betrages, den er bei der Unterzeichnung des Lehrvertrages — £ 100—£ 400 — bezahlte.

Bei der Vielgestaltigkeit und der Masse der Geschäfte in London haben die bedeutenderen Solicitors in ihren Bureaus verschiedene Abteilungen, eine für den Liegenschaftsverkehr, die andere für Familienangelegenheiten, Vermögensverwaltungen usw., eine dritte für den Verkehr mit den Kolonien usw.

Es gibt Solicitors, welche sehr hohe Einkommen haben, £ 4000 und mehr.

III. Der Barrister oder Counsel. Seine Haupttätigkeit besteht in der Vertretung von Zivil- und Strafsachen in der mündlichen Hauptverhandlung vor Gericht. Obgleich in den verschiedenen Gerichtsabteilungen nach common-law und nach equity-Recht geurteilt wird, besteht heute gleichwohl noch die Übung — es besteht keinerlei Vorschrift —, daß in Zivilprozessen die Arbeit so verteilt wird, daß die einen Barristers nur Fälle vor der Bench Division und die anderen nur solche vor der Chancery Division des High Court übernehmen.

Schon seit dem 13. Jahrhundert sind die Barristers Mitglieder der besonderen vier Berufsinnungen, der Inns of Court in London. Es sind die Lincoln's Inn, die Gray's Inn, der Middle Temple und der Inner Temple. Diese bedeutenden Korporationen besitzen große Vermögen, eigene Gebäudekomplexe, so der Middle und der Inner Temple ein ganzes Quartier gegenüber dem höchsten Gerichtshof, begrenzt von der Fleetstreet auf der einen und der Themse auf der anderen Seite. Jede Korporation hat eine große Bibliothek, eine besondere Kirche und gemeinsame Gesellschaftsräume, wie Eßsäle. In den Inns sind auch die Bureaus der meisten Barristers von London, chambers genannt.

Diese Barristersinnungen sind vollständig unabhängig und besitzen das ausschließliche Recht, die Bewilligung zur Ausübung des Barristerberufes in England und Wales zu erteilen.

Voraussetzung der Zulassung als Barrister: Es wird zunächst Universitätsstudium verlangt, dessen Abschluß durch einen Universitätsgrad, einen university degree, meistens eines master of arts (M. A.) dokumentiert wird. Es ist nicht nötig, daß diese Studien an der Rechtsfakultät einer Universität absolviert wurden; es genügt die Erwerbung eines Grades an einer anderen Fakultät.

Schon bevor der angehende Barrister die Universität verläßt, meldet er sich zur Aufnahme in eine der vier Inns. Die Rechtskenntnisse erwirbt er sich aber nicht hier, sondern regelmäßig durch Privatunterricht, durch „Einpauken", oder durch besonders hierfür gehaltene Vorlesungen, für welche der Council of Legal Education sorgt. Es ist vorgeschrieben, daß der Barristerkandidat während der 3 Jahre nach seiner Anmeldung seine Anwesenheit in der Inn dadurch bekundet, daß er dort in jedem Quartal an einigen Mahlzeiten teilnimmt. Die Prüfungen zur Zulassung als Barrister sollen heute strenger sein als früher. Sie gehen schriftlich vor sich, indem dem Kandidaten gedruckte Fragen vorgelegt werden.

Alle Prüfungsfragen der Examina der letzten Jahre sind wiedergegeben in: A Digest of the Questions set at Bar Examinations von MARSTON GARSIA, London.

Ein aus älteren Barristers zusammengesetztes Examenkomitee, der Council of Legal Education, prüft in der ersten Prüfung sofort nach Anmeldung den Kandidaten über seine allgemeine Bildung; diese Prüfung wird ihm erlassen, wenn er einen Universitätsgrad hat, während in einer zweiten Prüfung, $1^1/_2$ Jahre später, über römisches und englisches Common Law- und Equity-Recht examiniert wird, und schließlich, frühestens 3 Jahre nach dem Eintritt in die Inn, erfolgt die Schlußprüfung. Besteht der Kandidat diese, so wird der junge Mann Barrister, oder mit dem englischen Ausdruck: „he is called to the bar".

Das Anmeldegeld beträgt £ 40 nebst einer Barkaution von £ 50, und zuletzt für die Zulassung £ 100. Total hat der junge Barrister, um in die Liste der Kollegen aufgenommen zu werden, £ 140 zu zahlen, da ihm die Kaution wieder zurückgegeben wird.

Der junge Barrister wird beträchtliche Zeit im Bureau eines leading barrister als junior barrister arbeiten, „he has to spend some considerable time reading in chambers", oft mehrere Jahre ohne Honorar. Es braucht oft Jahre, bis ein barrister bekannt ist und seinen eigenen Lebensunterhalt verdient.

IV. Das Verhältnis zwischen Solicitor und Barrister. Das Verhältnis zwischen Solicitor, Barrister und Klient ist ganz eigenartig. Der Klient kommt regelmäßig nur mit dem Solicitor in persönliche Berührung. Dieser, und nicht der Klient, übergibt den Auftrag zur Prozeßführung dem Barrister. Regelmäßig bezeichnet der Solicitor bei Übergabe der Akten auf dem „Brief" das Honorar, das er dem Barrister bezahlt. Der Barrister hat keine Klage auf Zahlung des Honorars. Doch ist er auch nicht verpflichtet, ein bezahltes Honorar zurückzugeben, und zwar selbst dann nicht, wenn er verhindert war, in dieser Sache vor Gericht zu gehen.

Es ist Aufgabe des Solicitors, alles Prozeßmaterial zusammenzutragen, die Beweise zu sammeln, insbesondere auch die Zeugenaussagen. Im Gegensatz zur kontinentalen Auffassung ist es dem Solicitor nicht bloß erlaubt, mit den Zeugen zusammenzukommen und mit ihnen über den Fall zu sprechen und sie zur Abgabe einer schriftlichen Zeugenaussage — a written deposition or proof — zu veranlassen, es ist dies sogar die Pflicht eines guten Solicitors, wie er auch dafür zu sorgen hat, daß die Zeugen und Sachverständigen, die er wählte, bei der mündlichen Verhandlung zugegen sind.

Der Barrister wird, wenn er vor Gericht plädiert, Counsel genannt. Oft vertreten mehrere Barrister gleichzeitig eine Partei. Der eine ist dann der führende Anwalt, der leading counsel, während die anderen die junior counsels genannt werden.

Ein erfolgreicher Anwalt kann vom Lord Chancellor zum King's Counsel (K. C.) ernannt werden; „he takes silks", da er dann eine seidene Robe trägt. Doch darf er keinen Prozeß mehr gegen die Krone führen, es sei denn mit Erlaubnis der Krone, die in der Praxis indessen nie verweigert wird. Die juristischen Vertreter der Krone zur Führung von Prozessen werden aus der Reihe der Barristers genommen. Es sind dies der Attorney General und der Solicitor General. Dies sind politische Ernennungen; diese Beamten kommen und gehen mit der Regierung, der sie angehören.

Ein erfolgreicher Barrister kann jährlich weit mehr als £ 5000 verdienen. Seine Stellung ist eine sozial sehr hohe. Er hat auch Aussichten auf die Wahl zu noch angeseheneren Posten. So ist Lord Reading Vizekönig von Indien geworden. Vor allem werden tüchtige Barristers zu einer von der Krone gewährten Richterstelle im High Court berufen. Mag auch ein solcher Richter weniger als ein angesehener Barrister, d. h. bloß £ 5000 verdienen, so ist eine Richterstelle doch sehr begehrt. Der Richter ist unabsetzbar und erhält regelmäßig den Titel eines Lord. Nur ausnahmsweise, bei schlechtem Lebenswandel, kann ein Richter durch besonderen Parlamentsbeschluß abgesetzt werden.

Zweites Kapitel.

Der Richter.

I. Allgemeines. Die Mitglieder fast aller Gerichte, auch der unteren, werden von der Krone aus den Reihen der Anwälte gewählt.

Die Autorität des ungeschriebenen Rechtes und seine Fortentwicklung war nur dadurch möglich, daß die von der Regierung eingesetzten englischen Richter Juristen von hervorragender Qualität mit außerordentlich gesundem common sense sind. Ihre sozial hohe Stellung, vor allem auch gesichert durch hohe Besoldung sowie die Garantie der Unabsetzbarkeit schaffen dem englischen Richter die höchste Autorität, so daß seine Urteile keiner Kritik unterworfen sind, sondern wie Sprüche eines unfehlbaren Gelehrten von Juristen und Parteien gewürdigt werden.

Das ist aber nur in England möglich, wo der von der Regierung gewählte, höchstbesoldete Richter eine absolute Autorität genießt, wie man sie anderswo vergebens sucht. Der Richter des Supreme Court of Judicature gilt als der tüchtigste Kenner des Landesrechts, von dessen Unparteilichkeit jedermann überzeugt ist. Er fühlt sich in keiner Weise als Vertreter einer Klasse, wennschon er sozial einer höheren Gesellschaftsklasse angehört. Es besteht denn auch in England keinerlei Juristenkaste, wie vielleicht in der Zeit der Monarchie in Deutschland. Darüber, daß tatsächlich die Richter zu den tüchtigsten Männern des Landes zählen, kann in England kein Zweifel sein. Der gesunde common sense bewahrt sie davor, Formalisten zu sein, abgesehen vielleicht von der Gebundenheit an das alte Recht und an das alte Herkommen. Das erste Erfordernis für den Richter in England ist seine Qualität als gebildeter Ehrenmann, als Gentleman, als Mann von Charakter.

Die Barristers und die Richter tragen in der Gerichtsverhandlung graue Perücken und eine Robe. Trotz dieser in der modernen Zeit zopfig anmutenden Kleidung ist der Verkehr zwischen Richtern, Rechtsanwälten, Parteien und Zeugen ein recht ungezwungener, oft sogar weniger steif als auf dem Kontinent. Der Richter des High Court wird von Anwälten, Parteien und Zeugen als „my Lord" angesprochen, und ein Barrister bezeichnet den Gegenanwalt als „my learned friend", „mein gelehrter Freund".

II. Die Richter des High Court. Die Richter des High Court sind der Lord Chancellor, welcher ex officio Vorsitzender der Chancery Division ist, der Lord Chief Justice, welcher ex officio Vorsitzender der Bench Division ist, der Vorsitzende der Probate, Divorce and Admiralty Division, und fünfundzwanzig weitere Richter, welche den Titel „Justices of the High Court" haben, und von welchen sechs in der Chancery Division, siebzehn in der Bench Division und zwei in der Probate, Divorce and Admiralty Division sitzen.

Während der Lord Chancellor und der Lord Chief Justice politische Persönlichkeiten sind und zufolgedessen auch von der jeweiligen Regierung in freier Wahl zu ihrem Amte ernannt werden, aber auch bei einer Änderung der Regierung ihre Position als Richter verlieren, sind die ordentlichen Richter unabsetzbar. Sie müssen, bevor sie ernannt werden, wenigstens 10 Jahre hindurch praktizierende barristers gewesen sein.

Mit wenigen Ausnahmen haben alle Richter des High Court gleiche Befugnisse. Sie können auch in jeder Abteilung dieses Gerichtes sitzen.

Der Lord Chancellor ist berechtigt, jede Person, welche einmal Richter des High Court oder des Court of Appeal war, zu Verhandlungen des Court of Appeal oder des High Court beizuziehen.

Die Richter des High Court sind sehr gut bezahlt. Der Lord Chancellor bezieht jährlich — allerdings inbegriffen sein Honorar als Vorsitzender [speaker] des House of Lords — £ 10000, der Lord Chief Justice £ 11000, der Master of the Rolls [Vorsitzender des Court of Appeal] £ 6000, und jeder ordentliche Richter je £ 5000. Überdies kommt ihnen nach Rücktritt vom Amte noch eine schöne Pension zu.

III. Arbeitsteilung, Besetzung der Gerichte. In der King's Bench Division sitzt ein Richter entweder allein oder mit einer Jury. Selten werden sachverständige Beisitzer, Assessors, regelmäßig aber nur in Seesachen (Admiralty matters) zugezogen.

Ein großer Teil der Jurisdiction des High Court wird durch die aus zwei oder mehr Richtern des High Court gebildeten *Divisional Courts* ausgeübt.

Der Divisional Court beurteilt vor allem Berufungen gegen Entscheidungen niederer Gerichte.

Der Vorsitzende der King's Bench Division ist der Lord Chief Justice of England. Er wird durch den Prime Minister ernannt. Dieser Abteilung gehören ferner an 17 puisne Judges (17 ordentliche Richter), welche durch letters patent von der Krone auf Vorschlag des Lord Chancellor gewählt werden. Zur Zeit ihrer Wahl müssen sie wenigstens 10 Jahre barristers gewesen sein (Judicature Act, 1925, s. 9, sub. s. 1).

Der größte Teil der Arbeit der Richter besteht in der Leitung von Zivilprozessen mit oder ohne Geschworene, entweder an den Royal Courts of Justice in London oder in den Assizes in verschiedenen größeren Städten von England und Wales.

Ein Richter amtet jeden Tag in den Judges' Chambers der Royal Courts in London, um Berufungen gegen Entscheidungen der masters und um andere interlocutory matters, d. h. Zwischenverfügungen und vorsorgliche Maßnahmen, zu behandeln (siehe S. 50, 81 ff. unten).

Die Geschäfte des High Court of Justice verteilen sich auf verschiedene Gruppen. Getrennte Listen der Rechtsfälle — cause-lists — werden aufgestellt in bezug auf Geschäfte vor special jury, vor common jury, für Geschäfte, welche in die Beurteilung durch den Richter allein fallen, Handelssachen, und short causes, welche im summarischen Verfahren nach Order XIV (siehe S. 48) zu erledigen sind, ebenso wie revenue cases (Steuerfälle), motions for judgment (Antrag auf Erlaß eines sofortigen Urteils).

Wenn der Richter eine Gerichtsverhandlung leitet oder sonst amtlich tätig ist, wird er von einem Sekretär assistiert, einem associate, der, wenn es notwendig ist, Geschworenen und Zeugen den Eid abnimmt und die Urkunden vorliest, die im Beweisverfahren zugelassen werden.

Drittes Kapitel.

Hilfspersonen des Gerichtes.

I. Der Master. Die Richter werden in wertvoller Weise unterstützt durch die masters. Diese Beamten sind gewählt durch den Lord Chancellor, den Lord Chief Justice und den Master of the Rolls, abwechselnd bald von jenem, bald von diesem. Die masters müssen entweder barristers sein oder solicitors, welche schon 5 Jahre praktiziert haben.

Die masters der King's Bench Division sind alle barristers, während die masters der Chancery Division solicitors sind und vom Lord Chancellor ernannt werden.

Die Aufgaben der masters sind sehr verschieden. Unter ihrer Aufsicht steht die zentrale Gerichtskanzlei, the central office des Supreme Court. Hauptaufgabe der masters ist es aber, alle zur Vorbereitung der mündlichen Hauptverhandlung des ordentlichen Prozesses erforderlichen Verfügungen zu treffen. Siehe darüber eingehend unten S. 44. Die masters sind Stellvertreter des Richters und haben in dieser Eigenschaft das Recht, alle diejenigen Geschäfte, besonders sog. interlocutory business, zu behandeln (S. 50, 81) und solche Autorität und Jurisdiktion auszuüben, die durch einen Judge in Chambers übertragen oder ausgeübt werden können, jedoch mit **Ausnahme** folgender Angelegenheiten:

a) alle Sachen, welche sich auf Strafprozesse oder auf die Freiheit eines Bürgers beziehen;

b) die Bewilligung der Zustellung eines „writ or notice of a writ of summons" außerhalb dem örtlichen Gebiete der Jurisdiktion des englischen Richters;

c) Behandlung von Berufungen gegen Entscheide von district registrars;

d) Prohibitions, d. h. Befehle an niedere Gerichte, dazu bestimmt, dort anhängige Prozesse zu sistieren oder einem anderen Gericht zu überweisen, weil sie selbst nicht zuständig sind.

e) Injunctions (Befehle) und andere orders nach s. 45 des Judicature Act, 1925, z. B. ein „mandamus", d. h. ein Befehl an eine Person, ihre durch Gesetz zugewiesene Pflicht zu erfüllen. Ausgenommen von dieser Ausnahme, also zulässig, sind orders des master, durch welche bei equitable execution die Ernennung von receivers erfolgt, sowie injunctions (gerichtliche Befehle, Verbote und Gebote), soweit diese mit der equitable execution zusammenhängen.

f) Reviewing taxation of costs: Überprüfung und Festsetzung von Prozeßentschädigungen.

Abgesehen von diesen Ausnahmen haben die masters ferner Untersuchungen und Erhebungen anzustellen in Geschäften, die ihnen sonst durch irgendeine Gerichtsabteilung oder einen Richter zugewiesen werden.

Zwei masters arbeiten als taxing masters um Solicitors-Rechnungen zu taxieren (die taxing-masters waren bei ihrer Ernennung solicitors).

Jede Person, welche durch eine order eines masters betroffen wird, kann dagegen an den Richter in chambers Berufung einlegen.

Die Berufung muß erfolgen innerhalb von 5 Tagen nach dem angegriffenen Entscheid oder binnen einer längeren Frist, wenn solche zugestanden wurde (Order LIV, c. 21). Die äußere Form der Berufung ist regelmäßig die einer Zustellungsurkunde an die Gegenpartei, auf deren

Rückseite der Master die Berufung vermerkt. In dringenden Fällen kann von einer Zustellungsurkunde abgesehen werden, doch muß der Gegenpartei von der direkt eingegebenen Berufungserklärung sonst Mitteilung gemacht werden. Eine Berufung gegen eine Entscheidung eines masters hat keine Sistierung des Verfahrens zur Folge, es sei denn, daß ein Richter oder ein master eine solche verfügte. In allen Fällen ist ferner eine Berufung zulässig an den Court of Appeal, doch gilt die Regel, daß der Richter oder der Court of Appeal formell die Berufung erlauben, d. h. die „leave“ geben müssen.

Eine Hauptarbeit leisten die masters als prozeßleitende Personen im Vorverfahren des Zivilprozesses in der Zeit zwischen der Einlassung des Beklagten und der Überweisung des Falles an das urteilende Gericht.

Das Verfahren vor High Court zerfällt regelmäßig in zwei Teile, in die mündliche Hauptverhandlung in open court vor dem urteilenden Richter, und in das vorausgehende vorbereitende Verfahren, den Schriftenwechsel der Parteien zur Feststellung der Tatsachen, welche für den Ausgang des Prozesses wesentlich sind und von der einen oder der anderen Partei bewiesen werden müssen. Dieses Vorverfahren spielt sich regelmäßig in der Amtsstube des Beamten ab, welcher den Richter vertritt, eben des masters. Bei der Probate, Divorce and Admiralty Division führt er den Titel Registrar.

Der master nimmt in seiner Amtsstube die Wünsche und Gesuche der Parteien entgegen, er erläßt die zur Aufklärung der Streitfragen für das Vorverfahren nötigen Verfügungen, orders. Dieses Verfahren geht „in chambers“ vor sich.

Ein Gesuch zur Behandlung einer Sache „im Bureau“, also ein Gesuch at chambers (application at chambers), ob es für einen Richter oder einen master bestimmt ist, wird gewöhnlich durch summons (gerichtliche Zustellung an die Gegenpartei) gemacht; in *dringenden* Fällen kann es indessen *ex parte* erfolgen, d. h. ohne Mitteilung an die andere Partei.

II. Die District Registrars. In den größeren Provinzstädten sind Filialbureaus des Central Office des High Court of Justice, welche *district registries* genannt werden. Der Beamte, welcher das district registry leitet, der district registrar, hat in allen Klagesachen seines district registry dieselben Befugnisse wie ein master und verrichtet wesentlich dieselbe Arbeit.

Jeder Kläger, wo immer er wohnt, kann nach freier Wahl (abgesehen von der Probate-Klage) seinen writ entweder beim district registry registrieren oder beim central office in London (Order V., r. 1).

Wenn er das erste vorzieht, so wird das ganze Prozeßverfahren, es sei denn andere Verfügung getroffen worden, im district registry registriert, und zwar inbegriffen die Eintragung des Urteils, ebenso wie das darauf folgende Verfahren zur Vollstreckung des Urteils (Order XXXV., rr. 1, 5).

Wenn der writ of summons von einem district registry ausging und der Kläger zu einem interlocutory judgment berechtigt ist, so muß dieses im district registry eingetragen werden. Dies hat auch zu geschehen mit dem Endurteil, wenn ein Schadenersatz zugesprochen wurde (Order XXXV., r. 2).

Andererseits kann jede Partei, wenn eine Klage in London eingebracht wurde, eine Order erwirken, durch welche der Prozeß einem district registry zugewiesen wird (Order XXXV., r. 17).

Die Berufung gegen die Entscheidung eines district registrar geht an den Judge in chambers in London.

III. Official Referees (amtliche Begutachter, Schiedsrichter). Nach dem Judicature Act, 1925, ss. 88—97, haben die Official Referees die Aufgabe, solche Rechtsfragen und Klagen zu behandeln, welche ihnen nach den Vorschriften der Gesetze oder irgendeiner Gerichtsverordnung zugewiesen werden. Ebenso müssen sie als Schiedsrichter, arbitrators, handeln in Fällen, die ihnen nach dem Arbitration Act, 1889, zugeteilt sind.

Gegenwärtig gibt es drei official referees. Sie sind Beamte des Supreme Court und haben ihre Bureaus in den Royal Courts of Justice in London. Doch müssen sie Geschäfte im ganzen Königreich besorgen.

Die Aufgaben der official referees sind dreifacher Art. Sie haben die verschiedenen References, d. h. die ihnen zugewiesenen Geschäfte, zu behandeln. Man unterscheidet:

1. References for trial gemäß s. 14 des Arbitration Act, 1889,
2. References for inquiry and report nach s. 13 dieses Gesetzes,
3. Festsetzung von Schadenersatz gemäß Order XXXVI., r. 57,
4. References to him als Schiedsrichter mit Zustimmung der Parteien oder nach einer Verfügung des High Court gemäß s. 3 des Arbitration Act, 1889.

Entscheidungen von Referees können durch den Judge, den Richter des High Court, in der Regel aufgehoben werden. Gegen die Verfügung des Richters selbst ist regelmäßig auch Berufung an den Court of Appeal möglich.

Es steht jederzeit auch im Ermessen der Parteien durch Vereinbarung eine Streitsache zur Beurteilung einem von ihnen bezeichneten Schiedsrichter zu übertragen.

Wenn die Parteien einen *special* oder *particular referee*, also eine nicht amtliche Person, bestimmen, so können sie seinen Namen in die order of references eintragen. Sonst wird das Geschäft an den gerade an der Reihe befindlichen official referee überwiesen (Order XXXVI., r. 45).

Der Lord Chancellor und der Lord Chief Justice von England haben ein jeder das Recht, die Übertragung von irgendwelchen causes und matters von einem official referee auf einen anderen zu verfügen, wenn die Geschäftslage eine solche Übertragung angezeigt erscheinen läßt (Order XXXVI., r. 47 B).

Man unterscheidet zwei Arten von References, nämlich References for Trial und References for Inquiry or Report. Bei den erstern erfolgt die Überweisung, damit der referee selbständig Beweise aufnimmt und urteilt, so daß der Richter daran nichts mehr ändern kann — vorbehältlich natürlich auf dem Wege der Berufung. Bei den References for Inquiry or Report erhält dagegen der referee nur den Auftrag, Beweise aufzunehmen und zu protokollieren oder über bestimmte bestrittene Fragen einen Bericht abzugeben und zwar zu Handen des Richters, welcher dann die Entscheidung trifft, sei es daß er die Arbeit und den Bericht des referee gutheißt oder verwirft oder zur Ergänzung und Verbesserung wieder dem referee zurückgibt. Ist die Beurteilung des ganzen Streites einem referee for trial überwiesen, so kann er wie der Richter selbst ein Urteil erlassen.

1. References for Trial. In irgendeiner Prozeßsache (ausgenommen im Strafprozeß) kann der Gerichtshof oder der Judge zu jeder Zeit die ganze Streitsache oder irgendeine Frage über Tatsachen „for trial", d. h. zur Beweisaufnahme und definitiven Beurteilung, vor einen official referee bringen:

a) wenn alle interessierten Parteien, welche frei handlungsfähig sind, zustimmen; oder

b) wenn the cause or matter eine länger dauernde Prüfung von Urkunden verlangt, oder eine wissenschaftliche Expertise oder einen Augenschein (local investigation, Hamelson v. Merchants' Marine Insurance Co., 1889), welche Beweiserhebungen nach der Ansicht des Gerichtes oder eines Judge nicht in gehöriger Weise vor einer Jury oder einem ordentlichen Richter vor sich gehen können; oder

c) wenn die Streitfrage ganz oder teilweise Rechnungsfragen, Abrechnungsfragen betrifft (Judicature Act, 1925, s. 89 (c)). Wenn irgendein wichtiger Teil der Streitsache in einem Rechnungsprozeß nicht gehörig im ordentlichen Verfahren erledigt werden kann, so hat der Gerichtshof oder der Judge das Recht, die ganze Sache dem referee zu überweisen (Ward v. Pilly (1880); Hurlbatt v. Barnett & Co. (1893)).

Eine Order gestützt auf s. 89 des Judicature Act, 1925, kann nur in einem anhängigen Prozeß erfolgen und muß absolut begrenzt sein auf Fragen, welche im Prozeß entstehen, es sei denn, daß die Parteien vereinbaren, daß auch andere Fragen durch den referee erledigt werden, in welchem Falle der Schiedsspruch des referee zufolge der Zustimmung der Parteien Rechtskraft erlangt.

2. References for Inquiry or Report. Vorbehältlich besonderer Prozeßverordnungen und dem Rechte, daß besondere Fälle nur durch die Jury beurteilt werden sollen, kann ein Judge irgendeine Frage in irgendeiner cause oder matter (abgesehen von Strafsachen) irgendeinem official oder special referee for inquiry or report überweisen. Es handelt sich dabei regelmäßig um die Einvernahme von Zeugen.

Der referee berichtet dem Judge, welcher ihm die Frage unterbreitet hat, über das Resultat seiner Arbeit; und dieser Richter kann den Bericht annehmen und darauf gestützt direkt ein Urteil eintragen lassen, es sei denn, daß eine Partei den Antrag stellt, daß der Bericht geändert oder zurückgeschickt werde an denselben oder an einen anderen referee zu weiterer Untersuchung (Order XXXVI., rr. 54, 55; 52 u. 53 Vict. c. 49, s. 10, ss. 91, 92, Judicature Act, 1925).

3. Assessment of damages. Der Richter kann in jedem Stadium eines Prozesses einen referee beauftragen, die Höhe des Schadens festzustellen, wenn es sich um einen Schadenersatz handelt.

4. Submission to an Official Referee. Amtliche Schiedsrichter. Die Parteien irgendeines Rechtsstreites können, bevor sie überhaupt rechtliche Schritte einleiten, vereinbaren, daß sie die Entscheidung einem official referee, einem „öffentlichen Schiedsrichter", übertragen. Dieser hat dann dieselben Befugnisse wie ein Schiedsrichter nach dem Arbitration Act, 1889 (siehe darüber unten S. 172).

IV. Assessors. Die Gerichte können auch sachverständige Beisitzer, assessors, zu den Verhandlungen zuziehen. Doch geschieht dies nur in den Prozessen vor Admiralty Court, also in Seesachen.

V. Als Hilfsbeamte des Gerichtes können auch der **Sheriff** und der **Bailiff** bezeichnet werden, welche Urteile zu vollstrecken haben, sowie die verschiedenen *receivers*, *trustees*, *Sequesterbeamten* und *Vermögensverwalter*, welche vom Gericht einen Auftrag erhalten in bezug auf die Verwaltung oder die Verfügung über das Streitobjekt; im Konkursverfahren besonders der Official Receiver und der Trustee.

VI. Die Geschworenen, die Jury. Auch die Geschworenen sind Hilfspersonen der Rechtsprechung.

Mehr als in einem anderen Lande werden zur Rechtsprechung in England auch Geschworene zugezogen. Ihr eigentliches Wirkungsgebiet ist der Strafprozeß erster Instanz. Bei einem Berufungsgericht ist die Jury ausgeschlossen. Doch ist sie sonst auch in allen Zivilprozessen möglich, zur Beurteilung des Tatsachenbeweises. Vor allem ist sie zulässig vor dem High Court, und zwar vor seiner Abteilung, die den Namen King's Bench Division führt. Doch wiegen hier die juristischen Fragen derart vor und es ist so schwierig, tüchtige Geschworene zu gewinnen, daß die Jury mehr Ausnahme als Regel ist. Die Chancery Division behandelt einen Gerichtsfall stets *ohne* Geschworene. England kennt das Schwurgericht, die Jury, in drei besonderen Verfahren:

1. Die Grand Jury, Anklagejury im Strafprozeß. Sie besteht gewöhnlich aus 23 angesehenen Personen (men of the best figure), meistens sind es Friedensrichter, die bei Beginn einer Schwurgerichtsperiode zusammentreten, um die verschiedenen Anklageschriften (indictments) auf ihre Wahrscheinlichkeit (probable ground) zu prüfen. Kommt die Anklagejury zur Überzeugung (mit einer Mehrheit von 12 Stimmen), daß ein Grund zur Eröffnung der Hauptverhandlung gegeben ist, so gibt sie dieser Meinung Ausdruck durch die Bemerkung „a true bill“ oder „found“, im entgegengesetzten Falle wird auf der Anklageschrift die Bemerkung gesetzt „not a true bill“. Die Grand Jury hört nur Belastungszeugen an.

2. Die Petty Jury (die Urteilsjury), und zwar:

a) in Strafsachen,

b) in Zivilsachen.

Spricht man von Geschworenen, so denkt man zunächst regelmäßig an ihre Mitwirkung während der Beweisaufnahme und Beweiswürdigung. Ursprünglich hatten die Geschworenen nicht bloß über den ihnen durch Zeugen vorgeführten Tatbestand zu urteilen, sondern es waren „Leute, die aus eigener Sachkenntnis, auch wohl unterstützt durch Mitteilungen und Meinungen glaubwürdiger Nachbarn, über Schuld oder Unschuld, über Recht oder Unrecht des Anspruches ihre Meinung aussprachen.“

Erst in späterer Zeit sind die Geschworenen auf die Aufgabe beschränkt worden, für die sie heute einberufen werden.

Erfahrene Juristen beurteilen das Schwurgericht nicht mehr günstig. Die Arbeitsteilung zwischen dem Judge, dem Berufsrichter, und der Geschworenenbank geschieht nach einem unnatürlichen Schema: der Richter soll nur über Rechtsfragen urteilen, in diesem Rahmen aber absolut ausschlaggebend sein, während die Geschworenen nur über Tatsachen zu entscheiden haben. In vielen Fällen läßt sich ein solcher Unterschied nicht durchführen. Dazu kommt, daß nur der Berufsrichter, der Judge, darüber entscheidet, welche Fragen in seine ausschließliche Zuständigkeit fallen und über was die Geschworenen ihre Meinung abgeben sollen. Sehr oft wird der Richter dazu kommen, Fragen, die eigentlich den Geschworenen zu unterbreiten wären, ihnen zu entziehen, da er von der Ansicht ausgeht, daß die Geschworenen als Laien kein Verständnis dafür haben.

Ferner hängt es auch sonst vom Ermessen des Richters ab, der Beweisaufnahme engere oder weitere Grenzen zu stecken, indem er z. B. bestimmt, welche Tatsachen zu beweisen und welche Fragen bei der Zeugeneinvernahme zulässig sind. So kommt es, daß bei der Mitwirkung von Geschworenen die Personen, welche den Ausgang des Prozesses bestimmend beeinflussen, die prozeßleitenden Richter in Verbindung mit den Parteianwälten sind, die Bedeutung der Geschworenen aber sehr zurücktritt, ganz abgesehen davon, daß der Berufsrichter zufolge seiner besonderen Ausbildung, Erfahrung und Routine über die Geschworenen dominiert, um so mehr als er in seinem „summing up", seiner Rechtsbelehrung, in seiner persönlichen Ansichtsäußerung in keiner Weise beschränkt ist.

So erklärte ein Richter in einem Schadenersatzprozeß, der Anwalt des Beklagten habe den Kläger mit Recht Schwindler, impostor, genannt.

Dazu kommt, daß der Richter nicht absolut an den Wahrspruch der Geschworenen gebunden ist, die Geschworenen sogar nach Hause schicken kann, wenn er mit ihnen nicht zufrieden ist, um das Beweisverfahren zum zweiten Mal vor einer anderen Geschworenenbank vor sich gehen zu lassen.

Daß die Mitwirkung der Geschworenen das Prozessieren nicht billiger macht, liegt auf der Hand. Es ist zu unterscheiden zwischen common jury und special jury. Während zur erstgenannten jeder Bürger, der ein bestimmtes Minimalvermögen hat, z. B. jeder Hauseigentümer, zugezogen werden kann, wird auf Verlangen einer Partei eine special Jury, eine Geschworenenbank aus Angehörigen der gebildeten Klassen einberufen, aus Leuten, die eine eigene Meinung vertreten, wie Kaufleute, Bankiers, „esquires, or persons of higher degree, or bankers or merchants".

Die Jury übt heute keinen großen Einfluß auf die Rechtsprechung aus, da der Berufsrichter, welcher die Verhandlungen leitet, durch seine Prozeßleitung der ausschlaggebende Faktor der Rechtsprechung auch bei Prozessen ist, in welchen Geschworene zugezogen werden.

Es ist dies um so mehr der Fall, „als sich die Angehörigen der oberen Stände in immer höherem Maße durch Gesetz und Herkommen von der Geschworenenpflicht entbinden lassen, so daß die Jury immer mehr eine Geschworenenbank der kleinen Leute geworden ist und damit nahezu zu einer Karikatur des Grundgedankens der ganzen Einrichtung". So schreibt Dibelius in seinem Werke über England, Bd. I, S. 369, fügt aber die Worte hinzu: „Trotz aller, auch in der englischen öffentlichen Meinung offen geäußerten Einwendungen ist jedoch an eine Abschaffung oder auch nur grundlegende Änderung dieses unendlich volkstümlichen Palladiums der Freiheit nicht zu denken."

Zweiter Teil.

Gerichtsorganisation und Zuständigkeit.

Erster Abschnitt.

Die Gerichtsorganisation.

Erstes Kapitel.

Übersicht.

Die Gerichtsorganisation und das Prozeßverfahren der englischen Gerichte ist durch die verschiedenen Judicature Acts, insbesondere von 1873 und 1925, festgesetzt, gestützt auf welche von Zeit zu Zeit besondere Orders und Rules für die Praxis erlassen werden.

Es gibt ein Rule Committee von fünf Richtern: dem Lord Chancellor, zwei praktizierenden Barristers und zwei praktizierenden Solicitors. Es hat ausgedehnte Befugnisse, um das Verfahren zu ordnen. Die von ihm beschlossenen Rules werden während 40 Tagen auf den Tischen der beiden Parlamentshäuser deponiert. Eines der beiden Häuser kann ihre Anwendung verhindern. Nach unbenützter Frist erlangen sie aber Rechtskraft.

Sämtliche Rules, wie überhaupt alle Prozeßvorschriften, ob sie sich auf Gesetz oder gerichtliche Verfügungen beziehen, sind in dem jährlich neu aufgelegten dicken Buche enthalten, das den Titel trägt: *The Annual Practice* (London, Sweet & Maxwell). Diese Sammlung wird von allen Gerichten und allen Anwälten benutzt. Dem gleichen Zweck dient auch das in rotem Einband erscheinende Buch „The Yearly Practice of the Supreme Court", genannt „The Red Book" (London, Butterworth Cie., Ltd.).

Für einen Ausländer hält es schwer, sich in der Gerichtsorganisation Englands auszukennen, weil die Zuständigkeit der Gerichte nach ganz anderen Gesichtspunkten geordnet ist als auf dem Kontinent. Man hat in England davon auszugehen, daß das für die Rechtsprechung in ganz prominenter Weise maßgebende Gericht der von den höchsten

Richtern besetzte Supreme Court of Judicature in London ist, und zwar dessen High Court, der sowohl original jurisdiction für alle Rechtsfälle im ganzen Lande hat, also erstinstanzlich zuständig ist, dem aber auch appellate jurisdiction, also Zuständigkeit in Berufungen gegen Entscheide anderer Gerichte zukommt. Der ebenfalls zum Supreme Court of Judicature gehörende Court of Appeal ist erste Berufungsinstanz gegen Entscheidungen des High Court, während höchste über allen Gerichten stehende Berufungsinstanz das House of Lords ist.

Es ist für England besonders charakteristisch, daß grundsätzlich jeder Rechtsstreit gegen jede in England und Wales wohnende Person erstinstanzlich vor den High Court in London gebracht werden kann (siehe darüber S. 27).

Die niederen, also unter dem High Court stehenden Gerichte spielen zwar für die vielen kleinen und lokalen Rechtshändel des täglichen Lebens in England selbst eine große Rolle — vor allem die County Courts —. Für größere und grundsätzliche Entscheidungen und vor allem für Rechtsfälle, welche für den internationalen Handel und Verkehr in Betracht kommen, haben sie aber keine Bedeutung. Es wird deshalb in diesem Buche von einer eingehenden Darstellung des Verfahrens vor den niederen Gerichten abgesehen.

Folgende Übersicht gibt ein Bild der Gerichtsorganisation.

Ordentliche Gerichte.

Inferior Courts (niedere Gerichte)		Court of Quarter Sessions u. County Courts, Court of Petty Sessions, Mayor's Court of London and the City of London Court.
Supreme Court of Judicature	I. High Court of Justice	Kings Bench Division, Chancery Division (mit Bankruptcy-Court), Probate, Divorce and Admiralty Division, Appeal Division (Divisional Court), Division for Crown Cases Reserved.
	II. Court of Appeal.	

Judicial Committee of the House of Lords.

Judicial Committee of the Privy Council.

Dem Supreme Court of Judicature ist eine große Kanzlei beigegeben, das Central Office in London (siehe S. 8).

Sondergerichte.

Die Sondergerichte spielen für den internationalen Verkehr keine Rolle. Ihre Gerichtsbarkeit ist lokal oder nach der besonderen Art der Rechtssachen auf besondere Gebiete beschränkt. Hierher gehören:

1. der Chancery Court of the County Palatine of Durham,
2. the Court of Railway and Canal Commission,
3. der War Compensation Court,
4. das Railway Rates Tribunal.

Höhere Gerichte.

Das in erster Linie in Betracht kommende Gericht, maßgebend für die ganze Rechtsprechung, ist der Supreme Court of Judicature in London. Er existiert erst seit 1873 und ist das erste einheitliche Gericht. Trotz des Namens „Supreme Court" ist dieses Gericht nicht das höchste, da das höchste Berufungsgericht das House of Lords ist (siehe unten S. 25).

Der Supreme Court of Judicature hat zwei ganz selbständige Abteilungen: den High Court of Justice, dem die Courts of Assize gleichgestellt sind, und den Court of Appeal.

Nicht zum Supreme Court gehören: das House of Lords, das höchste Berufungsgericht (siehe 7. Kapitel) und das Judicial Committee des Privy Council, ebenfalls Berufungsgericht (siehe S. 25).

Im High Court sind mit wenigen Ausnahmen alle bedeutenderen erstinstanzlichen Gerichte Englands vereinigt worden.

Die Namen seiner einzelnen Abteilungen weisen noch heute auf die früheren, d. h. vor 1873, vollständig voneinander getrennten, alten Gerichte, von denen einzelne, die Common Law Gerichte, nur gemeines Recht (common law) zur Anwendung brachten und die anderen, die Equity oder Chancery Gerichte, nur Equity Recht.

Die ursprüngliche scharfe Trennung zwischen Fällen des Common Law und des Equity-Rechtes besteht aber heute nicht mehr. Alle englischen Gerichte haben beiderlei Recht, wie natürlich auch das Statute Law anzuwenden. Doch sind durch die Rules of Court gewisse Arten von Fällen einzelnen bestimmten Abteilungen zugeteilt.

Der *High Court of Justice* hat folgende Abteilungen:

a) Die King's Bench Division,

b) die Chancery Division mit dem Bankruptcy Court,

c) die Probate, Divorce and Admiralty Division.

Zweites Kapitel.

Die King's Bench Division.

Über das Verfahren von King's Bench Division siehe unten S. 34 ff.

I. Die Richter. Vorsitzender dieser Abteilung des High Court ist der Lord Chief Justice. Außer ihm gehören zur Bench Division 17 Richter, vorgeschlagen vom Lord Chancellor. Sie müssen während wenigstens 10 Jahren Barristers gewesen sein.

Diese Richter arbeiten in London, üben ihre Tätigkeit aber auch als Reiserichter in den Assizes verschiedener größerer Städte in England und Wales aus (siehe S. 23).

II. Zuständigkeit. *1. Erstinstanzlich.* Die Bench Division ist grundsätzlich für alle Rechtsfälle in ganz England und Wales zuständig, ohne Unterschied des Streitwertes. Die King's Bench Division ist heute noch der allgemeine große Zivilgerichtshof, welcher alle Rechtsfälle behandelt, welche nicht durch das Gesetz den anderen Abteilungen des High Court zugewiesen sind. Ist eine Klage unrichtigerweise bei der Bench Division eingereicht worden, so kann sie der Master ohne Nachteil für den Kläger der anderen zuständigen Abteilung überweisen und umgekehrt.

Nach englischem Recht kann bei Verletzung obligatorischer Verträge, bei Vertragsbruch, in der Regel nur Schadenersatz verlangt werden. Vor allem für diese Klagen, die nur auf Geldzahlungen ausgehen, wie natürlich auch für Klagen aus unerlaubten Handlungen auf Schadenersatz ist die King's Bench Division zuständig. Alle Klagen aus Ehrverletzung (libel, slander) werden vor ihr verhandelt.

Die King's Bench Division hat die Jurisdiction der beiden früheren gemeinrechtlichen Gerichtshöfe King's Bench und Court of Common Pleas sowie des aufgehobenen Court of Exchequer übernommen, der sich mit fiskalischen Prozessen, Steuersachen aller Art, befaßte.

Die Arbeitsteilung auf die einzelnen Richter erfolgt nach getrennten Listen, cause-lists. Solche Listen bestehen u. a. für:

a) Geschäfte vor Special Jury,

b) Geschäfte vor Common Jury,

c) Geschäfte ohne Jury,

d) „short cases", welche gemäß Order XIV. zu behandeln sind (siehe S. 48),

e) Handelssachen in London,

f) Handelssachen zur Behandlung vor den Assizes in Liverpool,

g) Handelssachen zur Behandlung vor den Assizes in Manchester,

h) Steuersachen, revenue-cases,

i) Anträge auf Eintragung eines vollstreckbaren „Urteils", motions for judgment.

Ein Richter sitzt täglich in den Judges Chambers, d. h. er erteilt in seinem Amtszimmer Audienzen, trifft hier auch gerichtliche Verfügungen, in chambers, im Gegensatz zu der öffentlichen Hauptverhandlung at the trial, in open Court. Der Judge beurteilt in chambers auch Berufungen gegen die Masters.

England kennt keine besonderen Gerichte für Handelssachen. Da indessen solche Streitigkeiten besondere Kenntnisse eines Richters auf dem Gebiete des Handels wünschenswert machen, so wird in den einzelnen Gerichtsperioden beim High Court, und zwar bei der King's Bench Division, ein besonderer Richter zur Beurteilung von Handelssachen in London beauftragt. Die für diese „kaufmännische Gerichtsabteilung" bestimmten Fälle werden in eine besondere cause-list, in die commercial list eingetragen. Besondere Listen werden auch gehalten für die Handelssachen, die in Manchester und Liverpool vor den Assizes, d. h. vor einem Richter des High Court, der „Reiserichter" ist, sei es vor ihm allein oder sei es mit einer Jury behandelt werden.

Wünscht eine Partei, daß der Prozeß in eine dieser Listen eingetragen werde, so richtet sie ein Gesuch an den besonders zur Behandlung solcher Handelssachen bestimmten Richter, den special judge. Hält dieser die Sache zur besonderen Beurteilung als Handelssache geeignet, so ordnet er die Eintragung auf die besondere Liste an. Gegen seine Verfügung ist Berufung an den Court of Appeal möglich.

Als Handelssachen, commercial causes, eintragsfähig in die besondere Liste der Handelssachen, werden betrachtet alle Streitfälle aus den gewöhnlichen Geschäften von Kaufleuten und Handelsleuten (merchants and traders), so die Fragen über Auslegung von Handelsurkunden, Export und Import von Waren, Warentransport, Versicherung, Bankgeschäfte, kaufmännische Vertretungen und kaufmännische Usancen. Ausschlaggebend für die Zuteilung zu dieser besonderen Abteilung mit einem in Handelssachen erfahrenen Richter, wird die Tatsache sein, daß eben zur richtigen Beurteilung des besonderen Falles besondere Kenntnisse des Handels nötig sind; keineswegs der Umstand, daß es eine Differenz unter Kaufleuten ist, selbst wenn sie aus ihrem Handelsverkehr entstanden ist.

Eine Streitsache kann vor allem auch dann diesem „Commercial Court", wie diese Abteilung etwa genannt wird, überwiesen werden, wenn es wahrscheinlich ist, daß der Fall besser, rascher, mit weniger Spesen, in jeder Beziehung vorteilhafter vor diesem Spezialrichter verhandelt wird, als wenn er auf einer der allgemeinen cause-lists eingetragen wäre.

Steht eine solche Sache auf der commercial list, so muß im Vorverfahren jedes Begehren der Partei, das Bezug auf sie hat, gewöhnlich an den Richter adressiert sein, der die Fälle dieser Liste behandelt, also nicht an den Master.

Der Richter in Handelssachen ist befugt, in jeder Lage des Prozeßverfahrens eine Entscheidung über irgendeine Rechtsfrage zu treffen, die während der pleadings aufgeworfen wird. Er kann auch jederzeit nach der Einlassung des Beklagten, auch ohne Schriftenwechsel, jede Order erlassen, die er im Interesse rascher Erledigung streitiger Fragen für geeignet hält.

2. *Berufungsinstanz* (*Divisional Court*). Die Bench Division ist auch Berufungsgericht, wenn gegen Entscheidungen niederer Gerichte, wie der County Courts Berufung eingereicht wird. Regelmäßig werden solche Berufungssachen von kleineren Abteilungen von zwei Gerichtsmitgliedern beurteilt, die als *Divisional Court* urteilen. Das ist dann der Fall, wenn der Lord Chief Justice mit zwei anderen Richtern dies an-

gezeigt findet. Es können auch mehrere solche Abteilungen nebeneinander urteilen. Jede Abteilung und jeder einzelne Richter urteilen als High Court.

III. Hilfspersonen. Hilfspersonen der Bench Division sind:

1. Die Masters, die abwechselnd gewählt werden durch den Lord Chancellor, den Lord Chief Justice und den Master of the Rolls (siehe oben S. 7ff.).

2. Die District Registrars, die Leiter der Filialkanzleien des High Court in den Provinzstädten, der district registries. Sie haben die gleichen Befugnisse wie die Masters in London, aber nur in bezug auf die Fälle des district registry (siehe oben S. 9).

3. Official referees, welche als Schiedsrichter, arbitrators, beigezogen und vom Richter mit Beurteilung eines Falles betraut werden können (siehe oben S. 10).

Drittes Kapitel.

Die Chancery Division.

Über das Verfahren vor der Chancery Division siehe unten S. 123.

I. Die Richter. Eine weitere wichtige Abteilung des High Court ist die Chancery Division. Sie hat den Lord Chancellor als Vorsitzenden und sechs weitere Richter. Sie urteilt ohne Jury.

Hilfsbeamte sind die Chancery Masters. Über die Masters siehe oben S. 7ff.

Es bestehen drei Kammern dieses Gerichtes mit je zwei Richtern. Jeder Kammer ist ein Chancery Master zugeteilt mit einem Stab von Unterbeamten. Auch der Richter der Chancery Division behandelt die Geschäfte teils in open Court, teils „in chambers".

II. Zuständigkeit. Die Chancery Division ist vor allem zuständig für folgende Fälle:

1. Verwaltung der Hinterlassenschaft von Verstorbenen, einschließlich ihrer Verwendung zur Zahlung von Schulden und Verteilung des Restes an die Interessenten,

2. Auflösung von partnerships,

3. Entscheid über bestrittene partnership-Rechnungen,

4. Löschung und Verfallerklärung (redemption and foreclosure) bei Hypotheken,

5. Verkauf und Verteilung des Erlöses aus Eigentum, welches durch ein Retentionsrecht oder sonst belastet (verpfändet) ist,

6. alle Rechtsfragen, die sich auf die Errichtung, Verwaltung und Beaufsichtigung von trusts (Treuhandvermögen) beziehen,

7. Berichtigung oder Annullierung von Urkunden, seien es deeds (gesiegelte) oder andere schriftliche Urkunden,

8. Effektive Vollziehung (specific performance) von Verträgen über Grundstückverkäufe,

9. Teilung von Land oder Verkauf teilungshalber,

10. Vormundschaft über Minderjährige und Sorge für ihr Vermögen.

Viertes Kapitel.

Die Probate, Divorce and Admiralty Division.

Über das Verfahren vor dieser Gerichtsabteilung siehe unten S. 134ff.

I. Die Richter. Dieses Gericht besteht aus einem Vorsitzenden und drei weiteren Richtern. Zu Hilfsbeamten hat sie vier Registrars, die im Somerset-House in London ihre Bureaux haben. Ihre Aufgabe entspricht derjenigen der Masters der Bench Division (siehe oben S. 7ff.).

II. Zuständigkeit. Diese Abteilung des High Court ist sachlich für ganz verschiedene Arten von Rechtsfällen zuständig; nämlich für Ehesachen, Erbschafts- und Testamentssachen und Rechtsfälle des Seerechtes, und zwar erstinstanzlich und als Berufungsinstanz.

Zwei Richter beurteilen, wenn es nötig ist, als Divisional Court Berufungen gegen Entscheide der County Courts in Probate- und Admiralty-Sachen und der Courts of Petty Sessions in Fällen des Summary Jurisdiction (Married Women) Act, 1895 (siehe Odger II, S. 397, 398), und gegen Entscheide der Wreck Commissioners.

Im einzelnen ist dieses Gericht sachlich zuständig für

1. Ehesachen.

a) Nichtigkeitserklärung von Ehen,
b) Scheidung,
c) Gerichtliche Trennung,
d) Wiederherstellung der ehelichen Rechte,
e) alimony (Unterhaltsbeiträge an Frau und Kinder),
f) Legitimerklärung von Kindern zufolge nachfolgender Ehe ihrer Eltern.

Örtlich zuständig ist diese Gerichtsabteilung, jede Ehe zu scheiden, ob sie in England eingegangen wurde oder anderswo, wenn die Parteien zur Zeit der Klageeinleitung in England domiziliert sind.

In anderen Ehesachen genügt „residence“ in England, d. h. tatsächliches Wohnen in England.

Das Verfahren. Die allgemeinen Prozeßvorschriften des Supreme Court (siehe das Verfahren vor King's Bench Division S. 34ff.) sind anwendbar, soweit nicht das Verfahren durch die besonderen Divorce Rules anders geordnet ist.

2. Testamentssachen (Probate Actions). Bestellung von Erbschaftsverwaltern (administrators). Die Probate Actions[1] wollen die Gültigkeit von Testamenten als Ganzes, sei es in bezug auf die Testierfähigkeit des Erblassers oder in bezug auf ihre gehörige Errichtung feststellen, keineswegs aber die Auslegung des Testamentes, welche in die Kompetenz der Chancery Division fällt. Die Probate Division ist ferner zuständig, zu bestimmen, wer Erbschaftsverwalter sein soll in den Fällen, da der Erblasser kein Testament hinterlassen hat, und wem darnach die letters of administration gegeben werden sollen. Die in Betracht kommenden Klagen sind:

a) Die Klage, welche gerichtliche Anerkennung (probate) des Testamentes in solemn form erstrebt;

b) die Klage, mit welcher der Kläger verlangt, daß ihm als einem der nächsten Angehörigen des ohne Testament verstorbenen Erblassers die Verwaltung der Erbschaft anvertraut, d. h. die letters of administration gegeben werden sollen;

c) die revocation action, die Klage, welche verlangt, daß die Anerkennung des Testamentes in einfacher Form (a probate granted in common form) oder die Bestellung eines Erbschaftsverwalters, d. h. die Gewährung von letters of administration, widerrufen werden soll.

Das Gericht ist zuständig in allen diesen Fragen, wenn der Erblasser zur Zeit seines Todes irgendwelches Vermögen in England hatte.

Gleichgültig ist, wo das Testament errichtet wurde, ebenso ob der Verstorbene britischer Staatsangehöriger war oder nicht, oder ob er in England Domizil hatte oder nicht.

3. Admiralty-Prozesse, Fälle des Seerechts. Die wichtigsten Klagen auf dem Gebiete des Seerechts, welche vor den Admiralty Court kommen, sind nicht persönliche Klagen, sondern dingliche Klagen, „actions in rem“. Der Kläger stellt das Begehren, es sei ein Schiff oder seine Ladung (the ship or cargo), wenn das Schiff innerhalb des Zuständigkeitsbereiches des Gerichtes liegt, festzuhalten, zu verarrestieren, bis der ihm geschuldete Geldbetrag bezahlt oder sichergestellt oder bis ein Urteil ergangen ist. Solche Klagen sind:

a) Die Schadenersatzklage bei Schädigung des Schiffes oder der Ladung, sei es zufolge Zusammenstoßes oder aus anderen Gründen;

b) die Klage, welche sich auf ein bottomry bond stützt, aus Bodmerei-Vertrag, nach welchem Geld zu hohem Zins geliehen wurde und das nur zurückbezahlt werden muß, wenn das Schiff glücklich ankommt;

c) die „respondentia action“, welche der Klage aus Bodmerei-Vertrag entspricht, wobei aber nur die Ladung allein verpfändet ist;

---

[1] Siehe über das Erbrecht und das Verfahren über das hinterlassene Vermögen auch bei Curti, Bd. I, S. 211ff.

d) die Besitzesklage, mit welcher der Eigentümer, der Pfandgläubiger oder eine andere Person verlangen, daß ihnen der Besitz des Schiffes eingeräumt werde;

e) die Klage des Retters eines Schiffes aus Not für die Rettung (salvage), das Bugsieren (towage) des Schiffes. Zweck der Klage ist Zahlung des Rettungslohnes für die Hilfe, die man dem Schiffe in seiner Not angedeihen ließ;

f) die Klage des Lotsen (pilote) „for pilotage";

g) die Klage von Kapitän und Matrosen für Belohnung der an Bord geleisteten Dienste;

h) die Klage einer Person, welche das Schiff in einem Hafen mit „notwendigen" Lieferungen versorgt hat, „for necessaries".

Das Verfahren untersteht besonderen Vorschriften (siehe z. B. Order XIII., r. 12A; Order XIX., r. 28; Order XX., r. 3; Order XXVII., r. 11A; Order XXX., r. 1D).

Die Admiralty Division ist zu Kriegszeiten auch Prisengericht.

Fünftes Kapitel.

Der Court of Assize.

Für wichtigere Rechtsfälle treten in größeren Städten außerhalb Londons zwei- bis viermal die Courts of Assize zusammen, welche sowohl in Zivilsachen als auch in Strafsachen urteilen. Ein Mitglied des High Court in London leitet die Verhandlungen. Das Verfahren ist gleich wie das vor dem High Court in London.

Damit bei Prozessen, welche in die Zuständigkeit des High Court fallen, Parteien und Zeugen, welche entfernt von London wohnen, nicht dorthin reisen müssen, besteht heute noch das Institut des „Reiserichters". Die Richter des High Court unternehmen Rundreisen im Land, um in verschiedenen Städten die Assisentermine abzuhalten. Die Reise, wie der Assisenbezirk heißen circuit. England und Wales sind zu diesem Zwecke in acht circuits eingeteilt. Für jedes circuit ist ein Richter und ein Vertreter notwendig. Gewöhnlich werden zwei Richter deputiert, von denen der senior die Strafsachen und der junior die Zivilsachen beurteilt.

Ein Richter des High Court macht diese Rundreise dreimal im Jahr, im Winter, Sommer und Herbst, nach einzelnen Grafschaften nur zweimal. Zwei Richter leiten die Assizes in größeren Grafschaften zweimal jährlich. In Liverpool, Manchester und Leeds sind im Jahr vier Assizes abzuhalten, von denen zwei, an welchen zwei Richter teilnehmen, und zwei, an welchen nur ein Richter erscheint.

Sechstes Kapitel.

Der Court of Appeal, das Berufungsgericht.

Über das Verfahren siehe unten S. 146 ff.

I. Die Richter. Das allgemeine Berufungsgericht ist die zweite Abteilung des Supreme Court of Judicature, der Court of Appeal.

Der Court of Appeal besteht aus dem Master of the Rolls als Vorsitzenden und fünf Richtern, den Lords Justice of Appeal, mit gelegentlicher Mitwirkung des Lord Chancellor, von Ex-Lord Chancellors, des Lord Chief Justice und des Vorsitzenden der Probate, Divorce and Admiralty Division, welche ex officio Judges des Court of Appeal sind.

Gelegentlich sitzen „additional Judges" gemäß dem Appellate Jurisdiction Act, 1925, s. 7.

Der Master of the Rolls und die Richter werden durch den Prime Minister ernannt. Erfordernis: sie müssen früher Judges of the High Court während wenigstens eines Jahres oder barristers während 15 Jahren gewesen sein.

II. Arbeitsteilung. Dieses Berufungsgericht urteilt in zwei Abteilungen. Vorsitzender der ersten Abteilung (of the first Court) ist der Master of the Rolls, Vorsitzender der zweiten Abteilung (of the second Court) ist der älteste Richter.

Eine Abteilung ist genügend besetzt, wenn bei der Verhandlung über die Berufung drei Richter sitzen, bei Berufungen gegen Zwischenverfügungen sogar nur zwei. Stimmen die Parteien zu, so braucht es auch in den übrigen Fällen nur zwei Richter. Wenn aber diese beiden Richter verschiedener Ansicht sind, so muß doch noch ein dritter zugezogen werden, bevor der Fall bei Berufung an das House of Lords weitergeht.

III. Zuständigkeit. Der Court of Appeal ist regelmäßig zuständig zur Beurteilung von Berufungen:

1. gegen jedes Urteil (judgment) oder jede gerichtliche Verfügung (order) eines Divisional Court. Voraussetzung dafür ist aber, daß der Divisional Court selbst als Berufungsgericht entschieden hat, und seine „leave" (d. h. besondere Erlaubnis) für die Berufung erteilte oder diese „leave" vom Court of Appeal gewährt wurde;

2. gegen jedes Endurteil, final judgment, oder jede Endverfügung (final order) des High Court in Zivilprozessen;

3. gegen Zwischenverfügungen (interlocutory orders) eines Judge in chambers in Prozeßfragen, wobei in den meisten Fällen formell „leave" für die Berufung gegeben worden sein muß;

4. gegen irgendeine Entscheidung oder Verfügung eines Richters eines County Court in Fragen, welche in bezug auf die Workmen Compensation Acts, 1906—1924, entstehen;

5. gegen die „Opinion“ eines County Court in bezug auf Rechtsfragen in einem von einem Schiedsrichter (arbitrator) behandelten Falle gemäß dem Agricultural Holdings Act, 1923;

6. gegen ein Urteil des Liverpool Court of Passage (ausgenommen in „admiralty matters“, Seesachen);

7. gegen ein Urteil des Palatine Court of Durham und

8. gegen ein Urteil des Lancaster Chancery Court.

IV. Art der Entscheidung. Der Court of Appeal kann eine Berufung abweisen oder selbständig ein neues Urteil fällen oder den Fall zur nochmaligen Beurteilung an die erste Instanz zurückweisen.

Siebentes Kapitel.

Das House of Lords.

I. Die Richter. Höchste Berufungsinstanz ist das House of Lords; d. h. die für gerichtliche Funktionen des Oberhauses besonders ernannten Mitglieder dieser parlamentarischen Behörde, die sog. Law-Lords oder Lords of Appeal genannt. Ihre Wahl erfolgt durch die Krone. Sie müssen vorher entweder während 2 Jahren hohe Richterstellen innegehabt haben, oder während 15 Jahren praktizierende Barristers gewesen sein. Gewählt, haben sie das Recht, auf Lebenszeit Lords of Appeal zu sein.

Vorsitzender ist der Lord Chancellor, der mit jeder neuen Regierung wechseln kann. Er bezieht ein Honorar von £ 10000.

Bei der Beurteilung eines Berufungsfalles müssen wenigstens drei Richter sitzen.

II. Zuständigkeit. Das House of Lords ist zuständig zur Beurteilung von Berufungen gegen jedes Urteil des Court of Appeal.

III. Über das **Verfahren** bei Berufungen an das House of Lords siehe S. 152. Es ist geordnet durch die Appellate Jurisdiction Acts, 1876 und 1887, den Appeal (Forma Pauperis) Act, 1893, und einzelne Standing Orders of the House.

Achtes Kapitel.

Das Judicial Committee des Privy Council.

I. Die Richter. Privy Council ist der Staatsrat, welchem Mitglieder der königlichen Familie, die beiden Erzbischöfe, der Bischof von London, der Vorsitzende des House of Commons, Gesandte, Gouverneure von Kolonien, die Kabinettsminister, Vertreter des Heeres, der höheren Gerichte, insgesamt über 400 Personen, angehören.

Der Privy Council hat eine Reihe von Ausschüssen; so den Board of Trade, das Handelsamt. Ein solcher Ausschuß von großer Bedeutung ist das Judicial Committee. Es besteht aus dem Lord Chancellor, den vier Lords of Appeal, wenn sie Privy Councellors sind, und anderen drei Mitgliedern des Privy Council, welche irgendwelches richterliche Amt im Vereinigten Königreich oder in den Kolonien bekleiden.

II. Zuständigkeit. Das Judicial Committee des Privy Council ist das höchste Berufungsgericht für die geistlichen Gerichtshöfe Englands, für die Gerichte der Isle of Man und der Kanalinseln sowie auch für die der Kolonien und von Indien. Es ist das höchste Berufungsgericht über mehr als 350 Millionen Menschen.

Neuntes Kapitel.

Niedere Gerichte.

Eine ungeheure Menge von kleineren Zivilsachen wird durch *Borough Courts* und *County Courts* erledigt. Diese lokalen Gerichte sind sog. niedere Courts of Record.

Auch die Friedensrichter, *justices of peace*, haben zur Beurteilung gewisser kleinerer Rechtsfälle Jurisdiction.

Gerichtliche Kompetenzen hat auch der Mayor von London. Der *Mayor's Court of London and the City of London Court* ist ebenfalls nur in Sachen von weniger großer Bedeutung tätig, wenn es sich um lokale Angelegenheiten handelt, wenn der Beklagte in London wohnt oder dort sein Geschäft betreibt.

Die wichtigsten niederen Gerichte sind die *County Courts.*

Trotz des Namens haben die Counties keinerlei Beziehungen zu Grafen oder Grafschaften. Es sind lediglich Gerichts- und Verwaltungsbezirke, 60 an der Zahl, in welche das Land zum Zwecke rationeller Verwaltung eingeteilt ist.

Gegen die Urteile der County Courts kann regelmäßig Berufung an den High Court eingereicht werden. Zwei oder mehr Richter des letzteren bilden zu diesem Zweck unter dem Namen Divisional Court die Berufungsinstanz.

Über die Zuständigkeit der County Courts, teilweise in Konkurrenz mit dem High Court, siehe unten S. 29, 30.

Da die County Courts für den internationalen Verkehr kaum in Betracht kommen, ist das Prozeßverfahren vor diesen Gerichten hier nicht dargestellt. Es entspricht aber in den Grundzügen dem Verfahren vor dem High Court.

Zweiter Abschnitt.

Gerichtsbarkeit, Zuständigkeit.

Erstes Kapitel.

Ursprüngliche (erstinstanzliche) Zuständigkeit.

I. Grundsatz. Der High Court of Justice in London ist grundsätzlich zuständig für alle Arten von Zivilsachen, mit denen Gerichte betraut werden, ohne Unterscheidung streitiger oder nichtstreitiger Gerichtsbarkeit.

Gleichgültig ist dabei die Höhe des Streitwertes, gleichgültig auch wo der Beklagte in England wohnt.

Eine Ausnahme von dieser allgemeinen Jurisdiction des High Court bilden nur die Fälle, deren Beurteilung ausschließlich den Universitätsgerichten von Oxford und Cambridge zugeteilt ist.

Wenn nämlich der Beklagte ein Mitglied (member) der Universität Oxford ist und innerhalb ihrer Grenzen wohnt, hat er das Vorrecht auf gerichtliche Beurteilung einer gegen ihn gerichteten Klage vor dem Universitätsgericht von Oxford, wo immer auch der Kläger wohnen möge. Entsprechend ist ein member der Universität Cambridge immer vor dem dortigen Universitätsgericht einzuklagen, doch mit der Einschränkung, daß auch der Kläger ein member dieser Hochschule sein muß.

II. Grenzen der allgemeinen Gerichtsbarkeit. Die allgemeine Gerichtsbarkeit des High Court erfährt in der Regel — nicht immer — eine Einschränkung durch die Tatsache, daß der Beklagte keinen Wohnsitz in England hat.

1. Der High Court ist vor allem zuständig für alle Klagen gegen britische Staatsangehörige, welche das rechtliche Domizil in England haben oder genauer gesagt, welche ein britisches Domizil haben. Das ist der Fall bei allen Engländern, welche kein anderes Domizil erworben haben, aber auch bei denjenigen, welche das britische Domizil einmal aufgaben, ein neues erwarben, dieses aber wieder aufgaben, ohne ein neues Domizil zu erwerben. Der Engländer erlangt nämlich mit der Aufgabe und dem Verlust eines anderen als des englischen Domizils automatisch wieder das domicil of origin, d. h. sein britisches Domizil. Das britische Domizil bedeutet die Zugehörigkeit zum Bereich des britischen Rechtes, für welches keineswegs der tatsächliche örtliche Wohnort ausschlaggebend ist, wenn zwar in den meisten Fällen der tatsächliche Wohnsitz — the residence — mit dem rechtlichen Wohnsitz zusammentrifft und für letzteren ein Indiz bildet.

Zufolge dieser englischen Auffassung des rechtlichen Domizils ist es wohl möglich, daß ein Engländer, welcher viele Jahre tatsächlich außerhalb der britischen Inseln wohnte, z. B. in Kanada, gleichwohl der Gerichtsbarkeit des High Court in London unterworfen ist, weil er nach englischer Ansicht kein neues Domizil erworben hat und das britische nicht verlor, da er stets die Absicht hatte, nach England zurückzukehren.

Diese Domizilsfrage spielt oft eine große Rolle, namentlich in Scheidungsprozessen für eine verlassene Ehefrau, die sich darüber zu entscheiden hat, ob sie ihren Mann, welcher tatsächlich in den Kolonien oder außerhalb des britischen Machtbereichs, z. B. in Kanada, wohnt, an seinem tatsächlichen Wohnort einklagen soll oder in England vor dem High Court.

Die verschiedene Auffassung über den Domizilsbegriff in England und anderswo hat schon zu Rechtskonflikten geführt. So hat einmal ein kanadisches Gericht eine Ehe eines britischen Staatsangehörigen, der eine Farm in Kanada bewirtschaftete, geschieden, worauf die Frau vor dem High Court in London diese Scheidung bestritt mit der Begründung, das Gericht in Kanada sei nicht zuständig gewesen, weil ihr Mann trotz des vieljährigen Aufenthaltes in Kanada dort kein Domizil begründet habe, indem er die Absicht der Rückkehr nach England nie aufgegeben hätte.

2. Der High Court ist in vielen Fällen auch zuständig, wenn der Beklagte weder residence (tatsächliches Wohnen), noch domicil (rechtlichen Wohnsitz) in England hat, und zwar:

a) Wenn sich der Beklagte freiwillig auf den Prozeß vor englischem Gericht einläßt. Er unterwirft sich damit der Gerichtsbarkeit des englischen Gerichts;

b) wenn der Beklagte dies zwar nicht tut, das Gericht sich aber gestützt auf die bestehenden Verordnungen (rules) gleichwohl zuständig erklärt.

Das ist der Fall, wenn die Ladung dem Beklagten in England oder Wales zugestellt werden kann (wenn er z. B. zufällig dort anwesend ist), oder wenn das Gericht die besondere Erlaubnis erteilt, daß ihm die Vorladung durch besondere Benachrichtigung, z. B. durch das zuständige auswärtige Gericht, auf diplomatischem Wege, durch die Post, durch Bekanntgabe in Zeitungen, zugestellt werde (Ersatzzustellung).

So hat sich der High Court wiederholt in folgenden Fällen zuständig erklärt:

Bei Vertragsbruch, wenn der Vertrag in England zu erfüllen war, die Erfüllung aber ausblieb;

bei Verletzung der Rechte eines Engländers durch unerlaubte Handlung (tort), wo immer sie erfolgte, im Inland oder im Ausland;

bei Klagen wegen Verletzung der Rechte eines Ausländers bei unerlaubten Handlungen im Ausland, wenn nach englischem Rechte geklagt werden kann, die zugrunde liegende Handlung aber auch nach dem ausländischen Recht widerrechtlich ist.

Die gerichtliche Erlaubnis zur Zustellung einer Ladung (eines writ) an den im Ausland wohnenden Beklagten wird nur gewährt, wenn einer der in Order XI. angeführten Fälle vorliegt; z. B.:

a) Wenn sich die ganze Streitfrage um ein Grundstück dreht, das in England liegt; dann gilt das forum rei sitae;

b) wenn sich die Klage auf die erbschaftliche Liquidation von Mobiliarvermögen (personal estate) eines Verstorbenen bezieht, der bei seinem Tode in England Domizil hatte;

c) wenn der Beklagte zwar nicht in England wohnt, aber Verletzung eines Vertrages vorliegt, der in England hätte erfüllt werden müssen, gleichgültig, wo der Vertrag abgeschlossen wurde;

d) wenn es sich um einen trust handelt (Treugutvermögen) aus in England gelegenem Vermögen und der trust nach einer schriftlichen Urkunde in England zu errichten war, die Vorladung aber dem im Ausland domizilierten Trustee (Treuhänder) zugestellt werden muß.

III. Eine **ausländische Aktiengesellschaft** kann in England eingeklagt werden, wenn sie für eine gewisse Zeit ihre Geschäfte oder einen Hauptteil davon an einem festen Platze in England betreibt (if it is conducting its business or a material part of it (d. h. entweder die Fabrikation oder den Verkauf) at some fixed place in this country for a substantial period of time).

Man wird diese Möglichkeit der Einklagbarkeit auch gegenüber einer im Ausland eingetragenen offenen Handelsgesellschaft (Kollektivgesellschaft) und Kommanditgesellschaft annehmen müssen, wenn schon das englische Recht nur von „companies" spricht.

Doch genügt zur Begründung der Gerichtsbarkeit nicht, daß die Vorladung einem Vertreter einer Gesellschaft zugestellt wird, der nur untergeordnete Geschäfte in England besorgt.

Nach dem Companies Act, 1908, s. 274 (c) muß jede auswärtige Gesellschaft, die an einem festen Platz im Vereinigten Königreich sich niederläßt und eine Filiale eröffnet (which establishes a place of business) einen Monat nach solcher Etablierung dem Registrar of Companies Name und Adresse irgendeiner Person im Vereinigten Königreich bekannt geben, welche zum Empfang gerichtlicher Zustellungsurkunden und Mitteilungen von Behörden ermächtigt ist.

IV. Konkurrenz verschiedener Gerichte. Der High Court hat original jurisdiction, also „ursprüngliche", d. h. erstinstanzliche (evtl. endgültige) Gerichtsbarkeit. Er ist in dieser Beziehung nicht die höhere Instanz, das höhere Gericht, sondern eben das Hohe Gericht.

Wenn grundsätzlich jede Rechtsangelegenheit dem High Court zur Entscheidung vorgelegt werden kann, so ist diese Regel theoretisch sehr schön, praktisch aber doch nicht durchführbar, da die Prozeßkosten, namentlich bei kleineren Streitwerten, unverhältnismäßig hoch sind und es sich natürlich nicht lohnt, überdies sehr unpraktisch ist, daß Parteien, welche in dem von London entferntesten Teil Englands wohnen, nach London reisen, um hier eine Differenz beurteilen zu lassen, die auch ein unterer Richter in ihrer Nähe entscheiden kann, oft noch besser, so wenn es sich z. B. um einen Streit über Nachbarrechte zweier Hauseigentümer handelt.

Es sind deshalb in der Gerichtspraxis in den Verordnungen, welche Rules genannt werden, bestimmte Regeln aufgestellt, nach welchen Rechtsfälle, die wegen ihrer Eigenart nicht zur Beurteilung durch den High Court geeignet sind oder nicht durch die Abteilung des High Court, bei der sie angemeldet wurden, vom Richter oder seinem Stellvertreter, dem „Master", einem anderen Gericht, sei es einem unteren Gericht oder einer anderen Abteilung des High Court zugewiesen werden (siehe darüber unten S. 80 näheres). Hier sei nur erwähnt, daß alle Rechtsfälle von einem Streitwert unter £ 100 regelmäßig vor die County Courts zu bringen sind, und nur wenn höhere Beträge oder ganz wichtige prinzipielle Entscheidungen in Frage stehen, vor den High Court. Wird ein Streitfall ohne prinzipielle Bedeutung und unter £ 100 Streitwert gleichwohl beim High Court eingeleitet, so kann der Richter dem Kläger auch bei Gutheißung der Klage alle Extrakosten auferlegen.

V. County Courts. Neben dem High Court sind die niederen Gerichte und die Sondergerichte erstinstanzlich zuständig für gerichtliche Verfügungen in streitigen und nichtstreitigen Rechtssachen, soweit sie gesetzlich hierzu ermächtigt sind. Diese inferior Courts und Sondergerichte haben aber eine lokal, regelmäßig auch nach dem Streitwert und der Art der Streitsache beschränkte Gerichtsbarkeit. Dabei kommen hauptsächlich die County Courts in Betracht.

Bevor ein Prozeß zur mündlichen Verhandlung vor den Richter kommt, trifft der Stellvertreter des Richters, der Master (siehe über ihn S. 7) die prozeßordnenden Verfügungen. Es fällt in seine Aufgabe, den Prozeß demjenigen Gericht und derjenigen Gerichtsabteilung zuzuweisen, welche er für die best geeignete Stelle hält (Order XXXVI., r. 1). Er wird in der Regel dasjenige Gericht, ob in London oder an einem anderen Orte, wählen, wo der Prozeß am wenigsten kostet und für die Parteien the most convenient ist, ebenso wie für die Mehrheit der Zeugen (Order XXXVI., r. 10).

Die Zuständigkeit des County Court hängt hauptsächlich davon ab, wo der Beklagte wohnt oder wo das Streitobjekt liegt, sodann von der Natur der Klage und vom Streitwert.

Der County Court ist zuständig zur Beurteilung aller persönlichen Klagen aus Vertrag oder aus unerlaubter Handlung (mit Ausnahme von

Klagen aus Verlöbnisbruch, Ehrverletzung (libel, slander) oder „seduction“[1], wenn der Forderungsbetrag nicht höher ist als £ 100 (County Courts Act, 1888, ss. 56, 57).

Wenn der Klageanspruch den Betrag von £ 100 überschreitet, so ist der County Court bei Streitfällen des common law nicht zuständig, es sei denn, daß beide Parteien zustimmen.

Der Kläger kann indessen auch bei jedem Streitbetrage unter £ 100 die Klage beim High Court einreichen. Nur läuft er dann Gefahr, daß der High Court ihm selbst bei Gutheißung der Klage höhere Gebühren und die Kosten des Verfahrens auferlegt.

Ein Prozeß vor County Court muß regelmäßig beim County Court des Distriktes eingeleitet werden, wo der Beklagte wohnt oder seine Geschäfte betreibt. Gestützt auf besondere Erlaubnis des Richters oder Registrars kann die Klage aber eingereicht werden beim Gericht des Bezirkes, wo der Beklagte während der letzten 6 Monate gewohnt hatte oder Geschäfte betrieben hatte, oder auch an dem Orte, wo der Klagegrund ganz oder teilweise entstand. Handelt es sich um Klagen, die eine Belastung oder die Teilung eines Grundstückes betreffen, oder um Klagen aus Trusts nach den Trustee Acts oder in bezug auf die Verwaltung des Vermögens einer verstorbenen Person, so ist bei den Gerichten zu klagen, die nach der Natur der Sache am nächsten gelegen sind. Ähnlich verhält es sich bei Klagen aus partnership-Beteiligungen, welche da eingereicht werden müssen, wo die Geschäfte betrieben wurden.

Dagegen darf der County Court ohne Zustimmung beider Parteien keine Klage behandeln, bei welcher das Recht einer Privatperson auf Erhebung von Abgaben (toll), auf ihre Marktrechte oder die Ausübung von privilegierten Rechten, franchises genannt, in Frage kommt (siehe Curti, Bd. I, S. 117). Ebensowenig steht dem County Court das Recht zu, die Verletzung von Erfindungspatenten zu beurteilen, wenn die Gültigkeit des Patentes bestritten ist.

Mit dem High Court (vor allem mit der Chancery Division) konkurrierende Jurisdiction steht dem County Court sogar bis auf einen Streitwert von £ 500 in folgenden Fällen des Equity-Rechtes zu:

1. Bei einem Prozeß in bezug auf die Erbschaftsverwaltung betreffend Ernennung und Absetzung von administrators (Erbschaftsverwaltern), eingereicht durch Gläubiger, Vermächtnisnehmer, Intestaterben;

2. bei einer Klage auf Errichtung einer Treuhand (trust);

---

[1] Eine Schadenersatzklage aus „seduction“ steht dem Dienstherrn zu, wenn zufolge der „Verführung“ einer weiblichen Arbeiterin oder Angestellten diese von der Arbeit abgehalten wurde und dadurch dem Dienstherrn Schaden entstanden ist.

3. bei einem Prozeß, welcher die Verfallerklärung oder Löschung von Hypotheken betrifft oder die Geltendmachung irgendeiner dinglichen Belastung oder eines Retentionsrechtes;

4. bei einer Klage, welche darauf ausgeht, die effektive Durchführung (Leistung) eines Vertrages zu erlangen oder die Annullierung irgendeiner Vereinbarung über den Verkauf oder die Verpachtung einer Liegenschaft;

5. bei einer Klage gestützt auf die Trustee Acts und den Trustee Relief Act;

6. bei einer Klage, die sich auf den Unterhalt von Kindern bezieht;

7. bei einer Klage auf Liquidation einer partnership;

8. bei einer Klage auf Schutz gegen Betrug und Irrtum.

Ohne Rücksicht auf den Streitwert — er kann bedeutend höher sein als £ 100 oder £ 500 — können die Parteien in der Regel schriftlich vereinbaren, daß Klagen über Rechtsansprüche des gemeinen Rechts (welche sonst vor die King's Bench Division des High Court kämen) von einem County Court beurteilt werden sollen.

Bei Prozessen, welche Equity betreffen, also regelmäßig vor die Chancery Division gehören, ist eine solche Vereinbarung ausgeschlossen.

In allen Städten außerhalb Londons ist der County Court auch Konkursgericht, Court of Bankruptcy, und übt diesbezüglich in allen den Konkurs betreffenden Fragen die Jurisdiction des High Court aus.

Mehrere County Courts haben sodann eine beschränkte Gerichtsbarkeit in Admiralty-Sachen sowie in Probate-Fällen.

Bei allen diesen Klagen hat der County Court-Richter dieselben Machtbefugnisse wie ein Richter der Chancery Division, eingeschlossen das Recht, Befehle und Verbote (injunctions) zu erteilen, Verhaftung einer Person zu verfügen und einen receiver zu ernennen für die equitable execution (Consolidation Act, 1925, s. 202).

Doch ist diese Zuständigkeit beschränkt auf die Fälle innerhalb des Grafschaftsbezirkes, im Gegensatz zur Zuständigkeit des High Court.

Ferner ist der County Court zuständig, alle jene Fälle zu behandeln, welche ihm vom High Court überwiesen werden, insbesondere weil der Streitwert von Klagen, die beim High Court eingingen, den Betrag von £ 100 nicht überschreitet.

Zweites Kapitel.

Berufungsinstanzen.

Als Berufungsgerichte kommen in Betracht:

1. Der Richter des High Court gegenüber Entscheidungen des Masters, seines Stellvertreters im Vorverfahren;

2. der High Court ist Berufungsinstanz gegenüber Entscheidungen der inferior Courts, insbesondere der County Courts;

3. der Court of Appeal für Berufungen gegen Entscheidungen des High Court;

4. das Judicial Committee des House of Lords für Berufungen gegen Entscheidungen des High Court und des Court of Appeal;

5. das Judicial Committee des Privy Council für Berufungen gegen Urteile der Gerichte der Channel Islands, der Isle of Man, Indien und der Kolonien. Daß für diese Berufungen ein Spezialgericht bestellt ist, ist darauf zurückzuführen, daß die genannten Gebiete besonderes Recht haben, welches vom allgemeinen englischen common law und equity verschieden ist.

Über das Verfahren bei der Berufung siehe S. 146, insbesondere über die Berufung an den Court of Appeal S. 146ff., an das House of Lords S. 152.

Dritter Teil.

Das Verfahren vor dem High Court.

Für den internationalen Verkehr kommt nur das Verfahren vor dem High Court, dem Court of Appeal und dem House of Lords in Betracht. Es ist geordnet durch das grundlegende Gesetz über die Gerichtsorganisation und das Verfahren, den Judicature (Consolidation) Act, 1925, und die vom Rules Committee (ein Comité von Richtern) erlassenen Prozeßordnungen, die „Rules of the Supreme Court", die selbst wieder auf 72 „Orders" verteilt sind, und Gesetzeskraft haben.

Im englischen Zivilprozeß herrscht der Parteibetrieb. Die Parteien sind grundsätzlich ganz frei in ihren Entschließungen und Anträgen an das Gericht und in bezug auf die Zustellungen an die Gegenpartei, so daß der prozeßleitende Richter fast ganz auf das angewiesen ist, was die Parteien vorbringen.

Das Verfahren ist öffentlich. Es zerfällt beim High Court regelmäßig in zwei Teile, die scharf voneinander getrennt sind, nämlich in

1. das Verfahren der Vorbereitung der mündlichen Hauptverhandlung und
2. die mündliche Hauptverhandlung, the Trial.

Das Verfahren bei den verschiedenen Abteilungen des High Court — Bench Division, Chancery Division und Probate Divorce and Admiralty Division — ist in der Hauptsache dasselbe; nur soweit die Aufgaben der einzelnen Divisions besonders geartet sind, bestehen abweichende Vorschriften.

Zunächst sei indessen das Verfahren vor der King's Bench Division dargelegt.

Erste Abteilung.

Das Verfahren vor der King's Bench Division.

Beim Verfahren, das in die Zeit vor der mündlichen Hauptverhandlung fällt, sind zwei Stadien zu unterscheiden, nämlich:

1. die Zustellung der Prozeßeinleitungsschrift durch den Kläger, des writ of summons, und die Einlassungserklärung des Beklagten, appearance;

2. die Vorbereitung der mündlichen Hauptverhandlung unter Leitung eines Gerichtsbeamten, des master, insbesondere durch einen Schriftenwechsel der Parteien, pleadings genannt.

Die Vorbereitung des Prozesses bis zur mündlichen Hauptverhandlung, dem trial, besorgen die solicitors der Parteien.

Erster Abschnitt.

Klageerhebung, einleitende Schritte.

Erstes Kapitel.

Der Writ of Summons.

I. Der Anwalt des Klägers, des plaintiff, fordert zunächst die Gegenpartei, meistens den Geldschuldner, schriftlich auf, zu bezahlen und seiner Verpflichtung nachzukommen. Bleibt diese Einladung erfolglos, so leitet der solicitor des Klägers den Prozeß ein, und zwar durch Zustellung einer Urkunde an den Beklagten, des writ of summons, kurz gesagt des writ. Das ist die im Namen der Krone zugunsten des Klägers, des plaintiff, an den Beklagten, den defendant, ausgestellte Verfügung (the order by the crown, taken out in the name of the plaintiff), sich dem Gerichte zu stellen, um auf den genau bezeichneten Anspruch des Klägers vor dem im writ genannten Gerichte Rede zu stehen, ,,to enter an appearance", sich einzulassen, da sonst ohne weiteres ein Urteil gegen ihn ergehen würde.

Das englische Prozeßrecht unterscheidet scharf zwischen zwei Stadien, dem *Issue of the Writ*, d. h. dem Akt, der diese Urkunde zu einer gerichtlichen Urkunde macht, und der Zustellung, dem *Service of the Writ.*

II. Issue of the writ. Der vom Kläger oder seinem solicitor abgefaßte und geschriebene writ — es werden dafür gedruckte Formulare verwendet — ist noch keine amtliche, gerichtliche Urkunde. Damit er eine solche wird, ,,an official document emanating from the Court", muß er dem zuständigen Gerichtsbeamten zur Siegelung vorgelegt und von diesem gesiegelt werden. Diesen Vorgang heißt man ,,issuing the writ".

Der Kläger legt zu diesem Zwecke dem Central Office des Supreme Court zwei Exemplare des writ vor. Er unterzeichnet ein Exemplar, das mit einer Stempelmarke im Werte von 30 s. versehen wird. Der Gerichtsbeamte siegelt das andere Exemplar. Das mit der Stempelmarke versehene wird vom Central Office behalten und einregistriert, ,,the stamped copy is filed in the Central Office". Das gesiegelte Exemplar, das keine Stempelmarke trägt, wird dem Kläger zurückgegeben und wird damit die Original-Urkunde des writ.

Handelt es sich um eine Klage vor der Chancery Division, so wird der Registerbeamte den writ mit dem Namen eines der Richter dieser Abteilung versehen, welcher den Fall zu behandeln hat.

Handelt es sich um einen Prozeß vor dem County Court in einer anderen Stadt als London, so erfolgt die Siegelung, Stempelung und Registrierung des writ im District Registry.

Der offizielle writ bedarf in der Regel keiner besonderen gerichtlichen Ermächtigung. Eine solche richterliche Bewilligung, „leave of issue of a writ", ist nur in drei Ausnahmefällen nötig:

a) wenn sich der Beklagte außerhalb der Jurisdiction des High Court befindet, d. h. nicht in England oder Wales wohnt (siehe oben S. 27 ff.),

b) wenn es sich darum handelt, Streitfälle zu einer Klagesache zu vereinigen, welche gewöhnlich nicht vereinigt werden können (Order XVIII., rr. 2, 3),

c) in Fällen des Vexatious Actions Act, 1896.

III. Service of the writ; Zustellung des writ. Den writ dem Beklagten zustellen heißt „to serve the writ". Regel ist, daß der Kläger oder sein Anwalt eine Abschrift des writ dem Beklagten persönlich zustellt. Man spricht dann von *personal service.*

Wird eine partnership eingeklagt, so genügt die Zustellung an einen Gesellschafter oder an den Geschäftsleiter der Firma am Platze ihrer Hauptgeschäftsniederlassung, „at their principal place of business".

Einer company, also einer Aktiengesellschaft, wird der writ an die eingetragene Geschäftsstelle geschickt.

Wenn eine persönliche Zustellung unmöglich war, so kann an dessen Stelle eine Ersatzzustellung, „*a substituted service*", treten, jedoch nur mit Erlaubnis des master, und zwar

entweder an den partner, den Mitgesellschafter, des Beklagten, an dessen solicitor oder an einen anderen Vertreter,

oder dadurch, daß dem Beklagten der Inhalt des writ durch eingeschriebenen Brief bekanntgegeben wird,

oder durch Publikation in Zeitungen.

Über die besondere Art der Klageeinleitung beim Probate, Divorce and Admiralty Court siehe unten S. 134.

Der writ of summons bleibt während 12 Monaten rechtswirksam, d. h. er muß innerhalb dieser Frist zugestellt werden, es sei denn, daß der Master des Gerichtes auf Gesuch eine Verlängerung für eine gleiche Periode erlaubt. Doch muß der Kläger glaubhaft gemacht haben, daß er während des ersten Jahres alle angemessenen Schritte getan hat, um den writ zuzustellen.

Bezeugt ein Kläger, welcher beim High Court klagt, eidlich, daß die beklagte Partei sich irgendeiner Zustellung in der Zeit bevor ein Endurteil ausgesprochen, entziehen will, z. B. im Begriffe ist, England zu verlassen, um den Folgen der Klage zu entgehen, und dadurch die prozessuale Lage des Klägers nachteilig stark beeinträchtigt würde, so kann der Richter dem Beklagten die Leistung einer genügenden Sicherheit auferlegen, und wenn diese nicht geleistet wird, ihn sogar bis 9 Monate verhaften lassen. Voraussetzung ist aber, daß es sich um eine Klage im Werte von wenigstens £ 50 handelt und der Kläger eine „good cause of action" hat (Debtors Act, 1869, Order LXIX).

IV. Inhalt des writ. Der writ hat zu nennen:

1. Die Natur des Klageanspruches, das Rechtsbegehren; je nachdem der Klagegrund allgemein angegeben ist („writ generally indorsed") oder im einzelnen (wenn auch kurz) begründet ist (z. B. mit Aufstellung einer Rechnung) („writ specially indorsed"), unterscheidet man zwei Arten von writs;
2. Name und Wohnung der Parteien;
3. Adresse des solicitor des Klägers;
4. die Gerichtsabteilung (die Abteilung des High Court), welche zur Beurteilung angerufen wird;
5. eine Zustellungsadresse, d. h. die Adresse, an welche Zustellungen und Mitteilungen, die für den Kläger bestimmt sind, zuzustellen sind;
6. die besondere Eigenschaft des Beklagten, wenn er als Vertreter, als Treuhänder, Testamentsvollstrecker oder administrator eingeklagt wird.

Ist die beklagte Partei eine Frau, so ist sie je nach ihrem Zivilstand als „Wife of A. B.", „widow" oder „spinster" zu bezeichnen.

V. Arten der Indorsements. Indorsement heißt die Angabe des Klagegrundes, weil sie auf der Rückseite des Writ erfolgt. Nach seinem Inhalt unterscheidet man verschiedene Arten.

Von besonderer Bedeutung ist der Unterschied zwischen einem generally indorsed writ und einem specially indorsed writ.

1. Beispiel eines **generally indorsed writ:**

Vorderseite.

— 1926 — S — No. 717.

In the High Court of Justice
King's Bench Division.
Between
Flora Smith, Plaintiff,
and
Charles Brown, Defendant.

George the fith, by the Grace of God, of the United Kingdom of Great Britain and Ireland, and of the British Dominions beyond the Seas, King, Defender of the Faith, to *Charles Brown, of* 56, *Cheapside,* in the City of London, *we command you,* that within Eight Days after the Service of this Writ on you, inclusive the day of such Service, you do cause an Appearance to be entered for you in an Action at the Suit of *Flora Smith, the wife of John Smith.* And take notice that in default of your so doing the Plaintiff may proceed therein, and Judgment may be given in your absence.

Witness, *George, Viscount Cave,* Lord High Chancellor of Great Britain, *the* 28*th day* of May, in the year of Our Lord One thousand nine hundred and twenty six.

NB. This writ is to be served within *twelve* Calendar months from the date thereof, or, if renewed, within *six* Calendar Months from the date of the last renewal, including the day of such date, and not afterwards.

The defendant may appear hereto by entering on Appearance, either personally or by Solicitor, at the Central Office, Royal Courts of Justice, London.

Rückseite (general indorsement).

The Plaintiff is a married woman, suing in respect of her separate estate.

The Defendant is sued as executor of the late John Robinson, and also in his own right.

The plaintiff's claim is for £ 520, balance of moneys received by the said John Robinson during his lifetime, and by the Defendant since his death, to the use of the Plaintiff,

And for an Account,

And for a Receiver.

This Writ was issued by *W. F. Jones,* of and whose Address for Service is 29, Fleet Street, London E.C., Solicitor for the said Plaintiff, who resides at 107, Fitzjohn's Avenue, Hampstead, N.W.

This Writ was served by me at 56, Cheapside, London, E.C., on the Defendant on Saturday, the 29th day of May, 1926.

(Signed): C. Lane,
(Adress): 29, Fleet Street, London, E.C.

Übersetzung:

Im High Court of Justice
King's Bench-Abteilung.
Zwischen
Flora Smith, Klägerin,
und
Charles Brown, Beklagten.

Wir, Georg V., von Gottes Gnaden König des Vereinigten Königreichs von Großbritannien und Irland und der überseeischen britischen Besitzungen, Verteidiger des Glaubens, *befehlen dem Charles Brown, wohnhaft* 56 *Cheapside, City of London,* daß er innerhalb acht Tagen von der Zustellung dieser Urkunde (of this writ), eingeschlossen den Zustellungstag, eine Einlassungserklärung (appearance) eintragen lasse, im Prozesse angehoben durch *Flora Smith, der Ehefrau des John Smith.* Nehmen Sie Kenntnis davon, daß, wenn Sie dieser Aufforderung keine Folge leisten, die Klägerin den Prozeß fortführen mag und ein Urteil trotz ihrer Abwesenheit erfolgen kann.

Zeuge George, Viscount Cave, Lord High Chancellor von Großbritannien, am 28. Mai des Jahres 1926.

NB. Dieser writ muß binnen 12 Kalendermonaten von heute an zugestellt werden oder, wenn erneuert, innerhalb 6 Kalendermonaten vom Tage der letzten Erneuerung an, eingeschlossen den Tag der Erneuerung, und nicht später.

Der Beklagte kann die Einlassung entweder persönlich oder durch einen Solicitor beim Zentralbureau der königlichen Gerichte in London eintragen.

Rückseite.

Die Klägerin ist eine verheiratete Frau und prozessiert in bezug auf ihr eigenes getrenntes Frauenvermögen.

Der Beklagte wird eingeklagt als Testamentsvollstrecker des verstorbenen John Robinson und auch persönlich. Das Begehren geht auf Zahlung von £ 520, Saldo des während der Lebenszeit des genannten John Robinson von diesem eingenommenen und seit seinem Tode vom Beklagten eingenommenen Geldes, das aber der Klägerin gehört;

und auf Rechnungsstellung,

und auf Bestellung eines Sequesters (receiver).

Dieser writ wurde aushingenommen (issued) durch W. F. Jones, dessen Adresse für Zustellungen 29 Fleet Street, London E.C. ist, Anwalt (solicitor) der genannten Klägerin, deren Wohnung im Hause Fitzjohn's Avenue No. 117, Hampstead N.W. gelegen ist.

Dieser writ wurde durch mich im Hause Cheapside 56, London E.C. dem Beklagten zugestellt, und zwar Samstag, den 29. Mai 1926.

Unterschrift: C. Lane,
Adresse: 29, Fleet Street, London E.C.

Weitere Beispiele eines general indorsement.

Betrug (fraud).

Das Begehren des Klägers geht auf Schadenersatz wegen falscher Angaben, enthalten in einem Prospekt, welcher ausgegeben wurde durch den Beklagten als Director der Gold Mining Company Ltd.

Schadenersatz aus Unfall.

Des Klägers Begehren geht auf Zahlung und Ersetzung von Schaden, verursacht durch das Verschulden des Beklagten als Führer eines Auto.

(„Plaintiff's claim is for damages caused by the negligence of the Defendant in driving his motor car.“)

Schadenersatz wegen Ehrverletzung.

Des Klägers Begehren geht auf Schadenersatz wegen einer Ehrverletzung, enthalten in einem Artikel der Zeitung „Eatonswill Independant“ vom 3. November 1926, betitelt „Wie der Rechtsanwalt N. seine Klienten behandelt“.

2. Special indorsement. *Writ with special indorsement* heißt der writ, also die Urkunde, welche zur Klageeinleitung vom Kläger dem Beklagten zugestellt wird, wenn der Klagegrund nicht nur in einem allgemeinen Satze angegeben wird, sondern mit eingehender, wenn auch kurz gefaßter Begründung der einzelnen Tatsachen, auf welche sich die Klage stützt.

Ist der writ „specially indorsed“, so muß der Kläger in einem allfälligen späteren Schriftenwechsel keine besondere Klagebegründungsschrift, kein besonderes statement of claim mehr zustellen.

Der writ wird namentlich dann speziell eingehender begründet, also „specially indorsed", wenn das Klagebegehren auf Zahlung einer Geldschuld oder eines liquiden (festgestellten oder gleich durch Ausrechnung feststellbaren) Betrages geht, insbesondere, wenn sich die Forderung stützt auf

a) einen Schuldschein, a bond, oder einen gesiegelten Vertrag (contract under seal, deed), (siehe darüber Curti, Bd. II., S. 10ff., 13),

b) einen allgemeinen Vertrag, wenn auch nicht gesiegelt,

c) eine Garantie, Bürgschaft,

d) gesetzliche Vorschrift,

e) ein Treuhandverhältnis.

Beispiele von special indorsements siehe unten S. 47.

Die Vorteile eines special indorsement sind folgende:

a) Der Kläger kann seine ausführliche Klagebegründung sofort vorbringen, ohne daß er nachträglich noch eine bezügliche Verfügung (summons of directions) des master begehren muß (siehe über die summons for directions unten S. 50). Auch muß der Kläger keine weitere Klagebegründung im Schriftenwechsel, statement of claim, eingeben (siehe unten S. 58).

b) Der Beklagte muß auf das special indorsement binnen 18 Tagen antworten.

c) Wenn sich der Beklagte nicht einläßt (does not enter an appearance to the writ), so kann der Kläger ein Endurteil (final judgment) erwirken in dem von ihm im writ verlangten Betrage, und zwar dadurch, daß er eine eidesstattliche schriftliche Erklärung, ein affidavit, einreicht und einregistrieren läßt mit der Erklärung, daß der writ in gehöriger Weise zugestellt wurde.

d) Wenn der Beklagte sich einläßt, so kann der Kläger summons gestützt auf Order XIV erwirken. Unterläßt es darauf der Beklagte, sich in gehöriger Weise zu verteidigen, so wird der master den Kläger ermächtigen, ein final judgment eintragen zu lassen. Siehe über dieses summarische Verfahren gemäß Order XIV unten eingehender S. 48.

3. Indorsement for an account. Wenn der Kläger einen Geldanspruch an eine Person hat, aus deren Eigenschaft als sein Vertreter, agent, Treuhänder, Beauftragter (siehe über agency Curti, Bd. II, S. 27ff.), und legt diese Person nicht Rechnung ab, so kann zunächst eine Klage auf Rechnungsstellung eingereicht werden. Das indorsement heißt dann indorsement for an account, und kann etwa folgenden Wortlaut haben:

„Plaintiff's claim is for an account of all money had and received by Defendant as Plaintiff's agent on Plaintiff's behalf and for payment of the amount found due for payment on taking such account."

Zweites Kapitel.

Die Einlassung (appearance).

I. Allgemeines. Hat der Beklagte den writ zugestellt erhalten, so muß er sich darüber entscheiden, ob er sich verteidigen will oder nicht — „whether he will defend the action or not". Antwortet der Beklagte nicht und läßt er sich nicht in den Prozeß ein, so geht das Verfahren doch vorwärts, allerdings als ein *undefended case* in der für diesen Fall besonders vorgesehenen Form.

Wenn die beklagte Partei sich verteidigen will, so muß sie sich in den Prozeß einlassen, „enter an appearance". Diese Einlassungserklärung hat der Beklagte oder sein Solicitor in zwei Exemplaren dem District Registry oder dem Central Office in London innerhalb der im writ angesetzten Frist — gewöhnlich 8 Tage — einzureichen. Diese Amtsstelle sendet ein Exemplar mit dem Gerichtssiegel versehen an den Kläger oder an seinen Solicitor und behält das andere bei den Akten.

Beispiel einer Einlassungserklärung (Memorandum of Appearance).

In the High Court of Justice
King's Bench Division
between
Flora Smith, Plaintiff
and
Charles Brown, Defendant.

Enter an appearance for Charles Brown in this action.
Dated the 5th day of June 1926.

(signed:) Francis Walter, of 18, New Bridge Street, London, E.C., whose address for service is the same,
Solicitor for the defendant.

Übersetzung:

Ich erkläre die Einlassung für Charles Brown in dem obengenannten Prozesse.
Datiert, den 5. Juni 1926.

(unterschrieben:) Francis Walter, 18 New Bridge Street, London, E.C., welches auch die Adresse für Zustellungen ist, Solicitor des Beklagten.

Der Registerbeamte trägt die Einlassungserklärung in sein Register ein.

Durch diese Erklärung, durch diese Einlassung, unterwirft sich der Beklagte der Jurisdiction des Gerichtes, es sei denn, daß er sich „under protest" einläßt.

Es ist Pflicht des Beklagten, dem Kläger oder seinem Solicitor Mitteilung von der Einlassung zu machen. Das geschieht in der Weise, daß der Beklagte gleichzeitig mit der Einlassungserklärung ein zur Bekanntgabe an den Kläger bestimmtes Formular ausfüllt, gleichzeitig einen dafür bestimmten Briefumschlag mit der Adresse des Klägers versieht, und dem Central Office die Übersendung dieser Erklärung an den Kläger oder seinen solicitor überläßt, wobei die bezüglichen Gebühren vom Beklagten zu zahlen sind.

Wenn der Kläger den writ bei einem district registry eintragen ließ, so kann der Beklagte, welcher weder in diesem Distrikt wohnt noch dort einen Geschäftssitz hat, nach seiner Wahl die Einlassungserklärung beim district registry oder beim Central Office in London abgeben. In letzterem Falle und auch wenn der Kläger schon den writ beim Central Office hatte eintragen lassen, geht das weitere Verfahren vor High Court weiter.

Hat es der Beklagte unterlassen, sich in der vorgeschriebenen Zeit einzulassen, so wird er gleichwohl auch noch nachträglich im Prozeß als Beklagter seine Interessen verteidigen können, solange noch kein Endurteil gesprochen wurde.

Sind *Partners* auf den Namen ihrer Gesellschaftsfirma eingeklagt, so müssen sie sich doch einzeln auf ihren persönlichen Namen einlassen. Doch wird das ganze weitere Verfahren auf den Namen der Gesellschaftsfirma geführt (Order XLVIII A., r. 5).

II. Der Beklagte läßt sich nicht ein. Gibt der Beklagte innerhalb der auf dem writ bezeichneten Frist keine Einlassungserklärung ab, so ist der Beklagte berechtigt, gestützt auf seine eidesstattliche Erklärung, sein affidavit, daß der writ in gehöriger Weise zugestellt wurde, ein „judgment in default of appearance“, also ein „Urteil mangels Einlassung“ eintragen zu lassen.

Lautete der writ auf Zahlung einer Geldschuld und war er „specially indorsed“, so kann der Kläger Eintragung eines „final judgment“, also eines Urteils auf den vollen Betrag, wie er im writ genannt wurde und Zahlung der costs verlangen (Order XIII., r. 3).

Hat der Kläger mehr gefordert und eintragen lassen als das, was der Schuldner schuldig ist, so hat dieser Anspruch auf Reduktion auf den richtigen Betrag. Kommt der Kläger einer solchen Aufforderung nicht nach, so kann der Beklagte Wiedereinsetzung in den vorigen Stand verlangen, also Kassierung des Urteiles.

Verlangt der Kläger durch seinen writ den Besitz von Land, so ist er ebenfalls zu einem judgment berechtigt.

Geht die Klage aber auf Schadenersatz oder Rückgabe einer beweglichen Sache, so kann ihm kein Endurteil, final judgment, gewährt werden, sondern bloß ein Zwischenurteil, interlocutory judgment, also ein Zwischenurteil, das zwar grundsätzlich zu seinen Gunsten lautet, bei welchem aber die Höhe des Schadenersatzes und der Wert der Sache nicht bestimmt ist.

Diese festzusetzen wird vielmehr dem Spruch einer Jury, die durch den Sheriff einzuberufen ist, oder eines Official Referee (siehe oben S. 10) vorbehalten. Zu diesem Zwecke kann der Master verfügen, daß der Kläger eine genaue eingehende Darstellung seines Anspruches einreiche. Ist die Höhe des Schadenersatzes oder des Wertes der beweglichen Sache, die nicht zurückgegeben wurde, bestimmt, so kann der Kläger final judgment auf diesen Betrag eintragen lassen (Order XIII., rr. 1—11).

Handelt es sich um eine Klage auf Erteilung eines Gebotes oder Verbotes, einer injunction, damit der Beklagte eine Leistung vornehme, etwas dulde oder etwas unterlasse (z. B. für Beseitigung einer Störung seines Grundstückes durch den Nachbar), so steht trotz der ausgebliebenen Einlassung des Beklagten dem Kläger kein Anspruch auf ein final oder interlocutory judgment zu. Er hat vielmehr dem Gericht eine Klagebegründung (ein Statement of claim) einzugeben. Erscheint der Beklagte dann innerhalb einer Frist von 10 Tagen immer noch nicht, so kann das Gericht ein judgment in default of defense bewilligen (Order XXVII., r. 11).

Drittes Kapitel.

Originating summons.

Das englische Prozeßrecht unterscheidet zwischen dem writ of summons und der Urkunde, welche den Namen trägt ,,originating summons". In einigen besonders gearteten Fällen wird nämlich das gerichtliche Verfahren nicht durch den writ of summons, sondern durch ,,an originating summons" eingeleitet. Das ist der Fall, wenn es sich nur um die Auslegung von Urkunden oder um die Feststellung von Rechten handelt, für welche Begehren das sog. Verfahren in chambers, also in der Kanzlei des Richters oder seines Stellvertreters, des master, genügt, während eine öffentliche Gerichtsverhandlung in open Court mit Plaidoyers der Anwälte und Einvernahme von Zeugen und gar Zuziehung von Geschworenen unvernünftig und zu kostspielig wäre. Sehr oft handelt es sich um sog. nichtstreitige Rechtsangelegenheiten. Der Engländer definiert denn auch ein solches ,,originating summons" als ,,a summons other than a summons in a pending cause or matter" (Order LXXI, r. 1a).

Wesentlich ist, daß die klagende Partei die Behandlung der Sache in chambers wünscht und nicht in open Court. Durch originating summons können Rechtsbegehren vor jede Abteilung des High Court gebracht werden.

Berechtigt hierzu ist jede Person, welche ein Recht geltend macht aus einem gesiegelten Vertrag (deed), einem Testament oder einer anderen Urkunde. Voraussetzung ist, daß es sich um die Auslegung irgendeiner Bestimmung einer solchen Urkunde handelt und um die Feststellung der Rechte der Personen, welche daran ein Interesse haben.

Der Gesuchsteller verlangt eine *declaration of the rights*, eine Feststellung der Rechte. So z. B. der Treuhänder oder der Begünstigte bei einer Treuhand, der Erbe über die Bestimmungen eines Testamentes.

Die größte Rolle spielen originating summons bei der Chancery Division.

Durch originating summons werden auch Gesuche in bezug auf den Verkauf verpfändeter Liegenschaften, for foreclosure or redemption von verpfändeten Grundstücken, Ernennung von Treuhändern (siehe CURTI, Bd. I, S. 122), Verkauf von Land auf dem Wege der Zwangsvollstreckung, für den Unterhalt von Kindern usw., gestellt.

Der Master ist an die Ansicht der Parteien, einen solchen Fall in Chambers zu behandeln, nicht gebunden. Er kann ihn, wenn er es für richtiger hält, zur Behandlung in open Court dem Gericht überweisen.

Allgemeine Form eines Originating Summons.

In the High Court of Justice,
King's Bench Division
between
A. B., Plaintiff
and
C. D., Defendant.

Let C. D. of ....., in the county of ....., within eight days after service of this summons on him, inclusive of the day of such service, cause in appearance to be entered for him to this summons which is issued upon the application of the plaintiff, who resides at ....., in the county of ....., and who claims to be entitled to compound interest (Zinseszins) under a promissory note (Eigenwechsel) made by the defendant in the following words: ... (here set out a full copy of the note), for the determination of the following question: Whether the said note carries simple or compound interest?

Dated the ..... day of ....., 1918.

This summons was taken out by E. F., of ....., solicitor for the above-named plaintiff.

The defendant may appear hereto by entering appearance either personally or by solicitor at the Central Office, Royal Courts of Justice.

Note: If the defendant does not enter appearance within the time and at the place above mentioned, such order will be made and proceedings taken as the judge may think just and expedient.

Zweiter Abschnitt.

Das Verfahren vor dem „Master in Chambers“.

Erstes Kapitel.

Übersicht.

Das englische Prozeßverfahren hat sich so entwickelt, daß ein Streitfall erst dann zur mündlichen öffentlichen Hauptverhandlung vor das Gericht kommt, wenn er durch die Parteivertreter, die solicitors, wenn nötig unter Mitwirkung des Gerichts, in London regelmäßig durch einen

Beamten der Gerichtskanzlei, der richterliche Befugnisse hat, den sog. Master, so vorbereitet ist, daß möglichst in einer einzigen Sitzung in ununterbrochener mündlicher Verhandlung mit oder ohne Zeugeneinvernahme das Urteil gesprochen werden kann.

Die sog. pleadings, d. h. „the statement of claim" und „the statement of defence" oder einfach „the defence", mit anderen Worten der Schriftenwechsel der Parteien zur Sichtung des ganzen Materials, zur Klagebegründung und Klageantwort, geht deshalb vor sich, bevor überhaupt der urteilende Richter irgendwelche Kenntnisse von dem Prozesse zu haben braucht. Der Master ist aber der Vertrauensmann des Richters, dessen Ansichten er genau kennt. Der Master steht — wenn auch nicht offiziell — doch schon im Vorverfahren in Verbindung mit dem Richter. Zu dieser Materialsammlung gehört auch die schriftliche Eingabe von Zeugenaussagen, jedoch nur dann, wenn die Zeugen in der Hauptverhandlung mündlich nicht verhört werden.

Die Vorbereitungshandlungen finden nicht in öffentlicher Verhandlung vor dem Richter statt, sondern im Bureau des Masters „in a private room" oder, wie der übliche Ausdruck lautet „in chambers", d. h. im Bureau dieses Gerichtsbeamten.

In diesem Verfahren „in chambers" können die Interessen der Parteien durch deren Solicitors vertreten werden. Der Barrister tritt erst nach Abschluß dieser Vorbereitung, also in der mündlichen Hauptverhandlung, öffentlich als Anwalt der Partei auf, wird aber bei wichtigen Fällen schon vorher vom solicitor konsultiert.

Der Master kann alle ihm gutscheinenden prozessualen Verfügungen, geeignet für die Vorbereitung der Hauptverhandlung, decrees, orders for directions, erlassen. Er kann auch Fälle von einem Streitwert unter £ 100 an einen County Court verweisen.

Gegen die Verfügungen und Entscheidungen des Master „in chambers" kann an den eigentlichen Richter Berufung eingelegt werden, welcher ebenfalls „in a private room" sitzt und gegen dessen Urteil nur ganz ausnahmsweise, gestützt auf besondere Bewilligung, weitere Berufung zulässig ist.

Die Verfügungen und Entscheidungen des Master und des Richters können durch den Sheriff der Grafschaft vollstreckt werden.

Zweites Kapitel.

Summarisches Verfahren bei liquidated damages, liquider Geldforderung.

I. Allgemeines. Das Verfahren vor dem Master ist verschieden, je nachdem der writ generally indorsed ist oder specially indorsed.

Ein specially indorsed writ ist möglich, wenn die Forderung auf eine liquide Geldsumme geht, sei es nun in einem festen schon genannten Betrage oder sei es in einem gleich feststellbaren Umfang (siehe darüber eingehender unten). Dann besteht die Möglichkeit, daß der Kläger trotz der Einlassung des Beklagten ein sofortiges Urteil erlangt, und zwar gestützt auf „Affidavit-evidence", d. h. eine eidesstattliche schriftliche Erklärung darüber, daß der Beklagte nach der Überzeugung des Klägers keinen genügenden Grund zur Verweigerung der Zahlung hat.

In zweifelhaften Fällen kann der Richter dem Beklagten befehlen, den Betrag der eingeklagten Forderung beim Gericht einzuzahlen — to pay into court —, oder dafür Sicherheit zu leisten, „with the alternative of leaving the case undefended, if he fails to do so".

Order III., r. 6, nennt folgende einzelne Fälle eines specially indorsed writ, aber immer nur bei Klagen, durch welche der Kläger eine fest bestimmte Geldschuld mit oder ohne Zinsen einklagt, und zwar:

a) Aus Vertrag, ob diese Forderung nun ausdrücklich vereinbart ist oder aus den Umständen hervorgeht (z. B. gestützt auf einen Wechsel, eine promissory note oder einen Scheck), oder ob es sich um eine andere einfache Vertragsschuld handelt; oder

b) gestützt auf einen Schuldschein oder einen gesiegelten Vertrag mit dem Versprechen der Zahlung eines bestimmten Betrages;

c) gestützt auf eine gesetzliche Bestimmung, nach welcher der geschuldete Betrag ein fester Betrag ist oder eine Geldschuld, aber nicht eine penalty (Vertragsstrafe);

d) gestützt auf eine Bürgschaftsurkunde, lautend auf einen bestimmten Betrag;

e) gestützt auf eine Treuhand (trust).

Selbst in diesen Fällen ist der Kläger indessen keineswegs verpflichtet, einen specially indorsed writ auszustellen. Tut er es nicht, so verzichtet er aber damit auf summarische Erledigung.

Ist der writ specially indorsed, so muß es sich immer um „a debt or liquidated demand in money" handeln, d. h. um eine Summe Geldes, welche objektiv sofort festgestellt werden kann, sei es, daß sie aus der Urkunde selbst hervorgeht, wie bei einem Schuldschein, bei einem Wechsel, einem Scheck oder doch wenigstens durch eine Berechnung gestützt auf sichere Daten, z. B. gestützt auf einen Tarif, eine Lohnskala, einen Prämientarif. Die bloße Eintragung auf dem Writ von einer bestimmten Summe, wie „der Kläger verlangt £ 500 Schadenersatz" genügt nicht.

Dagegen kann eine Rechnung eines Solicitors, überhaupt eines Berufsmannes, der stets nach einem bestimmten Preistarif arbeitet, als Grundlage dienen, da objektiv an Hand des Tarifes dieser Berufsklasse die Ansätze festgesetzt werden können.

Damit ein writ specially indorsed sei, ist es nötig, daß er im einzelnen die Posten und Daten anführt, auf welche er die Klageforderung stützt. Es muß eine Klagebegründung sein, ein Statement of Claim.

II. Beispiele von specially indorsed writs.

1. *Klage eines Metzgermeisters für seine Rechnung aus Fleischlieferungen.*
Statement of Claim (Klagebegründung).

Die Forderung des Klägers bezieht sich auf den Kaufpreis für geliefertes Fleisch.

Particulars (besondere Angaben):

		£	s	d
1926	Dezember 31.			
	Saldo für die Fleischrechnung bis zu diesem Tage, über welche „full particulars" schon gegeben wurden	35	10	0
1927	Januar bis März 31.			
	Fleischlieferungen, über welche „full particulars" schon gegeben wurden	74	5	0
		109	15	0
1927	Februar 1. Zahlung	45	0	0
	Geschuldeter Saldo:	64	15	0

Unterschrift: John Smith,
Solicitor des Klägers.

---

2. *Klage, gestützt auf einen Wechsel* (Indossatar gegen Akzeptant).
Statement of Claim.

1. Die Forderung des Klägers beträgt £ 300 12 s. 10 d., Kapital, Zinsen und Notariatsgebühren, geschuldet vom Beklagten an den Kläger auf Grund eines Wechsels über £ 300 vom 1. Februar 1926.

2. Der erwähnte Wechsel wurde am genannten Tage auf den Beklagten gezogen von einem Frederick Brown, war zahlbar drei Monate nach genanntem Datum an James Robinson oder Order.

3. Am 2. Februar 1926 akzeptierte der Beklagte den genannten Wechsel. Am 20. April 1926 indossierte James Robinson den Wechsel an den Kläger. Der Beklagte hat noch nicht bezahlt.

Particulars.

		£	s	d
1926.				
Mai 4.	Geschuldetes Kapital	300	0	0
	Zinsen bis heute	8	11	4
	„Noting"[1]	0	1	6
	total:	308	12	10

Der Kläger verlangt auch Zinsen von 5% vom Kapital von £ 300 von heute an bis zur Zahlung.

Unterschrieben:
Richard Roe.

---

[1] Das heißt Auslagen für das Vornotieren des Wechselprotestes. Siehe Curti, Bd. II, S. 207.

3. *Klage aus Bürgschaft.*
Statement of Claim.

1. Am 9. Februar 1926 ersuchte ein gewisser Silvanus Smith den Kläger, ihm gewisse Waren auf Kredit zu liefern.

2. Am 15. Februar 1926 schrieb der Beklagte dem Kläger einen Brief, in welchem er sich damit einverstanden erklärte, haftbar zu sein für gehörige Zahlung des Kaufpreises, wenn Kläger dem Silvanus Smith die betreffende Ware liefere.

3. Darauf lieferte der Kläger dem Silvanus Smith die betreffenden Waren für einen Kaufpreis von £ 175 10 s.

(Hier sind particulars anzugeben in bezug auf die betreffenden Waren mit dem Datum der Lieferungen.)

4. Weder Silvanus Smith noch der Beklagte haben dem Kläger den genannten Betrag von £ 175 10 s. bezahlt, auch keine Abzahlung geleistet, und der Kläger fordert deshalb den ganzen Betrag.

Unterschrieben:
Joseph Grant.

III. Die Order XIV. Der ausführliche (specially indorsed) writ gibt oft das Recht auf ein summarisches, beschleunigtes Verfahren, summary judgment, gestützt auf Order XIV. Das ist der Fall, wenn die Forderung absolut liquid erscheint, z. B. bei Wechseln, bei Wertpapieren.

Erfordernis hierfür ist aber, daß der Kläger dem Richter eine eidesstattliche Erklärung, ein affidavit, einer Person einreiche — auch er selbst kann diese Person sein —, welche in dieser Urkunde den Klageanspruch als begründet darstellt mit der Bemerkung, daß nach ihrer Überzeugung der Beklagte keinen Einspruch dagegen erheben kann (verifying the cause of action and stating that in his belief there is no defence to it). Der Kläger muß eine Abschrift dieses affidavit mit Belegen dem Beklagten zustellen mit der Aufforderung, binnen 4 Tagen den Nachweis zu leisten, daß der Kläger nicht berechtigt sei, für den ganzen eingeklagten Betrag das final judgment zu verlangen, und zwar mit Zinsen und Prozeßentschädigung.

Hat der Beklagte darauf nicht geantwortet, oder Einreden vorgebracht — er kann ebenfalls ein affidavit einreichen und selbst unter Eid persönlich vernommen werden —, so hat der Master die Möglichkeit, auf folgende verschiedene Weise zu entscheiden:

1. Er gestattet dem Kläger, ein final judgment einzutragen (leave will be given him „to sign judgment at once without going through all the unnecessary and expensive preliminaries to a trial or the expense of the trial itself").

2. Er ordnet das ordentliche Prozeßverfahren unter gewissen Bedingungen an, wie z. B., daß der Beklagte zur Sicherheit eine Zahlung an die Gerichtskasse leiste.

3. Er schlägt das Begehren des Klägers auf summarische Behandlung ab und verweist ihn auf den ordentlichen Weg, ohne daß der Beklagte irgendwelche Sicherheit zu leisten hat.

4. Mit Zustimmung der Parteien kann der Master auch selbst ein endgültiges Urteil fällen oder er kann die Angelegenheit an einen anderen Master zur weiteren Behandlung weisen.

Tritt der Master auf das Begehren summarischer Erledigung des Falles nicht ein, so kann er alle diejenigen prozeßleitenden Verfügungen so treffen, wie wenn kein Gesuch auf Behandlung des Falles nach Order XIV gestellt worden wäre.

Wenn er meint, daß die mündliche Verhandlung in open Court nicht lange Zeit in Anspruch nimmt, mag er auch verfügen, daß der Fall in die list of short causes gemäß Order XIV., r. 8, eingetragen wird, also auch beim ordentlichen Verfahren zu relativ rascherer Erledigung gelangt.

IV. Beispiele. Das schriftliche Begehren, das der Kläger dem Beklagten in diesem summarischen Verfahren zustellt, **the Summons under Order XIV** hat etwa folgenden Wortlaut

In the High Court of Justice,
King's Bench Division
between
A. B., Plaintiff
and
C. D., Defendant.

Upon reading the affidavit of A. B.

Let all parties concerned attend the Master in Chambers, Central Office, Royal Courts of Justice, Strand, London, on Thursday, the 21st day of November, 1918, at 1.30 o'clock in the afternoon, on the hearing of an application on the part of the plaintiffs, that they be at liberty to sign final judgment in this action against the defendant for the amount indorsed on the writ, with interest, if any, and costs.

This summons will be attended by Counsel.

Dated the 16th day of November 1918.

Die Verfügung, welche der zuständige Gerichtsbeamte, der *master*, trifft, **the Order under Order XIV** lautet wie folgt

Order (gerichtliche Verfügung) nach Order XIV.

In the High Court of Justice,
King's Bench Division
between
A. B., Plaintiff,
and
C. D., Defendant.

Upon hearing Counsel for plaintiffs and defendant, and upon reading the affidavits of A. B. and C. D., both filed the 21st day of November, 1918.

It is Ordered that the plaintiffs *may sign final judgment* in this action for the amount indorsed on the writ, with interest, if any, and costs to be taxed.

Oder:

It is Ordered that, if the defendant *pay into Court* within a week from the date of this order the sum of £ 200, he be at liberty to defend this action, but that if that sum be not so paid, the plaintiffs be at liberty to sign final judgment for the amount indorsed on the writ of summons, with interest, if any, and costs.

Oder:

It is Ordered that the defendant be at liberty to defend this action, and that it be placed *in the short cause* list.

Fit for Counsel.

And that the costs of this application be costs in the cause.

Dated the 21st day of November, 1918.

V. Klagen auf Rechnungsstellung; Indorsement for an account. Eine besondere Art eines writ of summons liegt vor, wenn er das Begehren enthält, daß die beklagte Partei Rechnung ablege über alle Gelder, welche sie als Vertreter des Klägers für den Kläger eingenommen hat (siehe oben S. 40). Maßgebend für das Verfahren gestützt auf solchen writ ist Order XV. Wenn der Beklagte sich nicht einläßt, so wird ihm der Master befehlen, diese Rechnung abzuliefern. Eine solche Verfügung auf Rechnungsablegung wird auch erlassen, wenn sich der Beklagte zwar einließ, aber nicht in überzeugender Weise nachgewiesen hat, daß er in keiner Weise zu solcher Rechnungslegung verpflichtet ist. Der Master kann durch einen anderen Master, durch einen special oder official referee die Abrechnung aufstellen lassen. Mit Hilfe des Master kann diese Rechnung verifiziert werden.

Drittes Kapitel.

Summons for directions, prozeßleitende Verfügungen des master.

Hat der Beklagte die Einlassungserklärung zugestellt, so muß der Kläger, wenn der writ *generally indorsed* ist (siehe oben S. 37), den Master ersuchen, die prozeßleitenden Verfügungen, die directions, in bezug auf das ganze weitere Verfahren bis zur mündlichen Verhandlung vor Gericht, dem trial, zu treffen.

Damit der Master prozeßordnende Verfügungen treffe, muß der Kläger dem Beklagten binnen 14 Tagen von der Einlassung an eine Aufforderung schicken, vor dem Master zu erscheinen und zum Begehren des Klägers Stellung zu nehmen. Diese Aufforderung, summons, muß bei Klagen vor der King's Bench Division entsprechend der Formvorschrift für den writ of summons, den Siegel des Central Office (Summons and Order Department) tragen und bei dieser Amtsstelle registriert werden. Man sagt: the plaintiff will take out a summons for directions; d. h. der Kläger stellt an den Master das Gesuch, die für die Vorbereitung der Hauptverhandlung erforderlichen prozeßleitenden Verfügungen zu treffen, was dem Beklagten bekannt gegeben wird. Maßgebend dafür sind die Vorschriften von Order XXX.

Ist der Prozeß in der Liste der Handelssachen eingetragen, so wird nicht der Master, sondern der Richter selbst das Erforderliche verfügen.

Das Summons for directions muß das Datum angeben, an welchem die Parteien vor dem Master zur Verhandlung des Begehrens zu erscheinen haben. Die Urkunde muß dem Beklagten spätestens vier volle Tage vor diesem Zeitpunkt zugestellt sein.

Der Beklagte hat zunächst kein Recht, directions zu verlangen. Ist aber von Seite der klagenden Partei in der Frist von 14 Tagen nach der Eintragung der Einlassung nichts getan worden, so ist der Beklagte zu „a summons for an order to dismiss the action" berechtigt, d. h. er kann beim Richter das Begehren stellen, er solle die Klage abweisen oder eine andere ihm geeignet scheinende Verfügung treffen. Der Master wird in diesem Falle die summons des Beklagten auch oft so behandeln, wie wenn ein Antrag auf Erteilung von prozeßleitenden Verfügungen überhaupt, also eine summons for directions, vorliegen würde (Order XXX., r. 8).

Bevor der Kläger irgendeinen Schritt im Prozeßverfahren tun kann, muß er die Verfügungen des masters abwarten. Ausgenommen von dieser Regel sind Gesuche um Erteilung einer injunction, eines richterlichen Gebotes oder Verbotes, oder der Ernennung eines Sachwalters (eines receiver) oder das Gesuch auf Eintragung eines Kontumazurteils, eines judgment in default of defence gemäß Order XXVIII, also in dem Fall, da die beklagte Partei nach ihrer Einlassungserklärung die Klage nicht beantwortet hat.

Kein summons for directions ist erforderlich in Admiralty Actions (Seesachen), bei Prozessen, die durch originating summons eingeleitet wurden oder durch specially indorsed writ.

Bei Klagen mit specially indorsed writ, auf welche eine Einlassung erklärt wurde, sind folgende Möglichkeiten gegeben:

a) ein summons for directions,

b) das Begehren auf Eintragung eines Endurteils, final judgment, gemäß Order XIV,

c) wenn der Beklagte keine schriftliche Klageantwort (defence) eingab, die Ermächtigung auf Eintragung eines final judgment,

d) wenn der Beklagte eine Klageantwort geliefert hat, kann der Kläger ebenfalls ein summons for directions eingeben.

Der master wird die erforderlichen Verfügungen, directions, regelmäßig, nachdem er die Parteien angehört hat, geben, und zwar so, wie er sie für richtig hält.

Bei der ersten Einvernahme der Parteien ist es nicht immer möglich, die Weisungen schon für den ganzen Prozeß zu erlassen. Die Parteien haben deshalb das Recht, während des ganzen Vorverfahrens an den Master zu gelangen, damit er neue Verfügungen trifft. Der Gegenpartei muß aber Gelegenheit gegeben werden, durch Mitteilung 2 Tage zum voraus, sich über ein Gesuch des Gegners beim master ebenfalls auszusprechen.

Der master wird vor allem Verfügungen treffen in bezug auf folgende prozessuale Maßnahmen:

1. den Schriftenwechsel, *die pleadings.* Dazu gehören die Klagebegründungsschrift des Klägers, Statement of Claim genannt, die Klagebeantwortung durch den Beklagten, the Defence, und nötigenfalls die Replik des Klägers, the Reply (siehe unten S. 57 ff.).

2. Particulars. Wenn ein Schriftsatz der Gegenpartei nicht die erforderliche Auskunft gibt, zu welcher eine Partei berechtigt ist, so kann sie „particulars“ verlangen, d. h. eine neue schriftliche Darstellung, welche den ursprünglichen Schriftsatz ergänzt. Siehe S. 70, 89.

3. Evidence (Beweise). Wird auch in der Regel im Vorverfahren vor dem Master kein Beweis aufgenommen, da es sich nur darum handelt, die Tatsachen darzustellen, indem die Beweisaufnahme über bestrittene relevante Tatsachen der öffentlichen Verhandlung vor dem Richter, dem trial, vorbehalten bleibt, so kann es doch notwendig sein, daß zur Sicherung des Beweises schon durch den Master die erforderlichen Verfügungen getroffen werden. So, wenn es sich darum handelt, einen im Ausland wohnenden Zeugen „on commission or under letter of request“ einvernehmen zu lassen, oder direkt einen Zeugen zu befragen, welcher gefährlich erkrankt ist oder im Begriffe steht, ins Ausland zu gehen, und der deshalb noch vor der öffentlichen Verhandlung einvernommen werden muß. Siehe S. 77.

Auch steht es im Ermessen des Master, eine Abschrift von Eintragungen in a banker's book zu den Akten zu ziehen, gemäß dem Bankers' Book Evidence Act, 1879.

Auch die Vorlage von anderen Urkunden und Büchern kann er verlangen (Order XXX., r. 7).

Er wird in allen Stadien des Prozesses einer Partei oder dritten Personen aufgeben können, Rechnungen vorzulegen und abzurechnen.

Insbesondere sind solche Verfügungen zur Rechnungsstellung vorgesehen in Order XV (Odgers II., S. 542) und für die üblichen partnership-Abrechnungen.

4. Sicherheitsleistungen für Kosten. Der Beklagte kann etwa verlangen, daß der Kläger Sicherheit für eine allfällige Prozeßentschädigung an den Beklagten leiste, so wenn der Kläger dauernd im Ausland wohnt und in England kein Vermögen besitzt. Eine besondere Sicherheit für die eigentlichen Gerichtsgebühren muß regelmäßig nicht geleistet werden, da diese stets von vornherein bei jedem prozessualen Schritt dem

Gericht bezahlt werden müssen (siehe unter Prozeßkosten S. 156 sowie unter Berufung S. 146 ff.).

5. *Sistierung des Verfahrens.* Der Master hat das Recht, das Verfahren in folgenden Fällen überhaupt einzustellen:

a) Wenn die Klage verfrüht eingereicht wurde, z. B. die Forderung noch nicht fällig ist;

b) wenn die Klage frivolous (völlig unbegründet) and vexatious (schikanös) ist;

c) wenn sie anderswo hätte eingebracht werden sollen;

d) wenn das Verhalten des Klägers oppressive (unbillig hart) and vexatious (schikanös) ist;

e) wenn der Kläger die Kosten einer früheren Klage, welche denselben Klagegrund hatte, nicht bezahlt hat;

f) wenn die Parteien vereinbart hatten, daß sie die Streitsache vor ein Schiedsgericht bringen wollen (Arbitration Act, 1889).

6. *Place of trial,* das für die mündliche Verhandlung zuständige Gericht. Es ist die Aufgabe des Masters zu bestimmen, vor welchem Gericht und vor welcher Abteilung die öffentliche Hauptverhandlung stattfinden soll. Er wird sich dabei fragen, wo kostet es am wenigsten und welches Gericht ist für die Parteien und für die Mehrheit der Zeugen das geeignetste, „the most convenient" (Order XXXVI., r. 10). Siehe S. 80.

7. *Art des Prozeßverfahrens (Mode of Trial).* Die Parteien haben das Recht, in bestimmten Fällen Verhandlung ihres Falles mit einer Jury zu verlangen (trial by Jury), (Order XXXVI., rr. 2—9, Odgers II., 588, 589). In anderen Fällen liegt es in der ausschließlichen Entscheidung des Master, die Art des trial zu bestimmen.

8. *Form und Zustellung des summons for directions.* Eine summons for directions muß allen Parteien zugestellt werden, welche an ihr interessiert sind. Diese Zustellung muß wenigstens 5 Tage vor der mündlichen Verhandlung des Gesuches vor dem Master erfolgen.

Beispiel eines *Summons for Directions* (Übersetzung unten S. 55).
(zuzustellen an alle interessierten Parteien, spätestens fünf Tage vor dem für die Verhandlung bezeichneten Tag).

1926. — B. — No. 136.

In the High Court of Justice,
King's Bench Division
between
Arthur Brown, Plaintiff,
and
Charles Duke, Defendant.

Let all parties concerned attend the Master in Chambers, Royal Courts of Justice, Strand, London, on *Thursday, the 25th day of February,* 1926, *at* 1.30 *in the afternoon,* on the hearing of an application on the part of the *Plaintiff* to show cause why an Order for Directions should not be made in this Action as follows:

Pleadings *to be delivered.*

Particulars. That the ....
deliver within ..... days particulars of ..... and that in default all further proceedings in this Action be stayed (d. h. sistiert) until such particulars are delivered (or, that the defendant be precluded from giving evidence in support thereof on the trial of the Action), and that the ..... have
days to deliver his
after delivery of such particulars.

Admissions.

Discovery. *That the Defendant file an affidavit of documents in ten days.*

Interrogatories. *For leave to interrogate the Defendant. Answers to be filed within ten days.*

Inspection of documents.

Inspection of real or personal property.

Commission. *To Gibraltar to examine Witnesses.*

Examination of Witnesses.

Place of trial. *Middlesex.*

Mode of trial. *Special Jury.*

Any other interlocutory matter or thing.

Dated *the* 19*th* *day of February,* 1926.

This summons was taken out by *Messrs. L. M. & Co.*, of ....., *Solicitors for Plaintiff* To X. *Y.*, of ....., Solicitor for Defendant.

Beispiel einer *Order for Directions.*

1926. — B. — No. 136.

In the High Court of Justice,
King's Bench Division.
Master *Whately*, Master in Chambers
between
Arthur Brown, Plaintiff
and
Charles Duke, Defendant.

Upon Hearing the Solicitors on both sides, the following directions are hereby given, and it is ordered:

That there be pleadings in the action as follows:

Statement of Claim containing full particulars to be delivered in 10 days from this date. Defense containing full particulars in 14 days from delivery of Statement of Claim. Reply if Counterclaim in 10 days after delivery of Defense.

That the Plaintiff and Defendant do, respectively after delivery of Defense and within 10 days after service of copy receipt for deposit in Court, answer on affidavit stating what documents are or have been in their possession or power relating to the matters in question in this action.

Inspection of Documents upon usual notice.

That the action be tried in Middlesex.

That the action be tried with Judge alone unless plaintiff gives notice with notice for trial requiring jury.

Liberty to either party to apply.

And that the costs of this application be costs in the cause.

Dated the 25th day of February, 1926.

Beispiel eines *Summons for directions*
(eines Begehrens auf Erteilung prozeßleitender Verfügungen).
(Übersetzung des vorausgegangenen englischen Originals siehe S. 53.)

1926. — B. — Nr. 136.

Im High Court of Justice,
King's Bench Division
zwischen
Arthur Brown, Kläger
und
Charles Duke, Beklagten.

Alle interessierten Parteien werden eingeladen, vor dem master in chambers des königlichen Gerichtshofes, im Strand in London Donnerstag, den 25. Februar 1926, um 1.30 nachmittags zu erscheinen, um teilzunehmen an der Verhandlung über das Begehren des Klägers auf Erlaß einer Order for Directions, um eventuell die Gründe für Einreden gegen dieses Begehren geltend zu machen, welches dahin lautet:

Schriftenwechsel (pleadings): soll angeordnet werden.

Particulars: daß der .....
Particulars über ..... innerhalb ... Tagen liefern soll und daß bei Unterlassung alle weitern Schritte in diesem Prozesse sistiert sein sollen, bis solche particulars eingereicht sind (oder daß der Beklagte davon ausgeschlossen sein soll, in bezug auf sie in der öffentlichen Hauptverhandlung Beweis zu liefern), und daß der ..... innerhalb ... Tagen nach der Überreichung dieser particulars ..... zu liefern habe.

Zugeständnisse (admissions).

Urkundenvorlage (discovery): daß der Beklagte ein Zeugnis (affidavit) über die Urkunden innerhalb 10 Tagen einzureichen habe.

Fragestellung (interrogatories): daß dem Kläger gestattet werde, dem Beklagten Fragen vorzulegen und daß der Beklagte verpflichtet werde, sie binnen 10 Tagen zu beantworten.

Urkundeneinsicht (inspection of documents): Augenschein, Besichtigung von Grundstücken oder beweglichen Sachen.

Kommissarische Einvernahme (commission): In Gibraltar sollen Zeugen einvernommen werden.

Einvernahme von Zeugen (examination of witnesses).

Ort der Hauptverhandlung: Middlesex.

Art der Verhandlung: mit einer special jury.

Irgendwelche andere Begehren:

Datiert den 19. Februar 1926.

Dieses Summons wurde aushingenommen durch die Herren L. M. & Co., in ....., solicitors des Klägers, zugestellt an X. V., in ....., solicitor des Beklagten.

Beispiel. *Order for directions* (*prozeßleitende Verfügung*).
[Übersetzung]

1926. — B. — Nr. 136.

Im High Court of Justice,
King's Bench Division.
Master Whately, Master in Chambers.
Zwischen
Arthur Brown, Kläger
und
Charles Duke, Beklagten.

Nach *Anhörung* der Anwälte (solicitors) beider Teile werden folgende prozeßleitende Verfügungen getroffen:

Es soll ein Schriftenwechsel (pleadings) stattfinden wie folgt:

Die Klagebegründung (statement of Claim), welche „full particulars" enthalten soll, muß innerhalb 10 Tagen von heute an abgeliefert werden. Die Klageantwort (defence), ebenfalls mit full particulars, hat in 14 Tagen von der Einreichung der Klagebegründung an zu erfolgen.

Die Replikschrift (reply) im Falle einer Gegenklage (Gegenforderung) hat in 10 Tagen von der Ablieferung der Klageantwort an zu erfolgen.

Kläger und Beklagter haben innerhalb 10 Tagen, nachdem die Klageantwort eingereicht ist, resp. innerhalb ..... in einem affidavit eine Aufstellung über die Urkunden zu geben, welche in ihrem Besitz oder in ihrer Verfügungsgewalt sind und Bezug haben auf Fragen dieses Prozesses.

Einsichtnahme in Urkunden auf die übliche Aufforderung (Notice).

Der Prozeß soll zur Hauptverhandlung kommen in Middlesex.

Die Hauptverhandlung soll nur durch einen Richter allein behandelt werden, es sei denn, daß der Kläger eine Erklärung abgibt, er wünsche eine Verhandlung mit Geschworenen.

Unbeschränkte Zulassung von Begehren jeder Partei (Liberty to either party to apply).

Die Kosten dieses Gesuches sollen unter die allgemeinen Prozeßkosten fallen.

Datiert, 25. Februar 1926.

In Handelssachen, welche auf der Liste der Handelsprozesse (commercial list) stehen, werden die prozeßleitenden Verfügungen (directions) vom Richter (und nicht vom Master) angeordnet. Oft haben sie dann folgende Form:

Beispiel:

Upon Hearing the Solicitors on both sides, the following directions are hereby given, and it is ordered:

That the action be placed in the Commercial List.

That Points of Claim be delivered by the Plaintiffs in four days.

That Points of Defense be delivered by the Defendants in four days.

That lists of documents be exchanged between the parties in seven days, and inspection be given within three days afterwards.

That the action be tried without a jury.

That the date of trial be fixed for 16th June, 1926.

That the costs of this application be costs in the cause.

Übersetzung:

Auf Anhören der Anwälte beider Parteien werden folgende prozeßleitende Verfügungen getroffen:

Der Prozeß soll in die Liste für Handelssachen eingetragen werden.

Die Klagebegründung ist vom Kläger binnen vier Tagen einzugeben.

Die Klageantwort ist vom Beklagten binnen vier Tagen darauf einzureichen.

Urkundenverzeichnisse sollen zwischen den Parteien innerhalb sechs Tagen ausgewechselt werden und Einsicht in die Urkunden ist innerhalb drei Tagen zu gewähren.

Der Prozeß soll ohne Jury verhandelt werden.

Der Tag der Verhandlung wird auf den 16. Juni 1926 angesetzt.

Die Kosten dieses Gesuches fallen unter die allgemeinen Prozeßkosten.

Viertes Kapitel.

Die Pleadings, Schriftenwechsel.

I. Allgemeines. Der master ordnet einen Schriftenwechsel an, wenn es noch nötig erscheint, daß festgestellt wird, was der Kläger durch seine Klage verlangt, auf welche Tatsachen er sein Begehren stützt und ferner, um die Einreden des Beklagten und die von ihm ins Feld geführten Tatsachen kennen zu lernen.

Order XIX., r. 4 schreibt darüber wörtlich:

Jede Eingabe soll in summarischer Form die Tatsachen bekannt geben — und nur die Tatsachen —, auf welche die Partei sich für die Begründung ihrer Klage oder ihrer Klageantwort stützt, keineswegs aber mit Angabe der Beweismittel, durch welche diese Darstellung bewiesen werden kann.

Zweck der Pleadings, der Schriftsätze, ist, das Material, auf welche sich Klage und Klageantwort stützen, zu sichten, den Stand der Streitsache klar darzutun, so daß ein Schluß daraus gezogen werden kann, welches die für die Beurteilung des Falles wesentlichen Tatsachen sind, und welche davon bestritten und zufolgedessen in der öffentlichen Verhandlung vor dem Richter, at the trial, bewiesen werden müssen.

Durch die pleadings sollen die wesentlichen Punkte des Streitfalles festgestellt werden, die bewiesen werden müssen. Die englische Rechtssprache nennt diese Punkte *the issues.*

Der master bestimmt die Fristen, innerhalb welcher die Schriftsätze einzureichen sind. Ist keine Frist besonders genannt, so gelten die Vorschriften der Rules of Court, wonach die Klagebegründungsschrift — the Statement of Claim — innerhalb 21 Tagen nach der Einlassung, die Klageantwort — the Defence — binnen 10 Tagen nach Zustellung des Statement of Claim, und jedes weitere pleading innerhalb 4 Tagen nach der Zustellung des vorhergehenden Schriftsatzes zu erfolgen hat.

Der master kann die Fristen erstrecken. Sie können indessen auch durch Vereinbarung der Parteien selbst erstreckt werden.

Die pleadings werden direkt unter den Parteien ausgewechselt, sie brauchen in der Regel dem Gerichte selbst nicht eingegeben zu werden. Auch werden sie vom master nicht gelesen und nicht gesehen, es sei denn, daß eine Partei die Intervention des master anruft, damit er eine prozeßtechnische Frage entscheide.

Das ist z. B. der Fall, wenn einem Schriftsatz ein Formmangel vorgeworfen wird (z. B. fehlende Unterschrift des Anwaltes).

Der master und der Richter haben auch in jeder Prozeßlage das Recht, zu verfügen, daß in einem Schriftsatz unnötige oder skandalöse Stellen gestrichen werden, ferner solche, welche geeignet sind, das

Verfahren sonstwie zu stören, zu hemmen, zu verzögern und ein fair trial zu verunmöglichen (Order XIX., rr. 26, 27).

Die pleadings dienen sodann dazu, um den Parteien und dem master diejenige Aufklärung zu verschaffen, welche nötig ist, damit die Wahl des für den besonderen Fall besonders geeigneten Gerichtes getroffen werden kann.

Sind die Parteien über den ganzen Tatbestand einig, so daß nur noch die Rechtsfrage zu entscheiden ist, es also keines Beweises für die behaupteten Tatsachen bedarf, so wird die Klage zur weiteren Erledigung einem Richter ohne Jury überwiesen.

Kommt es aber zu einem Beweisverfahren, so wird sehr oft — nicht immer — ein Richter mit Jury den Fall zur Beurteilung zugeteilt erhalten.

Bedarf es zur Aufklärung einer langen umfassenden Prüfung von komplizierten Rechnungen, so kann damit sofort ein special oder general referee betraut werden (siehe oben S. 10).

Zuweilen wird es wünschenswert erscheinen, mündliche Erklärungen der Parteien zu protokollieren, damit sie später nicht wieder vorgebracht werden müssen.

Die Frage, welches die wesentlichen Tatsachen sind, welche im Streitfalle bewiesen werden müssen, hängt ganz von der besonderen Art des einzelnen Falles ab.

Es besteht die allgemeine Regel, daß Schriftsätze (Klage, Klageantwort, Replik usw.) nicht gewechselt und eingegeben werden können, ohne daß der Master hierzu die Bewilligung erteilt hat. Ausnahmen davon bilden folgende Fälle:

a) Beim specially indorsed writ (siehe oben S. 45ff.) sind beide Teile ohne weiteres zur Eingabe eines Schriftsatzes berechtigt;

b) der Kläger hat das Recht hierzu, wenn der Beklagte keine Einlassungserklärung abgab;

c) der Beklagte hat das Recht auf einem Schriftsatz auch ohne besondere Verfügung des Masters, wenn der Kläger seine Klage in einem statement of claim näher begründete, nachdem der Beklagte selbst keine Einlassung erklärt hatte.

II. Die Klagebegründung (Statement of Claim). Die Klagebegründungsschrift, the Statement of Claim, muß enthalten:

1. *Angabe der Tatsachen*, auf welche sich die Klage stützt.

a) Kurze Einleitung mit Angabe der Parteien und ihrer Beziehungen, die zur Klage führten (matters of inducement), z. B.:

α) Der Kläger ist ein Handelsreisender. Der Beklagte ist ein Autoverkäufer, welcher das Geschäft betreibt an der . . . Straße in London.

β) Während des Monats Juni, 1925, war der Kläger in Unterhandlungen mit dem Beklagten wegen der Miete eines Autos in seinem Geschäft als Handelsreisender.

b) Den Klagegrund, Angabe der Tatsachen, die zur Klage führen (statement of the cause of action).

Dieses Klagefundament kann ein Vertrag oder ein tort sein.

α) Bei Klage aus *Vertrag* sind anzuführen die Tatsachen, die zum Vertragsabschluß geführt haben, ob es sich um einen gesiegelten Vertrag (deed) handelt oder um einen einfachen Vertrag, aber mit gültiger consideration, die Vertragsbedingungen, die Tatsachen, welche einen Vertragsbruch darstellen.

β) Bei *unerlaubter Handlung, tort,* sind die Tatsachen anzugeben, welche die unerlaubte Handlung dartun.

c) Die Tatsachen, die dafür sprechen, daß der Kläger *Schaden* (damage) erlitten hat[1].

Es ist dabei zu unterscheiden zwischen general damage und special damage. General damage ist ein Schaden, welcher regelmäßig die Folge der Verletzung des Rechtes ist. Der Schadenersatz ist nach den Umständen des einzelnen Falles zu beurteilen. Oft werden auch nur nominal damages zugesprochen.

Special damage ist der Schaden, der die besondere Folge eines besonderen Falles ist. Dieser muß (im Gegensatz zum general damage) besonders bewiesen werden und es müssen deshalb auch im Statement of Claim die besonderen Tatsachen angeführt sein, welche Grundlage für den Beweis des Schadens bilden; so z. B. bei einem Verlöbnisbruch.

Der Schaden muß eine direkte und natürliche Folge des Verhaltens des Beklagten sein, „a direct and natural causal sequence".

2. Die Art der Rechtshilfe, welche durch die Klage verlangt wird, the *relief.* Es gibt verschiedene Arten, welche entweder einzeln oder alternativ oder kumulativ begehrt werden können, nämlich:

a) Schadenersatz, damages;

b) Besitz;

c) mesne profits, Zahlung von Einkünften, die ein unrechtmäßiger Pächter bezog;

d) arrears of rent, Zins(Renten)-Rückstände;

e) delivery up of a chattel, Auslieferung einer beweglichen Sache;

f) specific performance, effektive Vertragserfüllung;

g) injunction, ein gerichtliches Gebot (Verbot) auf ein Tun, Unterlassen oder Dulden;

h) setting aside i) cancellation k) delivery up l) rectification	of a written instrument	Aufhebung, Nichtigerklärung, Auslieferung, Richtigstellung einer Urkunde

[1] Damage bedeutet bald Schaden, bald Schadenersatz. Die Mehrzahl des Wortes, also „damages", hat meistens die Bedeutung von Schadenersatz. Näheres über „damages" siehe S. 103.

m) a mere declaration of the plaintiff's rights, eine Feststellung der Rechte des Klägers;

n) Bezahlung einer Geldschuld.

Beispiele eines „**Statement of Claim**".

Verkauf von Kleidern an eine verheiratete Frau.

1926. — J. — No. 30.

In the High Court of Justice
King's Bench Division.
Writ issued March 11th, 1926.
Between
Joliffe & Co., Plaintiffs
and
Frederick Brown, Defendant.

Statement of Claim.

1. Die Kläger sind Tuchwarenhändler und Schneidermeister, welche ihr Geschäft in der High Street, No. 212, in Kensington betreiben.

2. Während der Jahre 1924 und 1925 bestellte Frau Hannah Brown, die verstorbene Frau des Beklagten, bei den Klägern und die Kläger lieferten ihr nach dem Hause No. 23 Langham Gardens, London W., wo sie damals mit dem Beklagten wohnte, Kleider im Werte von £ 134 10 s. 0 d.; diese Kleider waren notwendige Kleider für die verstorbene Frau des Beklagten.

3. Particulars in bezug auf diese Kleider sind übergeben worden und überschreiten drei Folioseiten. Rechnungen mit solchen Particulars sind halbjährlich der genannten Frau Brown an die angegebene Adresse zugestellt worden, ebenso seit ihrem Tode an den Beklagten, nämlich in den Jahren 1924 und 1925, jeweils zu Sankt Johanni und zu Weihnachten.

4. Bis heute hat der Beklagte die genannte Summe von £ 134 10 s. 0 d. weder ganz noch teilweise bezahlt.

Die Kläger fordern deshalb £ 134 10 s. 0 d.

Hugh Williams.

Zugestellt am 1. Mai 1926 durch . . . . .

Klage wegen Verlöbnisbruch.

Statement of Claim (Klagebegründung).

1. Am 15. März 1925 verlobten sich die Klägerin und der Beklagte durch mündliche Vereinbarung.

2. Die Klägerin war stets bereit, den Beklagten zu heiraten; der Beklagte hat sich aber geweigert und heiratete am 24. Januar 1926 eine andere Dame.

Die Klägerin verlangt £ 500 Schadenersatz.

Christopher Johnstone.

Klage wegen Ehrverletzung.

Statement of Claim.

1. Der Kläger ist Rechtsanwalt (solicitor) und betrieb seinen Beruf an dem in der Folge angegebenen Datum der Ehrverletzung in No. 50, Lincoln Street in der City of London.

2. Am 27. April 1926 sprach sich der Beklagte in bezug auf die Berufsausübung des Klägers gegenüber Herrn John Smith „falsely and maliciously“ wörtlich dahin aus: „Haben Sie gehört, was man von unserm Nachbarn (gemeint war der Kläger) sagt?“ „They tell me he has gone for thousands instead of hundreds this time“, und auf die Frage des Smith „wen meinen Sie damit?“, antwortete er, „den Rechtsanwalt in No. 50, Lincoln Street“.

3. Der Beklagte wollte damit sagen, daß der Kläger zahlungsunfähig und nicht imstande sei, den Clienten das Geld zu bezahlen, das er anvertraut erhalten habe und daß schon das Konkursverfahren gegen ihn eingeleitet sei, und daß er den Beruf eines Rechtsanwaltes nicht mehr ausüben dürfe.

4. Zufolge dieser Äußerungen des Beklagten wurde der Kläger in seinem Kredit und in seinem Rufe schwer geschädigt, insbesondere auch in seiner Berufsausübung als Solicitor. So haben ihn die Herren X, Y und Z und andere Klienten als Solicitor aufgegeben.

Der Kläger verlangt deshalb Schadenersatz.

John Doe.

Der Schriftsatz mit der Klagebegründung muß innerhalb 21 Tagen nach dem Datum der Order for Directions zugestellt werden, wenn diese nicht eine andere Frist bestimmt.

Wird er nicht rechtzeitig eingegeben, so kann der Beklagte Abweisung der Klage verlangen.

III. Klageantwort (Defence)[1]. Zur gehörigen Klagebeantwortung genügt es nicht, Klage und Schuldverpflichtung allgemein zu bestreiten. Vielmehr muß der Beklagte auf jede einzelne Behauptung des Klägers antworten, soweit er sie nicht anerkennt. Was nicht bestritten wird, gilt als anerkannt. Von dieser Regel gibt es aber eine wichtige Ausnahme, indem bei einer Klage auf Zahlung von *Schadenersatz* nie eine besondere Bestreitung nötig ist. Bei Schadenersatzklagen wird vielmehr angenommen, daß der Schaden bestritten wird, auch wenn keine ausdrückliche Bestreitung vorliegt. „Damages are always taken to be denied.“

Die Klageantwort muß innerhalb der in der Order for Directions angegebenen Frist erfolgen.

Für die Klageantwort auf ein specially indorsed writ ist eine Frist von 10 Tagen von der Eintragung der Einlassungserklärung an vorgeschrieben.

Der Beklagte kann sich nach Eingang der Klagebegründung, des statement of claim, verschieden verhalten, nämlich:

1. *Er antwortet überhaupt nicht.* Dann wird der Kläger ein judgment by default of defense, also ein Versäumnisurteil erwirken. Dabei sind 2 Fälle zu unterscheiden:

a) Handelt es sich um eine liquide Summe, „a liquidated amount“, so berechtigt dies den Kläger zur Eintragung eines Endurteils, eines „final judgment“.

---

[1] Auch „Defense“ geschrieben.

b) Handelt es sich um sog. „unliquidated damages“ oder um eine Klage auf Herausgabe einer Sache, so kann nur ein „interlocutory judgment“, also ein Zwischenurteil erfolgen, so daß die Festsetzung der Höhe des Betrages dem Entscheid einer Sheriff's Jury überwiesen wird, welche den Fall gewissenhaft, ohne großes öffentliches Aufsehen, erledigt.

2. Der Beklagte bestreitet jede Behauptung und jede Tatsache, die in der Klagebegründung vorgebracht wurde; he may *traverse* it.

„Traversing“ hat hier den Sinn von „denying“, also „bestreiten“.

Es gilt die Regel, daß jede Tatsache, welche in der Klageschrift angeführt wurde, die aber vom Beklagten nicht ausdrücklich bestritten wird, zugegeben ist. Eine Ausnahme bildet, wie schon erwähnt, die Behauptung der Tatsache, es sei ein Schaden entstanden, in welchem Falle eine ausdrückliche Bestreitung nicht nötig ist.

Beispiele.

Statement of Claim.

Am 12. März 1928 versprachen sich Klägerin und Beklagter gegenseitig die Ehe.

Traverse.

Der Beklagte hat niemals versprochen, die Klägerin zu heiraten.

Jede Behauptung der Klagebegründung muß einzeln bestritten werden; z. B.:

Klagebegründung (Statement of Claim).

Herr B. ging den genannten Vertrag ein als Vertreter des Beklagten gestützt auf eine Vollmacht, welche vom Beklagten unterschrieben war.

Traverse.

a) Der genannte Herr B. hat den erwähnten Vertrag weder für den Beklagten, noch auch als dessen Vertreter abgeschlossen.

b) Der Beklagte hat niemals eine solche Vollmacht unterschrieben, noch auch hat Herr B. gestützt auf eine solche Vollmacht gehandelt.

Soweit der Beklagte seine Schuld anerkennt, wenn auch nur einen Teil, ist der Kläger in jeder Prozeßlage berechtigt, ein judgment nach Order XXXII., r. 6, zu verlangen.

3. Der Beklagte anerkennt zwar die Richtigkeit einzelner Tatsachen, wie sie im Statement of Claim angeführt sind, gibt aber andere Tatsachen bekannt, welche zur Abweisung der Klage führen müssen. Man spricht von *confession and avoidance* (to confess and to avoid).

Beispiel. Bei einer Klage wegen Vertragsbruches gibt der Beklagte zu, daß er einen Vertrag abgeschlossen hat, führt aber aus, daß der Vertrag nachträglich aufgelöst wurde oder daß er ungesetzlich war, daß er wegen Minderjährigkeit des Beklagten nicht ausgeführt werden kann, daß Betrug vorliegt usw.

Beklagter gibt zu, daß die Parteien verlobt waren, wendet aber ein, daß das Verlöbnis gestützt auf gegenseitige Vereinbarung wieder aufgehoben wurde.

4. Ferner kann *Bestreitung aus rechtlichen Gründen* erfolgen, obgleich der vom Kläger vorgebrachte Tatbestand zugegeben wird. Das ist z. B. bei der Einrede der *Verjährung* der Fall. (Über die Verjährung siehe Curti, Bd. I, S. 144, 145, 147, 149, 193; und Bd. II, S. 15, 73, 79, 146.)

Die Klagen aus laufender Rechnung, aus Darlehen oder aus einem formlosen Vertrage verjähren in sechs Jahren (St. L., 1623, s. 3; M. L. A. A., 1856, ss. 9, 13), Forderungen aus gesiegelten Verträgen jedoch erst in zwanzig Jahren seit Entstehung des Klagegrundes (C. P. A., 1833, s. 3). Ist die Forderung durch ein Grundstück gesichert, so beträgt die Verjährungsfrist zwölf Jahre (R. P. L. A., 1874, s. 1; vgl. Curti, Bd. I, S. 146.)

Nach englischem Recht geht mit der Verjährung die Forderung an sich nicht unter, nur kann in England nicht geklagt werden.

Wenn auch der Beklagte alle Einreden rechtlicher Natur erst in der Hauptverhandlung in open Court, at the trial, erheben muß, so steht ihm doch das Recht zu, sog. prozeßhindernde Einreden, gestützt auf welche das Verfahren überhaupt nicht weiter geführt werden kann, schon vor dem master und als Einrede in der Klageantwort vorzubringen.

Eine prozeßhindernde Einrede ist z. B. gegeben, wenn der Fall an ein Schiedsgericht oder an den County Court verwiesen werden muß. Liegt eine solche prozeßhindernde Einrede vor, so wird der Beklagte regelmäßig den Antrag stellen, daß sofort darüber entschieden wird, bevor es überhaupt zur öffentlichen Verhandlung kommt. Wird die Einrede gutgeheißen, so hat es keinen Zweck mehr, in die materielle Behandlung der Sache einzutreten.

Werden verschiedene Klageansprüche zusammen geltend gemacht, obwohl sie nur in getrennten Verfahren behandelt werden können, so gibt dies dem Beklagten ebenfalls eine Einrede. Die Einrede der Immunität eines Parlamentsmitgliedes wirkt ebenfalls prozeßhindernd. Wird ein solcher Parlamentarier wegen Ehrverletzung und Kreditschädigung eingeklagt wegen Behauptungen in einer Rede im House of Commons, so kann er für alles, was er in einer Sitzung des Parlamentes sagte, nicht verfolgt werden.

Eine prozeßhindernde Einrede ist auch gegeben durch den Judicature Act, 1925, s. 51, gegenüber schikanösen Klägern, wonach auf Gesuch des Attorney-General der High Court eine Verfügung treffen kann „that a person who has habitually and persistently instituted vexatious legal proceedings without any reasonable ground" davon ausgeschlossen wird, irgendein neues gerichtliches Verfahren einzuleiten, es sei denn mit besonderer Bewilligung des High Court.

Ist die Klage frivolous and vexatious, frivol und schikanös, so kann der Beklagte verlangen, daß sie ohne weiteres von der Hand gewiesen wird (he may apply to strike out the Statement of Claim). Doch muß er dieses Begehren vorbringen, bevor er die Klage materiell beantwortet.

Wenn sich der Beklagte auf points of law berufen kann, die Behauptungen des Klägers also gestützt auf rechtliche Gründe zu erledigen sucht, so steht natürlich auch dem Kläger in seiner Entgegnung, der Replik, gleiches Recht zu.

Einer Partei, die gegen das Begehren der Gegenpartei rechtliche Gründe ins Feld führt, stehen drei Wege offen:

a) Sie kann gestützt auf Order XXV., r. 4, verlangen, daß der Schriftsatz der Gegenpartei vollständig unberücksichtigt bleibt, mit anderen Worten als unzulässig zurückgewiesen wird. Man hat dafür den Ausdruck „to strike out the pleading of his opponent“. Der Master oder Richter wird diesem Begehren entsprechen, wenn er die Gründe hierfür für genügend erachtet, d. h. wenn kein genügender Klagegrund oder kein genügender Grund für das Begehren des Beklagten auf Abweisung der Klage vorliegt.

b) Eine Partei kann die *nähere* Ausführung der rechtlichen Gründe in ihrem Schriftsatz zur Diskussion in der öffentlichen Gerichtsverhandlung vor dem urteilenden Richter, also für den trial, vorbehalten.

c) Eine Partei kann darauf verzichten, schon im Schriftsatz ihre rechtlichen Gründe zu erwähnen, wird sie aber später bei der öffentlichen Gerichtsverhandlung, in open Court, geltend machen. Diese Rechtsfrage wird dann von dem Richter beurteilt, welcher zuständig ist, die öffentliche Gerichtsverhandlung zu leiten. Er wird den Entscheid treffen entweder schon vor Beginn dieser öffentlichen Verhandlung oder im Verlaufe dieser Verhandlung.

Wenn der Richter findet, daß die erhobene rechtliche Einrede das Schicksal der Klage im Ganzen absolut zu Ungunsten des Klägers entscheidet, so weist er die Klage ohne weiteres ab.

Es ist möglich, daß eine Partei schon im Vorverfahren vor dem Master das Begehren stellt, es sei die rechtliche Einrede schon jetzt zu entscheiden, d. h. bevor es überhaupt zur öffentlichen Verhandlung in open Court kommt. Formelle Voraussetzung hierfür ist aber, daß dieses Begehren in einem summons for directions erfolgt. Der Master kann dann eine Order erlassen, wenn er es angezeigt hält, dem Begehren zu entsprechen.

5. *Payment into Court*; Zahlungen an die Gerichtskasse. Der Beklagte kann vor oder mit der Klagebeantwortung oder mit Genehmigung des Richters auch später bei Gericht eine Geldsumme einzahlen zur Befriedigung des Anspruches oder einer der Ansprüche. Eine solche Zahlung bewirkt, daß weitere Kosten in bezug auf einen Teil der Klage vermieden werden. Die Zahlung ist eine Anerkennung des Anspruches, für welchen sie geleistet ist, außer wenn die Zahlung geleistet wird unter Protest gegen die Zahlungsverpflichtung.

Wenn das Geld einbezahlt wurde vor Eingang der Klageantwort oder ohne Protest, so erhält es der Kläger ausbezahlt, sofern das Gericht nicht anders beschließt. Ist er nicht vollständig befriedigt, so kann er wegen des Restes das Verfahren weitergehen lassen.

Geschieht eine solche Zahlung unter Protest des Beklagten, so kann der Kläger innerhalb vorgeschriebener Frist diesen Betrag zur vollen Befriedigung seines Anspruches entgegennehmen und darf ihn zum Ersatz der Kosten verwenden. Nimmt der Kläger so einbezahlte Beträge nicht an, so muß er später die Kosten des Beklagten bezahlen, wenn er durch das Urteil nicht mehr zugesprochen erhält als den einbezahlten Betrag.

6. *Gegenforderung.* Die Antwort des Beklagten kann darin bestehen, daß er behauptet, ebenfalls einen Anspruch, eine Geldforderung in einem festgestellten Betrag gegen den Kläger zu haben, und daß er diesen zur Verrechnung bringen will — man spricht von set-off, Verrechnung. Der Beklagte kann nur mit Forderungen verrechnen, deren Höhe ebenfalls feststeht. „Unliquidated damages" geben ihm kein Recht auf Verrechnung (siehe CURTI, Bd. II, S. 78).

7. Der Beklagte kann zwar den Anspruch des Klägers anerkennen, aber unter dem Vorbehalt einer Widerklage, einer counter-claim. Dieser Vorbehalt ist auch zulässig, wenn keine Anerkennung des klägerischen Anspruches erfolgt, er vielmehr bestritten wird.

Widerklage wird der Beklagte für jede Gegenforderung stellen, welche ihm zwar zusteht, die er aber nicht einredeweise zur Verrechnung bringen darf. Ist die Möglichkeit einer Verrechnung gegeben, so kann der Beklagte sowohl einredeweise als auch auf dem Wege der Widerklage diesen Anspruch geltend machen. Während aber die Verrechnung nur in beschränkten Grenzen möglich ist und mit einem vorzeitigen Rückzug der Klage dahinfällt, werden bei Erhebung einer Widerklage das Begehren des Klägers und der Anspruch des Beklagten so behandelt, wie wenn es sich um zwei getrennte Klagen handeln würde. Wenn deshalb der Kläger vorzeitig auf Weiterführung seiner Klage verzichtet, so kann der Beklagte mit seiner Widerklage den Prozeß fortsetzen. Erhielten beide Teile mit ihrem Anspruch recht, so werden zwei getrennte Urteile, ein jedes zugunsten einer Partei, eingetragen.

Die Unterschiede zwischen der Einrede der Verrechnung (set-off) und einer Widerklage (counter-claim) sind folgende: Die Verrechnung erfordert auf beiden Seiten einen gleichartigen „liquidated amount", eine liquide Summe. Zur Widerklage genügt jeder Anspruch (sei es aus Vertrag oder tort), der durch Klage geltend gemacht werden kann. Bei der Verrechnung müssen beide Forderungen zur Zeit des writ of summons fällig gewesen sein. Bei der Widerklage genügt es, daß die Forderung des Widerklägers seither fällig wurde. Bei der Verrechnung kann ein Betrag über die Höhe der klägerischen Forderung hinaus nicht geltend gemacht werden, im Gegensatz zur Widerklage. Bei der Widerklage müssen der Anspruch des Klägers und derjenige des Beklagten in den „pleadings" getrennt vorgebracht werden.

8. *Justification.* Gegenüber einer Klage auf Schadenersatz wegen Ehrverletzung kann der Beklagte den Wahrheitsbeweis antreten und dartun, daß er zur Wahrung berechtigter Interessen den Kläger angegriffen hat. Gelingt dieser Beweis, so wird die Klage abgewiesen. Diese Einrede heißt „justification“ (Rechtfertigung).

Soweit der Beklagte seine Schuld anerkennt, wenn auch nur einen Teil, ist der Kläger in jeder Prozeßlage berechtigt, für den nicht bestrittenen Teil ein Urteil nach Order XXXII., r. 6, zu verlangen.

Jede Einrede auf Behauptungen der Gegenpartei hat die technische Bezeichnung „a traverse“. Allgemeine Bestreitungen genügen nicht, vielmehr muß der Beklagte genau sagen, was er bestreitet und welche Tatsachen gegen die Behauptungen des Gegners sprechen.

Auch in bezug auf die Klageantwort seien einige Beispiele aus der Praxis gegeben:

Beispiele.

a) Klageantwort (Defence) zur Klage aus Bürgschaft (vgl. oben S. 48).

1. Der Beklagte hat sich keineswegs damit einverstanden erklärt, eine Haftung zu übernehmen.

2. Es fehlt an einem schriftlichen memorandum, wie es für das Zustandekommen der Haftung nach dem Statute of Frauds nötig wäre.

3. Der Kläger hat den Beklagten aus jeder Haftbarkeit in bezug auf die gelieferten Waren entlassen, indem er dem Hauptschuldner, dem Silvanus Smith, Stundung gewährte (folgen nähere Einzelheiten).

(Die Einrede unter Ziffer 1 ist „a traverse“, die Einreden unter Ziffer 2 und 3 heißt man „confession and avoidance“; man sagt „to confess and to avoid“.)

b) Klageantwort (Defence) zur Klage auf Zahlung von Kleiderlieferungen an eine verstorbene Ehefrau (vgl. oben S. 60).

Defence.

1. Der Beklagte bestreitet, daß seine verstorbene Frau je einmal die in der Klagebegründung (Statement of Claim) erwähnten Waren bestellt hat oder daß die Kläger solche Waren je einmal nach seiner Wohnung, 23, Langham Gardens, London W., geliefert haben.

2. Keine dieser Waren waren notwendige Lieferungen (necessaries), wie dies in Ziffer 2 der Klagebegründung behauptet wird.

3. Der Beklagte gab seiner Frau regelmäßig genügend Geld (an allowance in money), um es ihr zu ermöglichen, alle nötigen Kleidungsstücke daraus zu kaufen, und hat ihr übrigens ausdrücklich verboten, einen Kredit für irgend solche Waren in Anspruch zu nehmen, was den Klägern wohl bekannt war.

4. Eventuell erklärt der Beklagte, daß die Preise, welche die Kläger für die genannten Waren fordern, unvernünftig und exorbitant sind. Der Beklagte zahlt in die Gerichtskasse einen Betrag von £ 100 mit der Erklärung, daß dieser Betrag genügend ist, um die Kläger für die Forderung, welche sie mit der Klage geltend machen, zu befriedigen.

Frederick Jackson.

Antwort auf eine Ehrverletzungsklage (vgl. oben S. 60).

1. Der Kläger übte zur Zeit der erwähnten Äußerungen seinen Beruf als Solicitor nicht aus.

2. Der Beklagte hat niemals eine der unter Ziffer 2 der Klagebegründung genannten Äußerungen getan.

3. Der Beklagte hat keine der erwähnten Äußerungen in bezug auf die Berufsausübung des Klägers getan.

4. Die erwähnten Worte bedeuten nicht das, was unter Ziffer 3 der Klagebegründung behauptet wird. Sie haben auch keinen ehrenrührigen Sinn.

5. Sieht man von der Auslegung, welche der Kläger ihnen gibt, ab, so sind jene Worte tatsächlich wahr (folgen nähere Ausführungen).

6. Der Beklagte möchte einwenden, daß wegen genannter Äußerungen nicht geklagt werden kann, solange nicht besonderer Schaden (special damage) nachgewiesen wird. Der unter Ziffer 4 erwähnte besondere Schaden ist „to remote" (eine zu entfernte Folge) und genügt rechtlich nicht, um die Klage mit Erfolg zu begründen.

Macht der Beklagte eine Gegenforderung widerklageweise geltend, so muß er in seiner Klagebeantwortung (defence) alle Tatsachen anführen, die zur Begründung dienen, und zwar so, wie wenn er selbständig eine Klage in einem Statement of Claim geltend machen müßte.

IV. Reply (Replik). Der Kläger hat darauf in allen Fällen das Recht zu einer Rückäußerung in einem besonderen Schriftsatz, der Reply.

Wenn der Kläger nach Eingang der Klageantwort und ihrer Prüfung nichts weiter zu sagen hat und keine neuen Tatsachen ins Feld führen will, so wird er auf eine Reply verzichten.

Jedenfalls ist es nicht nötig, daß er nur zur Bestreitung der gegnerischen Behauptungen repliziert, denn es wird ohne weiteres angenommen, daß er sie bestreitet.

Hat dagegen der Beklagte eine Gegenforderung, sei es zur Verrechnung oder widerklageweise aufgestellt, so wird für die klagende Partei das Bedürfnis für einen weiteren Schriftsatz gegeben sein.

Für eine Reply bedarf es indessen einer Verfügung des master. Nur bei Klagen in Seesachen kann sie ohne besondere Erlaubnis erfolgen.

Ausnahmsweise, aber nur wenn es absolut nötig erscheint, wird der master auch einen zweiten Schriftsatz des Beklagten zulassen und einen dritten des Klägers und des Beklagten. Diese Schriftsätze heißen rejoinder, surrejoinder, rebutter, surrebutter usw.

V. Notice of trial; Entry for trial. Liefert der Kläger keine Reply oder wird nach einem Schriftsatz einer Partei kein weiterer von der Gegenpartei innerhalb der vorgeschriebenen Frist geliefert, so ist der Schriftenwechsel, the pleadings, als geschlossen zu betrachten.

In diesem Falle, aber auch wenn kein Schriftenwechsel erfolgte, hat jetzt der Kläger dem Gegner eine notice of trial abzugeben, d. h. die Erklärung, daß er seinen Fall nunmehr an das urteilende Gericht zur Hauptverhandlung weiterleite. Er hat dabei das Gericht und den

Ort, wo verhandelt wird (was übrigens bereits vom master bestimmt worden ist) und den Tag zu nennen, welchen er für die Gerichtsverhandlung, the trial of the action, vorschlägt. Der Kläger muß dem Beklagten wenigstens eine Frist von 10 Tagen gewähren, es sei denn, daß eine short notice of trial (regelmäßig 4 Tage) unter den Parteien vereinbart oder vom Richter verfügt wurde. Der Kläger kann diese Mitteilung gleichzeitig mit seiner Reply abgeben oder, wenn keine solche erfolgt, erst nach Ablauf von 4 Tagen seit Übergabe der Klageantwort.

Unterläßt es der Kläger binnen 6 Wochen nach Abschluß der Pleadings notice of trial zu geben, so kann dies der Beklagte entweder selbst tun oder einen master ersuchen, die Klage abzuweisen (to dismiss) ,,for want of prosecution“.

Von welcher Partei immer diese Mitteilung ausgehen mag, sie ist verpflichtet, die Klage for trial, d. h. für die öffentliche Hauptverhandlung, in den Büchern des urteilenden Gerichtes einzutragen, und zwar wenn der Prozeß zur öffentlichen Behandlung kommen soll in London, Middlesex, Manchester, Liverpool oder an einem anderen Platze, den der Lord Chancellor von Zeit zu Zeit bestimmt. Diese Eintragung muß geschehen innerhalb von 6 Tagen, nachdem die Notice of Trial erfolgt ist, da die notice sonst ihre Wirksamkeit verliert. Wenn indessen der Prozeß anderswo zur Verhandlung kommen soll, so muß die Eintragung erfolgen entweder beim District Registry der Assize town oder beim Associate (Sekretär) of the circuit, und zwar spätestens 7 Tage vor dem sog. Commissonary Day. Man spricht von *Entry for trial.* Es ist hierfür eine Gebühr von £ 2 zu zahlen. Dem Gerichtsbeamten müssen gleichzeitig eine Abschrift aller pleadings und des writ of summons eingegeben werden. Die Kopien der Schriftsätze werden ,,the record“ des Prozesses und dieser ist nun ,,ready for trial“, d. h. er ist für die mündliche Verhandlung bereit.

Unterläßt die Partei, welche die Notice of Trial zugestellt hat, die Eintragung, so kann die Gegenpartei, welcher diese Mitteilung gemacht wurde, binnen 4 Tagen die Eintragung verlangen, es sei denn, daß inzwischen die Notice for Trial zurückgezogen wurde.

Die Entry of Trial bezweckt die Eintragung des Falles in die Cause-List, also in die Verhandlungsliste der Gerichtsfälle vor dem urteilenden Gericht zur mündlichen Verhandlung in open Court. Diese Eintragung erfolgt in chronologischer Reihenfolge nach der Zeit des Einganges des Begehrens auf Entry of Trial. Die Partei erhält eine entsprechende Nummer, und muß nun gewärtigen, auf welchen Tag der Fall zur Behandlung kommt. Die Parteien wissen dies regelmäßig erst ganz kurz vor dem Verhandlungstag, d. h. wenn die Cause-Lists veröffentlicht werden. Das führt oft zu schwierigen Situationen, weil ja die Parteien auf den Verhandlungstag die Beweismittel zur Verfügung zu stellen haben, z. B. dafür zu sorgen haben, daß auch entfernt wohnende Zeugen rechtzeitig im Gericht anwesend sind. Deshalb wird eine Partei, den Richter auch etwa persönlich aufsuchen, um ihn zu veranlassen, die Verhandlung nicht auf einen zu frühen Termin anzusetzen.

VI. Abstand vom Prozeß (Discontinuance). Die Parteien wünschen nicht immer, den Prozeß zur öffentlichen Hauptverhandlung zu bringen. Oft schließen sie einen Vergleich ab; oft schläft der Prozeß ohne einen solchen ein. Es ist auch möglich, daß der Kläger zur Überzeugung kommt, daß er nicht obsiegen würde, daß er deshalb sogar einem gegen ihn lautenden Urteil zustimmt. In diesem Falle muß er dem Beklagten die Prozeßkosten zahlen und wird mit einer späteren Klage gegen den Gegner ausgeschlossen.

Die klagende Partei wird in manchen Fällen von der Weiterführung des Prozesses abstehen, indem sie der Gegenpartei schriftliche Mitteilung davon macht. Oft mag auch der Kläger Veranlassung haben — z. B. wegen des Fehlens irgendeines Beweismittels —, den begonnenen Prozeß aufzugeben, indem er sich vorbehält unter günstigeren Verhältnissen später eine neue Klage einzureichen. Wenn er eine solche Abstandserklärung bekannt gibt, bevor die Klageantwort abgeliefert ist, oder selbst nachher, aber ohne daß er weitere prozessuale Schritte unternimmt (ausgenommen vielleicht für vorsorgliche Zwischenverfügungen), so kann er vom Prozeß abstehen, ohne dazu besondere Bewilligung zu erhalten, aber mit dem Rechte, später neuerdings zu klagen. Er muß indessen die Kosten des Verfahrens bezahlen, da sonst eine spätere zweite Klage in derselben Sache sistiert bliebe. In jedem späteren Stadium des Prozesses wird die klagende Partei nur mit Bewilligung des master auf eine Fortführung des Prozesses verzichten können, und der master wird seine Zustimmung regelmäßig nur unter der Bedingung geben, daß „no further proceedings shall be taken in the matter" (Order XXVI., rr. 1, 4), d. h., daß nicht neuerdings in dieser Sache prozessuale Schritte unternommen werden.

Fünftes Kapitel.

Vorbereitung der Hauptverhandlung.

Da der englische Zivilprozeß darauf ausgeht, einen Streitfall schon vor der mündlichen Hauptverhandlung möglichst abzuklären, stellt die Prozeßordnung einer jeden Partei verschiedene Mittel zur Verfügung, um schon im Vorverfahren vor dem Master, und zwar selbst nach Beendigung des Schriftenwechsels, der Pleadings, nähere Aufklärung über das zu erhalten, was die Gegenpartei über die wesentlichen Tatsachen weiß, die den Prozeß betreffen. Das gilt auch in bezug auf Urkunden, die im Besitz der Gegenpartei sind und von welchen sie auf Verlangen ein Verzeichnis anfertigen muß und die sie zur Einsicht und Abschrift vorzulegen hat. Dieses Recht auf Aufklärung heißt das Recht auf discovery. Man unterscheidet dabei:

1. das Recht auf „further and better particulars";

2. das Recht auf interrogatories, Fragestellung mit dem Zweck der „discovery of facts";

3. das Recht auf Bekanntgabe, Vorlage und Einsichtnahme, evtl. Abschrift von Urkunden, „discovery of documents".

1. Particulars. Jede Partei hat in ihren Pleadings, wenn es besonders vorgeschrieben ist, aber auch wo es sonst notwendig erscheint, alle einzelnen Tatsachen bekanntzugeben, die für den Ausgang des Prozesses von wesentlicher Bedeutung sind. So z. B. wenn misrepresentation (unwahre Angaben bei Vertragsabschluß), fraud (Betrug), negligence (Fahrlässigkeit, Verschulden), undue influence (ungehörige Beeinflussung), misconduct (widerrechtliches Verhalten) oder special damage (siehe S. 104) behauptet wird (siehe auch unten S. 89).

Eine Partei, welche genauer über die Klagegründe aufgeklärt zu sein wünscht, kann den Master ersuchen, dem Gegner aufzugeben, „further and better particulars" in einem Ergänzungsschriftsatz bekannt zu geben.

2. Interrogatories; discovery of facts. Wünscht eine Partei, nachdem die Klagebeantwortung dem Kläger zugestellt ist, noch weitere Auskunft von der Gegenpartei, so kann ihr der Master das Recht auf „interrogatories" bewilligen. Das sind geschriebene Fragen (aber nicht über die Beweismittel) an die Gegenpartei, die sie nach Eingang des Fragebogens unter Eid, also in einem Affidavit, beantworten muß. Der Master kann das Gesuch auf Fragestellung abweisen, wenn er es selbst nicht für angemessen hält oder wenn die Gegenpartei wichtige Gründe dagegen vorbringt (siehe auch unten S. 91).

Die Fragestellung wird verweigert:

a) wenn sie unangebracht und schikanös ist;

b) wenn sie geeignet wäre, den Kredit einer Partei zu untergraben und wenn sie sonst nicht relevant ist;

c) wenn sie für den Ausgang des Prozesses unwesentlich ist, auch wenn sie skandalös ist, d. h. für den Angefragten beleidigend, degradierend, ohne wesentlich zu sein. Ein Anwalt kann sich mit Rücksicht auf sein Berufsgeheimnis weigern, irgend etwas auszusagen, was ihm von seinem Klienten im Vertrauen mitgeteilt wurde;

d) wenn sie prolix, d. h. weitschweifig ist;

e) wenn sie „fishing" ist; wenn sie z. B. darauf ausgeht, gegen den Beklagten einen Grund für eine neue Klage zu finden, die nicht in direktem Zusammenhang mit dem Klagegrund des Statement of Claim ist;

f) wenn sie die Gegenpartei der Gefahr aussetzt, strafrechtlich verfolgt zu werden. Solche Fragen können zwar gestellt werden. Der Angefragte kann aber nicht gezwungen werden, sie zu beantworten, wenn er schwören kann, daß eine Antwort ihm in der angezeigten Weise verhängnisvoll werden könnte.

Beispiel (vgl. oben S. 60 und 67).

Interrogatories, vorgelegt einem Beklagten in einem Ehrverletzungsprozeß.

1. Sagten Sie nicht am 8. März 1926 oder an einem andern Tage zu Frau B. die Worte, welche in Ziffer 3 der Klageschrift (Statement of Claim) enthalten sind, oder andere (und welche) Worte, die denselben Sinn hatten? Wenn nicht, geben Sie mir genau die Worte bekannt, welche Sie zu Frau B. äußerten und welche Bezug auf das Verhältnis des Klägers zu seinen Gläubigern hatten.

2. Wie lange kennen Sie schon Frau B.? Hatten Sie irgendwelches und welches Interesse an der Insolvenz des Klägers oder der Gesellschaft, an welcher er beteiligt ist? Wie kamen Sie dazu, mit ihr die Zahlungsfähigkeit des Klägers oder seiner Firma zu besprechen?

3. Glaubten Sie, als Sie die in Frage stehenden Äußerungen taten, an Ihre Darstellung? Hielten Sie sie für wahr? Wenn dies der Fall war, auf welche Auskunft stützten Sie an jenem Tage Ihren Glauben?

4. Stellten Sie irgendwelche Nachforschungen an in bezug auf die Zuverlässigkeit dieser Aussage, und welche Schritte unternahmen Sie, um festzustellen, ob jene Worte der Wahrheit entsprachen oder nicht? Wenn dies der Fall war, geben Sie bekannt, wann und durch wen Sie solche Nachforschungen anstellten und mit welchem Ergebnis.

5. Waren nicht Fräulein X., Frau Y. und Herr Z. (Personen, welche in den particulars des Klägers genannt sind) oder eine dieser Personen, und welche, anwesend, als Sie mit Frau B. über die Zahlungsfähigkeit des Klägers und seiner Firma sprachen? Wenn dies der Fall war, hörten nicht diese Personen (oder welche von ihnen) die Worte, welche unter Ziffer 3 des Statement of Claim erwähnt sind? Hatte irgendeine dieser Damen ein Interesse an der Solvenz des Klägers oder der Firma? War es Ihre Pflicht, diese Angelegenheit mit diesen Personen oder einer von ihnen zu besprechen? Wie kamen Sie überhaupt dazu?

3. Discovery of documents (Bekanntgabe und Vorlage von Urkunden). Jede Partei hat das Recht, die Urkunden, über welche die Gegenpartei die Verfügung hat, einzusehen und Abschriften davon zu machen, soweit sie für den Prozeß wesentlich sind (siehe auch unten S. 79, 92), und zwar:

a) Schon während der pleadings ist eine Partei berechtigt, von der anderen zu verlangen, die in ihrem Schriftsatz erwähnten Urkunden zur Einsicht vorzulegen. Wenn die Gegenpartei die Vorlage von Urkunden, auf welche sie selbst in ihrem Pleading Bezug genommen hat, verweigert, so darf sie diese Urkunden in der Hauptverhandlung, at the trial, nicht als Beweismittel verwenden, es wäre denn, daß der Richter die Verweigerung für begründet hält.

b) Weiß eine Partei oder vermutet sie, daß die Gegenpartei Beweisurkunden besitzt, obschon solche nicht erwähnt wurden, liegt aber ein

Interesse vor, darüber näheres zu erfahren, so kann die interessierte Partei ein affidavit eingeben mit genauer Angabe ihrer Kenntnis oder Vermutung der Existenz der Urkunden und dem Gesuch, es solle die Gegenpartei darüber Auskunft geben müssen. Der Master wird darauf die erforderliche Verfügung treffen, damit sich die Gegenpartei ebenfalls in einem affidavit über das Gesuch des Gegners äußere. Gibt die aufgeforderte Partei zu, solche Urkunden zu besitzen, die für den Ausgang des Prozesses wesentlich sind, so wird der Master eine order auf Vorlage der Urkunden erlassen.

c) Selbst wenn eine Partei gar nichts näheres über die Existenz von Urkunden weiß, kann sie gleichwohl den Master veranlassen, eine general order for discovery zu erlassen, durch welche die Gegenpartei aufgefordert wird, ein Verzeichnis aller Urkunden einzureichen, welche sie im Besitz hat oder einmal gehabt hat und welche für den Prozeß von Belang sind. In ihrem affidavit sind diese Urkunden genau zu bezeichnen, und zwar mit der Angabe, ob die Gegenpartei noch in ihrem Besitz ist oder nicht, und ob sie bereit ist, sie vorzulegen. Die Urkunden, deren Vorlage sie verweigert, sind ebenfalls anzuführen.

Urkunden, die von einer Partei nicht vorgelegt werden müssen, sind:

a) die Urkunden, die sich auf den Rechtstitel der Partei an Land beziehen (sog. title-deeds);

b) Urkunden, an welchen sie allein ein Interesse hat;

c) Korrespondenz zwischen Personen, die zufolge ihres Vertrauensverhältnisses oder ihres Berufes zur Geheimhaltung verpflichtet sind. Dazu gehören die Briefe, die zwischen dem Anwalt und dem Klienten gewechselt wurden; ebenso die Korrespondenz von Eheleuten;

d) Urkunden, die geeignet wären, die Parteien einer Strafverfolgung auszusetzen;

e) Urkunden, die einer Drittperson gehören, welche aber deren Bekanntgabe verbietet;

f) staatliche Urkunden, deren Vorlage gegen das öffentliche Interesse wäre.

Beispiel eines **Affidavit of Documents.**

1926. — B. — No. 921.

In the High Court of Justice
King's Bench Division
between
James Robinson, Plaintiff
and
John Jones, Defendant.

Ich, John Jones, von . . . . ., in . . . . ., der obengenannte Beklagte, beschwöre folgende Aussage:

1. Ich habe in meinem Besitz oder in meiner Verfügungsgewalt die Urkunden, die im ersten und zweiten Teil der ersten Liste (first schedule) verzeichnet sind.

2. Ich weigere mich, irgendeine derjenigen Urkunden vorzulegen, welche in dem Bündel A eingeschlossen sind und im zweiten Teil der ersten Liste erwähnt werden. Grund meiner Weigerung: sie haben nur Bezug auf meinen „case" (d. h. sind nur wesentlich für die Verteidigung meiner Interessen), keineswegs aber „to the plaintiff's case", der sie zur Wahrung seiner Interessen nicht gebraucht, wie sie auch meine Interessen nicht zu zerstören in der Lage sind. Sie müssen deshalb von Rechts wegen nicht vorgelegt werden.

3. Ich weigere mich auch, die Analyse und das Gutachten vorzulegen, welche im zweiten Teil der ersten Liste erwähnt sind. Grund: Sie wurden gemacht zur Verwendung durch den Solicitor in diesem Prozesse, als Beweismittel und Gutachten darüber, wie der Beweis erbracht werden könnte, und damit der solicitor meine Verteidigung in diesem Prozesse richtig durchführen könne und mir bezügliche Ratschläge erteile. Sie sind veranlaßt worden durch meinen Solicitor für seinen eigenen Gebrauch. Deshalb sind sie von der Vorlagepflicht befreit.

4. Ich weigere mich, alle übrigen Urkunden vorzulegen, welche im zweiten Teil der ersten Liste erwähnt sind. Grund: Sie unterliegen nicht der Vorlagepflicht. Es handelt sich dabei um berufliche Mitteilungen von konfidentieller Natur, geschrieben von meinen juristischen Ratgebern, um mir einen juristischen Rat zu geben. Es sind Meinungsäußerungen des Counsel, Instruktionen für ihn, Rechtsfälle, die sich auf sein Gutachten beziehen, alles Schriftstücke, die verfaßt wurden vor und während des Prozeßverfahrens, Briefe, welche zwischen mir und meinem Solicitor gewechselt wurden, sowie zwischen meinem Solicitor und dritten Personen, sei es vor oder während des Prozesses, Entwürfe und Memoranden, geschrieben von meinen juristischen Ratgebern mit Rücksicht auf diesen Prozeß.

5. Ich hatte früher in meinem Besitz, jedoch heute nicht mehr, die Urkunden, welche auf der zweiten Liste erwähnt sind.

6. Die zuletzt erwähnten Urkunden waren zuletzt im Monate Oktober 1925 in meinem Besitz, als ich die erste davon (Nummer 38) dem Kläger übersandte und die übriggebliebenen drei an den Herausgeber des „Blanktown Observer".

7. Nach meinem besten Wissen und Glauben habe ich nicht und hatte auch nie in meinem Besitze oder in meiner Verfügungsgewalt oder bei meinen Rechtsanwälten oder Vertretern, noch bei irgendwelcher andern Partei irgendeine gesiegelte Urkunde, eine Rechnung, ein Geschäftsbuch, Belege, Empfangsscheine, Briefe, Memoranden, Papier oder Geschriebenes oder irgendeine Abschrift oder einen Auszug, irgendeiner der Urkunden, die sich auf Fragen des Prozesses beziehen, oder in welche irgendein Eintrag gemacht wurde, welcher auf solche Dinge Bezug hätte, ausgenommen die Urkunden, welche in Liste 1 und Liste 2 erwähnt sind.

Erste Liste (First Schedule).

1. Teil (Part I).

Originalurkunden.

1. Brief des Klägers an mich vom 21. Januar 1925.
2. Brief des Solicitors des Beklagten an mich vom 3. Januar 1925.
3.
4.

Abschriften.

5. Mein Brief an den Kläger vom 4. Oktober 1925.
6. Inventar und Schätzung, verfaßt von John Smith, vom 30. Oktober 1925.
7.
8.

2. Teil (Part II).

9—36. Gewisse Urkunden, numeriert 9—36 inbegriffen, welche in ein Bündel zusammengeschlossen sind, mit der Bezeichnung A und mit meinen Anfangsbuchstaben versehen.

37. Eine Analyse und ein Gutachten von Professor Wise vom 23. November 1925, und von ihm an meinen Rechtsanwalt (solicitor) übergeben am 24. November 1925, zur Verwendung in diesem Prozesse.

Rechtsfälle für das Gutachten des counsel (Gerichtsadvokaten), Gutachten meines counsel und Instruktionen für den counsel, ihm vor und während dieses Prozesses übergeben.

Zweite Liste (Second Schedule).

38. Mein Brief, abgesandt an den Kläger vom 4. Oktober 1925.

39. Abschrift desselben.

40. Abschrift der Antwort des Klägers auf diesen Brief vom 6. Oktober 1925, zur Verwendung in diesem Prozeß.

41. Mein Brief an den Herausgeber des „Blanktown Observer" vom 8. Oktober 1925, welcher auf die bereits erwähnten beiden Abschriften Bezug nimmt. Alle drei wurden von ihm in der Nummer dieser Zeitung vom 10. Oktober 1925 veröffentlicht.

Beschworen durch den obengenannten John Johnes in Clements Inn, No. 1, Strand, County of Middlesex, am 26. März 1926 } John Jones.
in Gegenwart von
W. A. Smithson,
a commissioner to administer Oaths in Supreme Court of Judicature in England.

4. Folgen der Verweigerung von Auskunftserteilung und Urkundenvorlage. Wenn eine Partei widerrechtlich sich weigert, auf interrogatories zu antworten oder in einem affidavit Auskunft über Urkunden zu geben, so kann sie gestraft werden wegen contempt of Court (Mißachtung des Gerichtes), und wenn es der Kläger ist, der sich weigert, kann seine Klage abgewiesen werden (his action may be dismissed), und wenn es der Beklagte ist, ist es möglich, daß seine Klageantwort überhaupt ihre Wirkung verliert (his defense may be struck out), und der Kläger ist berechtigt „judgment in default of defense" zu verlangen. Weigert sich eine Partei zu Unrecht, Urkunden zur Einsicht (for inspection) vorzulegen, so kann der Master eine Order erlassen, welche die Vorlage gebietet. Wird der Verfügung des Gerichtes nicht Folge geleistet, so verliert die Partei das Recht, die in Frage stehenden Urkunden in der mündlichen Hauptverhandlung zu verwenden und sie kann überdies wegen Contempt of Court verhaftet werden. Solche Folgen werden aber nur ausnahmsweise und als letzte Mittel verfügt, wenn es absolut klar ist, daß die fehlende Partei sich böswillig widersetzt. Bevor es zu solchen drakonischen Maßnahmen kommt, wird deshalb die berechtigte Partei den Master veranlassen, in peremtorischer order der fehlbaren Partei eine letzte Frist anzusetzen unter der Androhung, daß, wenn diese Frist unbenützt bleibt, die Straffolgen eintreten werden.

Bemerkenswert ist, daß, soweit eine Partei berechtigt ist, beim Vorliegen der früher genannten Gründe die Antwort auf Interrogatories abzulehnen, ihr dieses Recht als Zeuge in der mündlichen Hauptverhandlung nicht zusteht, ausgenommen, wenn öffentliche oder private Pflicht zur Geheimhaltung vorliegt (wie dies oben ausgeführt wurde) oder wenn sie sich der Gefahr strafrechtlicher Verfolgung aussetzen würde.

Völlig gleich wird es gehalten in bezug auf die Frage des Verweigerungsrechtes bei der Edition von Urkunden in der mündlichen öffentlichen Hauptverhandlung.

5. Eine Partei, welche Bücher oder Urkunden zur Einsicht der Gegenpartei vorlegt, ist berechtigt, Teile des Buches oder der Urkunde, welche von keiner wesentlichen Bedeutung für den Ausgang des Prozesses sind, zu versiegeln oder zu verdecken, so daß davon keine Einsicht genommen werden kann. Doch muß die editionspflichtige Partei beschwören, daß die unzugänglich gemachten Teile nicht von wesentlicher Bedeutung sind.

Die Partei, welche Einsicht nimmt, ist berechtigt, von jeder Urkunde eine Abschrift zu nehmen, wenn nötig mit Erlaubnis des Masters, gegebenenfalls auch eine Photographie.

6. Nur ausnahmsweise erstreckt sich das Recht auf Auskunft auch über Urkunden und Bücher, die nicht in der Hand der Gegenpartei, sondern bei Drittpersonen liegen. Das ist möglich in bezug auf Bücher, die von der Bank geführt wurden, die mit der Gegenpartei in Verkehr steht oder in Verkehr stand. Nach dem Bankers' Book Evidence Act, 1879, gibt die Abschrift einer Eintragung in das Buch einer Bankfirma prima-facie-Beweis in allen rechtlichen Verfahren, in welchen auf diese Eintragungen Bezug genommen wird, insbesondere für Abrechnungen, welche darin erwähnt sind. Voraussetzung ist aber, daß das Buch zur Zeit der Eintragung eines der ordentlichen Geschäftsbücher der Bank war, und daß die Eintragung im ordentlichen Geschäftsverlauf erfolgte, und daß das Buch im Gewahrsam und in der Kontrolle der Bank ist. Die Abschrift muß durch das affidavit eines Gesellschafters oder Beamten der Bank als richtig beglaubigt sein.

Der Master selbst kann auf Verlangen einer Partei irgendeine Person beauftragen, eine Abschrift irgendwelcher Eintragung aus Büchern zu nehmen. Der Beauftragte soll dann in einem affidavit die Übereinstimmung der Abschrift mit dem Original bestätigen und sich zugleich darüber aussprechen, ob das Originalbuch in Ordnung geführt ist oder ob es Streichungen, Rasuren oder sonst Abänderungen zeigt.

Es steht auch im Ermessen des Master, eine Verfügung zur Prüfung irgendeines Dokumentes (order for inspection) durch eine Vertrauensperson zu erlassen, wenn ihm solche notwendig und im Sinne einer rationelleren Abwicklung des Prozeßverfahrens, insbesondere auch zur Ersparung von Kosten nützlich erscheint (Order XXXI., r. 18).

7. *Aufforderung zur Anerkennung von Tatsachen und Urkunden* (notice to admit any specific fact or document). Eine Partei kann jederzeit im Schriftenwechsel, aber auch sonst, einzelne Tatsachen zugeben. Man spricht von Anerkennung, admittance (anerkennen, to admit). Wenn der Kläger in seinem statement of claim eine Behauptung aufstellt, die Gegenpartei sie in der Klageantwort aber nicht bestreitet, so wird sie als zugestanden angenommen.

Soweit aber solche Anerkennungen nicht aus dem Schriftenwechsel oder sonstwie als sicher angenommen werden können, kann die eine Partei der anderen direkt eine Aufforderung zustellen, bestimmte Tatsachen oder die Existenz bestimmter Urkunden, die ihr bekannt sein müssen, zuzugeben.

Wenn die aufgeforderte Partei innerhalb 6 Tagen der Aufforderung nicht nachkommt, so muß sie die Kosten des Beweisverfahrens für die Existenz dieser Urkunden oder das Vorliegen bestimmter Tatsachen tragen, es sei denn, daß die Verweigerung der Antwort den Umständen nach zulässig erscheinen mußte.

8. *Vorsorgliche Maßnahmen.* Der Master ist zuständig, auf Verlangen einer Partei alle im Interesse einer ordentlichen Durchführung des Prozesses liegenden vorsorglichen Maßnahmen zu treffen.

Er kann alle zur Erhaltung des Streitobjektes und zur Sicherung des Beweises erforderlichen Verfügungen erlassen, z. B. zu einer Beweisabnahme zu ewigem Gedächtnis, wie wir auf dem Kontinent sagen.

Beispiele: durch Augenschein, durch Experten wird festgestellt, in welchem Zustand der tenant das Haus verlassen hat; ein Gutachten berichtet über die Verletzung von Nachbarrechten, z. B. des Rechtes auf ancient lights bei Lichtentzug durch andere Leute. Ein Experte wird bestellt, um bei mangelhafter Warenlieferung die Qualität der Ware festzustellen und sie mit dem Muster zu vergleichen.

In einem Prozesse, in welchem wegen der mangelhaften Konstruktion eines Schiffes geklagt wurde, veranlaßte der Master die Überführung des Schiffes aus dem Kolonialhafen nach London.

Wird über ein Vermögensobjekt gestritten, so kann der Master einen Verwalter, einen Sequester einsetzen. Es kann eine unparteiische Person zum Einkassieren von Geld beauftragt werden, wenn zwei Personen wegen dieses Geldes streiten.

Sechstes Kapitel.

Bereitstellung der Beweismittel.

I. Aufgabe der Parteien ist es, dafür zu sorgen, daß in der mündlichen Hauptverhandlung vor dem urteilenden Gericht die Beweismittel zur Verfügung stehen, die Zeugen, die Sachverständigen, die Urkunden.

II. Zeugen, deren Anwesenheit vor Gericht nötig erscheint, können von der Partei, welche sie aufrufen will, formlos eingeladen werden, zur Hauptverhandlung zu erscheinen, und die in Frage kommenden Urkunden mitzubringen. Besteht aber die Gefahr, daß ein Zeuge nicht kommt, so ist die interessierte Partei berechtigt, in ähnlicher Weise wie ein writ zugestellt wird, dem Zeugen eine amtliche Urkunde zu übersenden, die beim Central Office eingetragen wird, regelmäßig ohne besondere Erlaubnis des Richters. Diese Vorladung hat dann den Charakter einer gerichtlichen Order, deren Nichtbefolgung Strafe nach sich zieht. Die Aufforderung lautet dahin, zur bestimmten Stunde beim bestimmten Gericht zu erscheinen unter der Androhung, daß, wenn der Aufforderung nicht Folge geleistet wird, Strafe eintritt. Es ist dies „a subpoena order"; man sagt auch bloß „a subpoena".

Soll ein Zeuge eine bestimmte Urkunde mitbringen, so wird dies in der Ladung genau gesagt. Es ist dies „a subpoena duces tecum".

Ist ein Zeuge wegen Krankheit oder sonst aus wichtigen Gründen verhindert (wenn er z. B. ins Ausland verreisen muß), so kann er das Gesuch auf kommissarische Einvernahme stellen. Der Richter oder Master bezeichnet dann irgendeinen barrister oder solicitor, den Zeugen am Krankenbett oder an einem anderen Orte einzuvernehmen. Die Parteien oder ihre Vertreter haben das Recht anwesend zu sein, und ebenfalls Fragen zu stellen, so wie wenn der Zeuge vor Gericht bezeugen müßte. Der commissioner nimmt über die Aussagen ein Protokoll auf, das er und der Zeuge unterschreiben. Das Protokoll wird dem Gerichte zugestellt.

So kann auch ein im Ausland lebender Zeuge durch einen beauftragten commissioner im Ausland verhört werden. Ist nach ausländischem Recht die Einvernahme in dieser Form nicht möglich, so wird durch Vermittlung der Regierung auf diplomatischem Wege das ausländische Gericht ersucht, den Zeugen einzuvernehmen. Es ist dies eine Zeugeneinvernahme by letter of request.

Wird nachgewiesen, daß ein Zeuge ohne größere Auslagen nach England vor Gericht gebracht werden könnte, so wird eine order auf kommissarische Einvernahme oder by letter of request abgelehnt. Regelmäßig wird auch dem Kläger selbst nicht erlaubt, sein eigenes Zeugnis im Ausland abzugeben. Er muß persönlich vor dem englischen Richter erscheinen. Dagegen wird die Zeugenaussage des Beklagten, wenn er im Ausland wohnt, regelmäßig im Ausland zugelassen.

III. Affidavit-Beweis; evidence on affidavit. In weit größerem Umfange als in einem anderen Lande ist in England, wo immer es angeht, an Stelle des mündlichen Zeugenbeweises die eidesstattliche schriftliche Erklärung, das affidavit, getreten. Der Zeuge, auch eine Partei, unterschreibt eine Erklärung, von welcher er behauptet, daß sie der Wahrheit entspricht, und beschwört dieses schriftliche Zeugnis vor einem zuständigen Beamten, sei es ein Commissionar for oaths oder ein Consul, welcher seinerseits die Unterschrift des vor ihm erschienenen Zeugen beglaubigt.

Vor der Chancery Division wird der Zeugenbeweis sogar regelmäßig gestützt auf affidavits geleistet, statt daß der Zeuge persönlich vor Gericht erscheint. Es kann dies auch in allen anderen Abteilungen des High Court geschehen, wenn die Parteien damit einverstanden sind. Gibt man sich damit zufrieden, so bedeutet der Affidavit-Beweis eine Vereinfachung des Verfahrens, das kürzer und billiger wird. Die Richter suchen deshalb stets die Parteien zu veranlassen, sich mit Affidavit-Beweis zufrieden zu geben. Es mag dies in England eher angehen als anderswo, da der Engländer auch im Prozeßverfahren nach dem Grundsatz des fair play seine Interessen vertritt und wissentlich unwahre Behauptungen in affidavits strenge bestraft werden können.

Diese Art des Beweises hat aber zur Folge, daß schon vor der mündlichen Hauptverhandlung die Parteien oder ihre Vertreter mit den Zeugen in Verbindung treten müssen, um diese zu veranlassen, eine solche schriftliche Zeugenaussage in Form eines affidavits abzugeben.

Die Affidavits, welche der Kläger einreicht, müssen innerhalb 14 Tagen oder innerhalb einer besonders bestimmten Frist dem Gericht und der Gegenpartei zugestellt werden (Order XXXVIII., rr. 25—29). Eine gleiche Frist ist dem Beklagten für den schriftlichen Gegenbeweis, also für Counter-Affidavits, eingeräumt.

Will der Kläger darauf weiteren schriftlichen Gegenbeweis führen, so muß er seine affidavits in reply innerhalb weiterer 7 Tage (wenn nicht eine andere Frist vereinbart oder erlaubt wurde) einreichen, aber sie sind bloß auf die Replik beschränkt, „strictly in reply“.

Wünscht nach Eingang eines solchen affidavit eine Partei einen Zeugen, der diese schriftliche Erklärung abgegeben hat, noch vor Gericht dem Kreuzverhör, der cross-examination, zu unterziehen, so muß sie der Gegenpartei bezügliche schriftliche Mitteilung zustellen, und zwar vor Ablauf von 14 Tagen nach der Frist, welche für affidavits in reply eingeräumt worden ist. Ein solcher Zeuge kann in gleicher Weise wie ein anderer Zeuge vor Gericht geladen werden.

Erscheint trotz der Aufforderung ein solcher Zeuge nicht vor Gericht, so kann seine affidavit-Aussage nicht als Beweismittel in Betracht gezogen werden, es sei denn mit besonderer Erlaubnis des Gerichtes.

Es steht im Ermessen des Richters, jederzeit, wenn ein angemessener Grund hierfür vorliegt, über irgendeine Tatsache den Affidavit-Beweis zuzulassen, auch zu gestatten, daß ein affidavit verlesen wird, es sei denn, daß die Gegenpartei den Zeugen einer cross-examination unterziehen will und der Zeuge wohl in der Lage ist, vor Gericht zu erscheinen.

Auch die Aussage eines Zeugen, der on commission oder under letters of request (siehe oben S. 77) einvernommen wurde, kann verlesen werden.

Durch affidavits wird vor allem auch *fremdes Recht* bewiesen. Handelt es sich z. B. um französisches Recht, so wird ein französischer Anwalt ersucht, ein solches Zeugnis auszustellen und zu beschwören.

Die Frage über ausländisches Recht wird beurteilt wie die Frage über die Existenz einer Tatsache, eines fact. Der Richter urteilt darüber nicht aus eigenem Wissen oder Studium, sondern einfach nach dem Ergebnis der Beweisverhandlung, in welchem das fremde Recht wie eine Tatsache zu beweisen ist.

In allen anderen Fällen, d. h. wenn weder eine gesetzliche Vorschrift besteht, noch auch die Parteien sich darüber einigten, noch auch der Richter die Erlaubnis gibt zu anderer Zeugnisabgabe, müssen die Zeugen — es sei denn zwischen den Solicitors aller Parteien etwas anderes vereinbart worden — persönlich und mündlich vor dem Gericht einvernommen werden, „viva voce in open Court“.

IV. Urkunden. Es besteht der Grundsatz, daß Urkunden, welche noch existieren und innerhalb des Zuständigkeitsbereiches des Gerichtes liegen, in der Hauptverhandlung dem Gerichte im Original vorgelegt werden müssen.

Für diese Fälle kann es nötig werden, daß Zeugen aufgerufen werden, um die Echtheit der Urkunde, die Handschrift, zu beweisen.

Bei öffentlichen Urkunden gibt sich das Gericht regelmäßig mit beglaubigten Abschriften zufrieden.

Um den Urkundenbeweis zu erleichtern, stehen einer Partei folgende Mittel zur Verfügung. Sie kann der Gegenpartei, welche im Besitz der Urkunden ist, zwei schriftliche Aufforderungen zustellen:

1. a notice to produce at the trial, die Urkunden an der Hauptverhandlung vorzulegen,

2. a notice to inspect and admit, d. h. sie soll die Urkunde, welche in ihren Händen ist, schon vor der Hauptverhandlung der auffordernden Partei zur Einsicht bereitlegen und die formelle Erklärung abgeben (a formal admission), daß die Urkunde geschrieben ist von den Personen, deren Handschrift sie kennt.

Zweck dieser beiden notices ist folgender. Wenn eine Partei ihrer Gegenpartei nicht eine solche Aufforderung zustellte, so ist sie davon ausgeschlossen, sog. secondary evidence ihres Inhaltes zu liefern, d. h. ihren Inhalt durch ein anderes Beweismittel zu beweisen. Ist dagegen die aufgeforderte Partei nach erhaltener Aufforderung, die Urkunden vorzulegen, nicht nachgekommen, so gibt dies der anderen Partei das Recht auf secondary evidence.

Die notice to inspect and admit bezweckt, von der Gegenpartei ein Zugeständnis zu erlangen, das die andere Partei der Notwendigkeit des formal proof an der öffentlichen Gerichtsverhandlung enthebt. Leistet die aufgeforderte Partei der Aufforderung in der notice to admit keine Folge, so können ihr die Kosten des Beweises in bezug auf diese Urkunde auferlegt werden.

Sind Urkunden nicht im Besitz einer Partei, sondern in den Händen einer Drittperson, die aber in dem Zuständigkeitsbereich des Gerichtes wohnt, so kann ihr eine Vorladung zugestellt werden, a subpoena duces tecum, so daß sie als Zeuge die Urkunden vor Gericht zu bringen hat. Wohnt der Besitzer der Urkunde außerhalb des Gerichtsbezirkes, so kann an ihn nur die Einladung ergehen, die Urkunden einzusenden; doch kann er rechtlich hierzu in keiner Weise gezwungen werden.

V. Wahl des urteilenden Gerichtes und Gerichtsortes. Regelmäßig wird der Master schon zufolge der summons for directions, gleich nachdem der Rechtsstreit vor ihn gelangt ist, das urteilende Gericht, die Art des Gerichtes und den Gerichtsort bestimmt haben. Es ist aber wohl möglich, daß sich seither die Umstände veränderten. Es kann sich aus den Schriftsätzen ergeben, daß ein anderer Ort und ein anderes Verfahren, weil geeigneter, gewählt werden müssen als die zuerst in Aussicht genommenen. Deshalb steht dem Master das Recht zu, wenn hinreichende Gründe vorliegen, seine frühere Ansicht zu ändern (Order XXXVI., r. 1).

Zur Wahl stehen folgende Möglichkeiteu:

1. trial durch einen Richter allein, ohne Jury (was bei der Chancery Division immer der Fall ist),

2. trial mit einem Richter und mit Jury, und zwar

a) mit einer special jury, oder

b) mit einer common jury,

3. ein Richter mit Assessors, welche besondere Berufskenntnisse haben, Sachverständige, welche mit ihrer besonderen Kenntnis auf einem Gebiete den Judge assistieren. Sie werden nur im Admiralty Court im Falle von Schiffszusammenstößen beigezogen,

4. Behandlung des Falles durch einen official referee,

5. Behandlung des Falles durch einen special referee,

6. speedy trial gemäß Order XXXVI., r. 1, A.,

7. es ist auch möglich, daß der Master verfügt, es seien verschiedene Fragen über Tatsachen in verschiedenen trials zu beurteilen, oder daß eine oder mehrere Fragen über Tatsachen zeitlich vor anderen beurteilt werden (Order XXXVI.).

Es liegt auf der Hand, daß Klagen, welche nach ihrer besonderen Art einer bestimmten Gerichtsabteilung zugewiesen werden müssen, von dieser beurteilt werden. Das ist der Fall bei allen Prozessen in Ehesachen, Probate-Sachen und Seerechtsfragen, die vor die Probate, Divorce and Admiralty Division gehören und welche übrigens nicht vor dem Master vorbereitet werden, sondern deren Vorverfahren anders vor sich geht (siehe darüber S. 134).

Erscheint ein Gericht mit Sachverständigen, assessors, referees, für einen besonderen Fall angemessen, so wird er einem solchen Gericht zugeteilt. Das ist der Fall bei Chancery-Klagen oder Admiralty-Klagen (siehe oben S. 10ff).

Wenn es für den Master klar ist, daß ein Fall zu verwickelt und zu schwierig ist, um von Geschworenen beurteilt zu werden, so wird er den Fall nicht vor Geschworene bringen, so wenn außerordentlich weitläufige Zeugeneinvernahmen stattfinden müssen, wenn es sich um schwierige Prüfung von Urkunden, insbesondere Rechnungen, wissenschaftliche Untersuchungen, besondere lokale Kenntnisse handelt (Order XXXVI., r. 5).

Haben die Parteien innerhalb der vorgeschriebenen Frist von 10 Tagen keine Jury verlangt, so steht es ganz im freien Ermessen des Master, was er in bezug auf die Bezeichnung des Gerichtes und des Verfahrens verfügen will.

Durch besonderes, rechtzeitig eingereichtes Gesuch einer Partei kann eine special jury bestellt werden.

Bei Klagen wegen Ehrverletzung (slander, libel), falscher Anschuldigung (malicious prosecution), „seduction“ oder Verlöbnisbruch, alles Klagen, bei welchen natürlicherweise die Höhe des Schadenersatzes (damages) nicht von vornherein fest bestimmt ist (also unliquidated), kann jede Partei ein *trial by jury*, also Verhandlung vor einem Richter mit Geschworenen verlangen. Es genügt, daß die Partei dies rechtzeitig bekanntgibt (Order XXXVI., r. 6).

In allen anderen Fällen ist die Verhandlung regelmäßig vor einem Richter allein, a trial by Judge alone, angezeigt, es sei denn, daß der Master eine Order erläßt zugunsten einer Verhandlung vor Geschworenen. Eine solche order ergeht, wenn irgendeine Partei es innerhalb 10 Tagen, nachdem notice of trial gegeben wurde, verlangt.

Siebentes Kapitel.

Interlocutory Proceedings vor dem Master.

Da das Verfahren vor dem Master, also die dem Hauptverfahren vor dem urteilenden Richter vorausgehenden prozessualen Schritte, mit den Verfügungen des Masters von ganz besonderer Bedeutung ist, sollen hier die in Frage kommenden wichtigsten Begehren nochmals übersichtlich zusammengestellt werden, obgleich sie teilweise in der vorangegangenen Darstellung schon erwähnt wurden.

I. Begriff. Proceeding bedeutet im allgemeinen ein gerichtliches Vorgehen. Unter der technischen Bezeichnung „interlocutory proceedings“ versteht das englische Recht, „any proceeding in a Action after the service of the writ (other than the delivery of Pleadings)“, d. h. jedes gerichtliche Vorgehen gestützt auf ein Begehren einer Partei in einem Prozeßverfahren, nachdem der writ, also die den Prozeß einleitende Urkunde der Gegenpartei zugestellt ist, ausgenommen den Schriftenwechsel, in welchem die Parteien die Klage und Verteidigung niederlegen.

Diese Zwischenbegehren sind gewöhnlich Anträge an das Gericht, sog. Applications auf Erlaß von Zwischenverfügungen, sog. interlocutory orders. Die interlocutory order steht im Gegensatz zur final order, der definitiven Verfügung, welche die Rechte der Parteien definitiv bestimmt, wie ein final judgment, ein Endurteil, während bei der interlocutory order „leaves momething further to be done to determine the rights of the parties“.

II. Form der Application, des Begehrens auf eine Verfügung.

Die Anträge bei interlocutory proceedings, applications, werden gemacht:

1. by summons an den Master, oder
2. by notice to the opposite party.

ad 1. *Summons*[1]. Ein summons ist nötig, wenn im betreffenden Prozeßverfahren kein summons for directions erfolgt ist (siehe oben S. 50). Das Begehren muß auf besonders vorgeschriebenem Formular in der Form eines summons gestellt werden.

Diese Urkunde fordert alle in Betracht kommenden Parteien auf, vor dem Master zu erscheinen, vor welchem das Begehren verhandelt werden soll. Die Parteien erscheinen dann an dem im summons angegebenen Termin vor dem master, welcher nach Anhörung der Parteien durch Erlaß einer Order das Begehren gutheißt oder abweist.

ad 2. *Notice.* Ist dagegen ein summons for directions ergangen, so erfolgt das Begehren in der Form einer einfachen Notice, also Bekanntgabe und Aufforderung an die Gegenpartei, „the Application is made by Notice“. Die Partei, welche das Begehren stellt, muß der Gegenpartei eine notice mit zweitägiger Frist geben, deren Inhalt dahin lautet, daß die gesuchstellende Partei beabsichtigt, das genau bezeichnete Begehren (mit Angabe der Gründe) dem Richter vorzulegen. Zweck der Notice ist, das ursprüngliche summons zu verbessern, zu korrigieren oder zu ergänzen.

Die Parteien erscheinen in diesem Falle ebenfalls vor dem Master und diskutieren über das Begehren, worauf der Master es zurückweist oder die gewünschte Order zugunsten der gesuchstellenden Partei erläßt.

---

[1] Mehrzahl: Summonses.

III. Zweck. Die am häufigsten vorkommenden Begehren bei interlocutory proceedings sind:

1. das Begehren, den writ zu kassieren, ,,to set aside the writ", siehe eingehender unter IV;
2. das Begehren auf Verbesserung und Ergänzung des writ oder der pleadings (des Schriftenwechsels), siehe eingehender unter V;
3. die Streitsache einem Schiedsrichter zu überweisen, siehe unter VI;
4. to interplead, siehe unter VII;
5. den Prozeß dem County Court zu überweisen, siehe unter VIII;
6. die Gegenpartei zur Sicherheitsleistung für die Prozeßentschädigung anzuhalten, siehe unter IX;
7. for leave to issue Third Party Notice (Streitverkündung an eine dritte Person), siehe unter X;
8. daß ,,particulars" gegeben werden müssen, siehe unter XI;
9. to have the other party's pleading struck out, siehe unter XII;
10. für die Erlaubnis auf Interrogatories, siehe unter XIII;
11. for discovery of documents, siehe unter XIV;

IV. Setting aside a writ. Antrag auf Aufhebung, Kassierung eines writ, also der den Prozeß einleitenden Vorladung des Klägers an den Beklagten, sich vor Gericht zu stellen und sich einzulassen.

Der Beklagte kann das Begehren stellen

a) der writ sei aufzuheben wegen eines formellen oder materiellen Fehlers (on ground of some irregularity in itself or in its issue);

b) die Zustellung des writ wegen eines Formfehlers ungültig zu erklären (on the ground of some irregularity in the manner of service).

Im summons muß die behauptete Rechtswidrigkeit angegeben werden und durch ein ,,affidavit" bezeugt sein.

Das Begehren auf Ungültigerklärung des writ oder der Zustellung wird abgewiesen, wenn der Beklagte selbst trotz Kenntnis des fehlerhaften writ oder der fehlerhaften Zustellung irgendeinen weiteren prozessualen,,step" (Schritt) in diesem Prozeß getan hat; Order LXX., r. 2.

So bedeutet die Abgabe der Einlassungserklärung einen neuen Schritt, ,,a fresh step". Der Beklagte steht deshalb vor dem Dilemma: wenn er das Begehren auf Beseitigung des writ stellt bevor er die Einlassung erklärt und das Begehren auf Annullierung nicht innerhalb 8 Tagen stellt, so kann gegen ihn ein Endurteil eingetragen werden. Andererseits ist zu sagen, daß, wenn er die Einlassung erklärt, bevor er das Begehren auf Annullierung des writ stellt, er einen neuen Schritt in diesem Prozeß unternommen hat und daher von der Einreichung eines Begehrens auf Ungültigerklärung des writ ausgeschlossen ist.

Um dieser Schwierigkeit aus dem Wege zu gehen, kann der Beklagte mit Erlaubnis des Master die Einlassung mit einer Bedingung erklären. Man spricht dann von einer conditional appearance. Eine solche bedingt abgegebene Einlassungserklärung wird nicht als ein „fresh step“ betrachtet und schließt das Recht auf das Begehren auf Aufhebung des writ nicht aus. Es kann in diesem Falle auch nicht ohne weiteres ein Urteil gegen den Beklagten eingetragen werden.

Diese bedingt erklärte Einlassung wird zu einer absoluten, bedingungslosen, wenn das Begehren auf Aufhebung des writ nicht in der in der Order des Master vorgeschriebenen Zeit erfolgt.

Der angedeuteten Gefahr kann auch dadurch begegnet werden, daß eine Einlassung zwar in vorgeschriebener Form erfolgt, daß aber auf die Rückseite des Memorandums der Einlassungserklärung geschrieben wird, die Einlassung werde unter Protest erklärt. Das ist *appearance under protest.* Auch in diesem Falle wird kein sofortiges Versäumnisurteil gegen ihn ergehen. Gleichzeitig gewährt diese Form die Möglichkeit, das Begehren auf Aufhebung des writ einzureichen.

V. Verbesserung und Ergänzung des writ und der pleadings (Schriftsätze). Zu einer nachträglichen Ergänzung und Verbesserung des writ oder der pleadings ist in der Regel die Erlaubnis des master oder Richters nötig. Davon sind nur 2 Fälle ausgenommen:

a) die Klagebegründung (Statement of Claim) (ob sie auf der Rückseite des writ angebracht ist oder in besonderm Schriftsatz) kann ergänzt oder verbessert werden ohne besondere Erlaubnis des Gerichtes in folgenden Fällen:

α) wenn keine Klageantwort (defence) erfolgte, innerhalb 4 Wochen, nachdem der Beklagte die Einlassungserklärung abgegeben hat;

β) wenn eine Klageantwort geliefert wurde, binnen 10 Tagen von ihrer Ablieferung an

γ) wenn eine Replik angeordnet ist, vor der für die Ablieferung der Replik bestimmten Frist und bevor die Ablieferung erfolgt ist.

b) Die Begründung der Gegenforderung oder Verrechnung (Set-off) oder einer Widerklage (Counterclaim) kann ergänzt oder verbessert werden,

α) wenn eine Replik angeordnet ist, bevor die Frist zur Abgabe der Replik verstrichen ist;

β) wenn keine Replik angeordnet ist, innerhalb 28 Tagen von der Ablieferung der Klageantwort (defence) an.

Ein Richter kann auch, ohne daß ein besonderes Parteibegehren vorliegt, irgendwelche Änderung (any amendment) vornehmen lassen, wenn sie ihm nötig erscheint, um die wirklichen Streitpunkte (the issues) genau zu bestimmen.

VI. Überweisung an ein Schiedsgericht. Es sind 2 Fälle zu unterscheiden:

a) das Begehren einer Partei kann dahin gehen, daß die Streitsache wegen ihrer besondern Natur schiedsgerichtlicher Beurteilung zu unterwerfen ist;

b) der Kläger hat sich schriftlich verpflichtet. sich einem Schiedsspruch zu unterwerfen.

In diesen beiden Fällen hat der Beklagte, wenn er die schiedsgerichtliche Beurteilung wünscht, bevor er irgendwelchen weiteren prozessualen Schritt tut, an den Master das Begehren zu richten, das ordentliche Verfahren zu sistieren.

VII. Interpleader. Wenn eine Partei im Besitze einer Sache ist, welche ihr nicht gehört, diese Streitsache aber von mehr als einer Person beansprucht wird, so kann die Person, welche die Sache im Besitz hat, „interplead", d. h. ein summons erlassen, durch welche die mehreren interessierten Personen aufgefordert werden, vor dem Master zu erscheinen, ihre Ansprüche geltend zu machen, damit gerichtlich festgestellt wird, welche der mehreren Personen berechtigt ist.

Dieses Vorgehen ist aber nur zulässig, wenn der Gesuchsteller anerkennt, einem der Ansprecher die Sache zu schulden, aber den Wunsch hat, daß er davor geschützt wird, an die unberechtigte Person zu leisten.

Der Gesuchsteller muß dem Master gegenüber dafür einstehen, daß er bereit ist, zu zahlen oder sonst zu leisten, daß er selbst keinen Anspruch an der Streitsache hat und daß er nicht „in collusion" mit einem der Drittansprecher handelt.

Man unterscheidet 2 Arten von interpleader, nämlich

a) Sheriff's Interpleader und

b) Stakeholder's Interpleader.

Zu a) *Sheriff's Interpleader.* Dieser Fall liegt vor, wenn ein Sheriff, also der Gerichtsvollzieher, Sachen zur Vollstreckung beschlagnahmt hat, welche von einer dritten Person als Eigentum beansprucht werden. Der Sheriff wird „interplead", d. h. bedient sich eines interpleader summons, welches Schriftstück er sowohl dem Drittansprecher als auch dem Schuldner zustellt, gegen welchen die Vollstreckung geht.

Es erscheinen darauf alle Parteien vor dem Master, welcher eine Verfügung, eine order erläßt, nachdem die Parteien sich vor ihm über ihr Recht geäußert haben.

Wenn eine schwierige Frage über das Recht oder über die Tatsachen entsteht, wird der master nicht selbst in der Sache entscheiden, wohl aber eine Verfügung treffen, gestützt, auf welche der Drittansprecher und der Vollstreckungsschuldner über die Streitfrage, the issue, im ordentlichen Prozeßverfahren zu verhandeln haben.

Zu b) *Stakeholder's interpleader.* Dieser Fall liegt vor, wenn jemand von zwei oder mehr Personen eingeklagt wird oder eine solche Klage mehrerer Personen zu erwarten steht in bezug auf Geld oder

Sachen, welche in seinem Besitze sind, welche er selbst aber nicht beansprucht.

Er kann ein interpleader summons zustellen, durch welches die rivalisierenden Ansprecher aufgefordert werden, vor dem master zu erscheinen, um ihre Rechte vor ihm geltend zu machen.

Wenn der Beklagte schon von einer Partei eingeklagt ist, so wird die Klage gegen ihn selbst sistiert, und der dritte Ansprecher tritt als Beklagter an seine Stelle.

Die dritten Ansprecher, welche sich das Recht am Geld oder an einer Sache gegenseitig streitig machen, werden dann vom Master durch eine Interlocutory Order angewiesen, die Streitfrage im ordentlichen Prozeßverfahren zu behandeln.

VIII. Verweisung an den County Court. 1. Jede Partei kann jederzeit an den Master das Begehren stellen, daß in folgenden Fällen ein Prozeßfall einem County Court überwiesen werde:

a) wenn der Streitwert den Betrag von £ 100 nicht übersteigt,

b) wenn sich während des Verfahrens vor dem Master ergibt, daß die im Streit liegende Forderung kleiner als der eingeklagte Betrag ist, so daß sie den Wert von £ 100 nicht übersteigt,

c) wenn der Kläger durch seine Klage Besitzesrechte an einem Grundstück verlangt (the recovery of land), dessen jährlicher Wert £ 100 nicht übersteigt.

2. Bei jeder Klage aus unerlaubter Handlung, tort, kann der Beklagte vom master verlangen, daß er den Fall dem County Court überweist, wenn der Beklagte durch affidavit bezeugt, daß der Kläger offensichtlich nicht genügend Mittel hat, um die Prozeßkosten zu zahlen, die er dem Beklagten zu ersetzen hat, falls die Klage abgewiesen wird. Der master wird die Verweisung an den County Court verfügen, es sei denn, daß der Kläger Sicherheit für die Kosten leistet.

IX. Sicherstellung der Prozeßentschädigung (der costs). Ist eine Partei der Ansicht, daß im Falle ihres Obsiegens keine oder wenig Aussicht besteht, die Prozeßentschädigung von der Gegenpartei ersetzt zu erhalten, so kann sie das Begehren stellen, daß der Gegenpartei aufgegeben wird, für die Kosten Sicherheit zu leisten.

Dieses Begehren wird in der Form eines summons gestellt und der master wird eine bezügliche Verfügung treffen, wenn er dies für angezeigt erachtet. Das wird insbesondere der Fall sein, wenn der Kläger dauernd außerhalb des räumlichen Zuständigkeitsbereiches des Richters, vor allem im Ausland, wohnt, sowie wenn der Beklagte eine Gegenforderung geltend macht, welche sich auf ein anderes tatsächliches oder rechtliches Verhältnis stützt als die Klage.

Die Tatsache, daß der Kläger insolvent ist, bildet an sich noch keinen hinreichenden Grund, von ihm Sicherstellung der Kosten zu verlangen.

Davon ist aber der Fall einer company (Aktiengesellschaft), die nur über ungenügende Mittel verfügt, ausgenommen, ebenso sind ausgenommen die Fälle von Berufungen und die Begehren auf eine neue öffentliche Verhandlung.

Sicherheit kann auch stets verlangt werden, wenn der Kläger nur ein „nominal plaintiff" ist, welcher für irgendeine andere Person Klage einreicht.

Wird dem Begehren Folge geleistet, so bleibt das Verfahren so lange sistiert, bis die in der Verfügung des master genannte Summe zur Sicherstellung der Kosten geleistet ist, sei es durch einen Schuldschein (by bond) oder durch Barzahlung an die Gerichtskasse.

X. Third Party Procedure, Streitverkündung. Wenn in einem Prozesse, der durch writ eingeleitet wurde, der Beklagte behauptet, er habe gegenüber einer anderen dritten Person ein Rückgriffsrecht, sei es in bezug auf einen Teil oder das Ganze der gegen ihn geltend gemachten Forderung, so kann er beim master das Begehren stellen, der master möchte ihm das Recht erteilen, dieser dritten Person den Streit zu verkünden, oder, wie der englische Ausdruck lautet: „he may by leave issue a Third Party Notice against him" (Order XVI., r. 48).

Ohne besondere Bewilligung des master ist eine solche Streitverkündung, the third party notice, nur gegenüber einem Mitbeklagten möglich (Order XVI., r. 55).

Diese Streitverkündung ist jedoch nicht zulässig, wenn der Prozeß bloß durch ein originating summons begonnen wurde.

Die „Notice" muß die Natur und den Grund der Klage angeben und der dritten Person mit einer Abschrift der Klagebegründung, des Statement of Claim (oder, wenn kein solches ausgegeben wurde, einer Abschrift des writ) innerhalb der Frist zugestellt werden, welche für die Zustellung einer Klageantwort (Defence) vorgeschrieben ist.

Die dritte Partei muß ihre Einlassungserklärung eintragen lassen, und zwar innerhalb einer Frist von 8 Tagen von der Zustellung der Notice an.

Der Beklagte begehrt darauf directions des master, worauf dieser eine Verfügung trifft, welche folgenden Inhalt haben kann:

a) eine order the question to be tried, d. h. eine Verfügung, welche das ordentliche Verfahren anordnet,

b) eine order, gestützt auf welche ein Urteil zugunsten des Beklagten gegen die dritte Partei eingetragen wird,

c) der master überläßt es dem freien Ermessen der dritten Partei, ob sie sich als beklagte Partei am Prozeß beteiligen will oder nicht.

Zur näheren Erläuterung dieses Streitverkündungsverfahrens sei noch auf folgende Formulare verwiesen:

Summons for Third Party Directions.

192 . — . — No. . . .

In the High Court of Justice.
King's Bench Division.
Master Y. Z. — Master in Chambers.
Between
A. B., Plaintiff,
and
C. D., Defendant,
and
E. F., Third Party.

Let all parties concerned attend the Master in Chambers, at the Central Office, Royal Courts of Justice, Strand, London, on . . . . . day the . . . . . day of . . . . ., 192., at . . . . . o'clock in the . . . . . noon on the hearing of an Application on the part of . . . . . for an order for Third Party directions, as follows: — that the Defendant deliver a Statement of his Claim to the said Third Party within . . . . . days from this date, who shall plead thereto within . . . . . days. And that the said Third Party be at liberty to appear at the Trial of this Action, and take such part as the Judge shall direct, and be bound by the result of the Trial.

And that the question of his liability of the said Third Party to indemnify the Defendant be tried at the Trial of this Action, but subsequent thereto.

Dated the . . . . . day of . . . . ., 192 . .

To

Solicitor for

This Summons was taken out by
of Agent for
of Solicitor for.

Third Party Notice.

192 . — . — No. . . .

Notice Filed . . ., 192 . .

In the High Court of Justice.
King's Bench Division.
Between
A. B., Plaintiff,
and
C. D., Defendant.

To

Take Notice, that this Action has been brought by the Plaintiff against the Defendant as surety for . . . . . (or as the case may be).

The Defendant claim to be entitled to contribution etc. (or ,,indemnified against liability etc)

And Take Notice that, if you wish to dispute the Plaintiff's claim in this Action as against the Defendant or your liability to the Defendant . . . . . you must cause an appearance to be entered for you within eight days after service of this notice.

In default of your so appearing you will be deemed to admit the validity of any judgment obtained against the defendant ..... and your own liability to contribute or indemnify to the extent herein claimed, which may be summarily enforced against you pursuant to the Rules of the Supreme Court 1883, Order XVI,, part. 6.

(Signed): ....
of ...., Agent for
of ...., Solicitor for
the Defendant.

Appearance to be entered at .....

Order for Third Party Directions.

192 . — . — No. ...

In the High Court of Justice.
King's Bench Division.
Master Y. Z. — Master in Chambers.

Between
A. B., Plaintiff,
and
C. D., Defendant,
and
E. F. Third Party.

Upon hearing the Solicitors for the Plaintiff, Defendant and Third Party.

It is ordered, that the Defendant, within ..... days from this date, deliver a Statement of h ..... Claim to the said Third Party, who shall plead thereto within ..... days. And that the said Third Party be at liberty to appear at the trial of this Action, and take such part as the Judge shall direct, and be bound by the result of the trial. And that the question of the liability of the said Third Party to indemnify (or contribute .....) the Defendant be tried at the trial of this Action, but subsequent thereto.

And that the costs of this application be .....

Dated the ..... day of ....., 192 ..

XI. Particulars, genauere Angaben. Wenn die Ausführungen in einem Schriftsatz, den Pleadings, zu allgemein und unklar gehalten sind, so kann die andere Partei an den Master das Begehren stellen, eine Order for Particulars zu erlassen, d. h. eine Verfügung zu treffen, durch welche die Gegenpartei angehalten wird, eingehendere und genauere Angaben zu machen.

Das Begehren, the summons for Particulars, muß genau sagen, welche Particulars verlangt werden.

Wenn der Master eine solche Verfügung erläßt, und es wird ihr nicht entsprochen, so kann der Beklagte verlangen, daß durch eine neue Order dem Kläger angedroht wird, die Klage werde abgewiesen, wenn er die eingehenderen Angaben nicht innerhalb einer bestimmten Frist einreiche.

Die Partei, welche Particulars gibt, wird durch sie rechtlich verpflichtet und es ist nicht zulässig, daß sie später in der öffentlichen mündlichen Verhandlung (dem trial) Beweis antritt für andere Tatsachen, die sie in den Particulars nicht angeführt hat.

Doch kann sie in der öffentlichen Hauptverhandlung das Gesuch stellen, es möchte ihr bewilligt werden, die Particulars zu ergänzen oder neue zuzufügen, mit anderen Worten neue Tatsachen vorzubringen, welche im Schriftenwechsel vor dem Master nicht enthalten waren.

Nach gesetzlicher Vorschrift müssen in folgenden Fällen genau bezeichnete Einzelheiten, particulars, bekanntgegeben werden:

1. nach dem *Fatal Accidents Act*, 1846, muß der Kläger die Personen angeben, für welche und zugunsten welcher die Klage eingereicht wird, ferner den Klagegrund, gestützt auf welchen Schadenersatz verlangt wird;

2. bei *Patentverletzungen:* a) der Kläger muß in seiner Klagebegründung genaue Angaben machen über die Art der Verletzung des Patentes,

b) wenn der Beklagte die Gültigkeit des Patentes bestreitet, so muß er in seiner Klageantwort genau die Gründe dafür angeben.

Beispiel. Klage auf Patentverletzung.

Particulars of Breaches (*Art der Verletzung*).

1. Defendant has infringed Plaintiff's letters patent, Number ..... of ....., by making selling and offering for sale a Carpet Sweeper constructed in accordance with the invention described in the complete specification of the said letters patent and claimed in the 2rd and 3rd claiming clauses thereof.

2. Defendant on March 3rd, 192., sold to one E. F. of (address) a Carpet Sweeper constructed as aforesaid.

3. Plaintiff is unable, until he obtains Discovery, to give better particulars of Defendant's infringements, but will claim to recover full compensation for all infringements of the said letters patent committed by Defendant.

Particulars of Objections (*Einreden des Beklagten*).

1. Plaintiff is neither the first nor the true inventor of the said alleged invention.

2. The said alleged invention is not new.

a) The said alleged invention has been published in this realm prior to the date of the said letters patent in the specifications of the following patents:

α) Green No. 5432 of 1882,

β) Thompson & Rogers No. 7460 of 1900.

Defendant relies on lines 9—14 on page 3 of (α) and on lines 12—25 on page 4 of (α) as anticipating the second and third claims in the specification of Plaintiff's letters patent.

b) The said alleged invention had prior to the date of Plaintiff's letters patent been published in this realm in the following book:

„The Ideal Home“ by Francis Finch, published in 1899 by Roberts & Sons, of 6 Petter Lane, S.W.

The parts relied on are paras. 5—8 on page 12 and the diagrams on page 14.

c) The said alleged invention had been manufactured and sold in this realm prior to the date of Plaintiff's letters patent by the following persons at the following places and dates:

α) Bush & Bush of (address) for the past 15 years,
β) Anderson & Brown of (address) for the past 10 years.
3. The said alleged invention is not the subject of letters patent.
Defendant will rely upon the publications herein set out and will allege that in none of the claims in Plaintiff's letters patent is there any patentable improvement upon existing prior knowledge.

XII. Striking out Pleadings. Unter dem Ausdruck „striking out Pleadings" ist das Begehren und die bezügliche Verfügung des Master zu verstehen, wonach dieser einen Schriftsatz, sei es die Klagebegründung oder die Klageantwort als unwirksam bezeichnen soll, so wie wenn sie überhaupt nicht erfolgt wären, woraus in bezug auf die Klage deren Abweisung, in bezug auf eine Klageantwort mit Geltendmachung einer Gegenforderung, deren Abweisung zu folgen hat.

Jede Prozeßpartei kann an den Master das Begehren stellen, den ganzen Schriftsatz der Gegenpartei oder einen Teil desselben unwirksam zu erklären, „to strike it out", wenn folgende Gründe vorliegen:

a) Wenn die Klagebegründung des Klägers keinen vernünftigen Grund zur Klage oder die Klageantwort keinen vernünftigen Grund zur Abweisung (no reasonable cause of action or defence) bekanntgibt. In diesem Falle, oder wenn nachgewiesen wird, daß es sich um eine frivolous or vexatious action handelt, kann das Verfahren ohne weiteres sistiert oder die Klage abgewiesen werden.

b) Wenn Teile des Schriftsatzes überflüssig, skandalös oder unwesentlich sind.

c) Wenn der Schriftsatz geeignet ist, eine korrekte Durchführung des Prozesses (a fair trial of the action) zu beeinträchtigen, zu hindern oder hinauszuschieben.

Das ist z. B. der Fall, wenn der Schriftsatz zu unbestimmt oder zweideutig ist oder wenn die Partei, welche die Klage oder die Klageantwort einreicht, hierzu persönlich nicht legitimiert ist, und auch, wenn eine ungehörige Vereinigung von mehreren Personen oder mehreren Streitsachen versucht wurde.

Es steht jederzeit im freien Ermessen des Richters, in jedem Stadium des Prozesses eine Verfügung zu treffen, durch welche solche Schriftsätze (Pleadings) als unzulässig erklärt werden, oder ergänzt und verbessert werden (that such Pleadings be struck out or amended).

XIII. Interrogatories. Fragestellung. Unter Interrogatories versteht man die Fragen, welche eine Partei zur Beantwortung der Gegenpartei vorlegt.

Es bedarf hierzu einer Bewilligung des Master. Die Gegenpartei muß eine klare Antwort auf jede Frage geben. Wenn sie irgendeine Frage glaubt nicht beantworten zu müssen, so hat sie den Grund hierfür anzugeben.

Antwortet sie nicht oder nicht genügend, so kann die anfragende Partei eine Order erwirken, durch welche eine bestimmte Frist zur Beantwortung angesetzt wird. Bleibt die Antwort gleichwohl innerhalb dieser Frist aus, so kann die fehlbare Partei wegen Mißachtung des Gerichtes (contempt of Court) zu Gefängnisstrafe verurteilt werden.

Die Fragestellung muß direkt Bezug haben auf die Tatsachen, welche für die Entscheidung des Rechtsstreites relevant sind.

Beispiel. *Interrogatories mit Antworten.*

Der Kläger hat Klage gegen den Beklagten auf Zahlung von Schadenersatz eingereicht, weil der Beklagte in unrichtiger und betrügerischer Weise dem Kläger gesagt hatte, daß das Geschäft des Herrn X. Y. ein blühendes Unternehmen sei, was den Kläger veranlaßt hat, Geld in dieses Unternehmen zu stecken.

Der Kläger stellt folgende Fragen (interrogatories) an den Beklagten:

Fragen.		Antworten.
Haben Sie nicht dem Kläger gesagt, daß das Geschäft des X.Y. den massenhaften Bestellungen nicht entsprechen könne mangels von Kapital?	1.	Frage 1 habe ich dahin zu beantworten, daß ich dem Kläger mitteilte, X.Y. habe mir gesagt, er hätte manche Bestellungen an der Hand und bedürfe Kapital, um diese Aufträge ausführen zu können.
Haben Sie über den Stand des genannten Geschäftes nähere Erkundigungen eingezogen, Sie selbst oder durch eine andere Person. Wenn dies der Fall war, welche, durch wen und wann?	2.	Frage 2 beantworte ich dahin, daß ich während des Monats September 1927 nähere Erkundigungen eingezogen über die Mitteilung des X.Y. in bezug auf die Aufträge, welche er behauptete, an der Hand zu haben.
Haben Sie dem Kläger nicht angegeben, daß Sie selbst davon überzeugt seien, daß das Geschäft des X. Y. ein solches sei, in welchem der Kläger sein Vermögen günstig anlegen könnte?	3.	In Beantwortung von Frage 3 sage ich *nein*.
Ist es tatsächlich nicht so, daß zur Zeit, als die Unterhandlungen stattfanden, welche in § 10 der Klagebegründung genannt sind,	4.	In Beantwortung von Frage 4:
a) das erwähnte Geschäft keine Bestellungen an der Hand hatte?		a) das ist mir unbekannt.
b) daß das genannte Geschäft in finanziellen Schwierigkeiten war?		b) das ist mir unbekannt.
c) daß der Herr X.Y. von seinen Gläubigern bedrängt wurde?		c) das ist mir unbekannt.

XIV. Discovery of documents. Für jede Prozeßpartei ist es wünschenswert, alle für den Prozeß wesentlichen Urkunden einzusehen, welche im Besitz oder in der Verfügungsgewalt der Gegenpartei stehen, und, wenn nötig, Abschriften davon zu nehmen.

Das Recht, solche Urkunden einzusehen und Abschriften davon zu nehmen, heißt *the right to Discovery.*

Solche Discovery kann in folgenden Fällen nötig erscheinen.

1. *Urkunden, auf welche Bezug genommen wurde.* Eine Partei hat in ihrem Schriftsatz, oder in einem affidavit, auf eine Urkunde Bezug genommen, welche sie in der öffentlichen Hauptverhandlung benützen will. Die Gegenpartei teilt ihr darauf mit (may give notice), daß sie die Urkunde einzusehen und eine Abschrift davon zu machen wünsche. Die so angefragte Partei muß darauf bekanntgeben, wann und wo die Urkunde eingesehen werden kann, oder aber die Gründe angeben, weshalb sie sich weigert, sie vorzulegen.

Wird eine solche Urkunde der Gegenpartei nicht zur Einsicht vorgelegt, so darf die angefragte Partei in der öffentlichen Hauptverhandlung keinen Gebrauch von diesem Schriftstück machen, es sei denn, sie führe nach der Ansicht des Richters hinreichende Gründe ins Feld, um darzutun, daß sie vernünftigerweise die Urkunde nicht vorlegen konnte.

2. *Urkunden, auf welche kein Bezug genommen wurde.* Wenn die Partei A weiß oder vermutet, daß die Partei B in ihrem Besitz gewisse wesentliche Urkunden hat, so kommt folgendes in Betracht:

a) A kann ein affidavit einreichen, in welchem er seine Gründe für sein Wissen, seine Vermutung bekanntgibt, und die in Frage stehende Urkunde näher bezeichnet und auch angibt, warum sie wesentlich ist.

Der Master kann darauf eine Order erlassen, zufolge welcher B in einem affidavit bekanntzugeben hat, ob er diese Urkunde besitzt, ob er sie je gehabt hat und ob er sie aus den Händen gab und an wen.

b) Wenn A nicht weiß, welche Urkunden B besitzt, aber eine genaue Liste davon haben möchte, so kann er den Master ersuchen, den B anzuweisen, unter Eid alle wesentlichen Urkunden zu nennen, welche er besitzt, oder welche er besessen hat oder welche in seiner Verfügungsgewalt sind oder gewesen waren.

Der Master kann dann eine Order erlassen für eine General Discovery oder eine Discovery of Specific Documents.

c) Bei der *General Discovery* muß die Partei, an welche die Order ergeht, eine eidesstattliche Erklärung mit einer Liste der Urkunden einreichen, aus welcher sich ergibt, welche Urkunden sie besitzt oder über welche sie die Verfügungsgewalt hat, welche Urkunden sie sich weigert vorzulegen mit Begründung dieser Weigerung, welche wesentlichen Urkunden sie besaß, welche aber nicht mehr in ihren Händen sind, mit der Angabe darüber, was aus ihnen geworden ist. Hat sie nie solche Urkunden gehabt, so ist dies ebenfalls zu bezeugen.

d) *Discovery of Specific Documents.* In diesem Falle wird der Master verfügen, daß nur einzelne Urkunden vorgelegt werden, z. B. die im Begehren oder in den „Particulars“ genannten.

e) *Folgen der Nicht-Vorlage.* Wenn die Partei, welche die Urkunden vorlegen sollte, der Verfügung nicht nachkommt, so kann sie in der öffentlichen Hauptverhandlung von der in Frage stehenden Urkunde in keiner Weise Gebrauch machen.

Das Recht, die Vorlage von Urkunden zu verweigern, besteht in folgenden Fällen:

a) Es gilt die allgemeine Regel, daß die Discovery von keiner Partei verlangt werden kann, welche ihren Standpunkt nicht mit hinreichenden einzelnen Angaben schriftlich niedergelegt hat.

b) Keine Partei kann zur Vorlage von Urkunden angehalten werden, zu deren Geheimhaltung sie verpflichtet ist zufolge eines staatlichen, rechtlichen oder beruflichen Privilegs (z. B. bei staatlichen Geheimurkunden, Berufsgeheimnissen usw.).

c) Die Vorlage von Urkunden kann auch nicht verlangt werden von einer Person, welche sie im Besitze hat als Mit-Treuhänder, wenn der andere Mit-Treuhänder oder der Benefiziar (cestui que trust) nicht ebenfalls Prozeßpartei ist und der Vorlage nicht zustimmt.

Soweit kein Verweigerungsrecht besteht, kann jede Partei die andere auch auffordern (giving notice), irgendeine Urkunde in der öffentlichen Hauptverhandlung, dem Trial, vorzulegen. Wird die Originalurkunde in dieser Verhandlung nicht vorgelegt, so wird die Partei, welche deren Vorlage verlangte, zu einer Secondary Evidence über ihren Inhalt zugelassen, so daß sie auch eine Abschrift der Urkunde zum Beweis vorlegen kann.

Es steht einer Partei auch das Recht zu, von der Gegenpartei zu verlangen, daß diese die Existenz der erwähnten Urkunde und deren Inhalt anerkennt. Man spricht von Notice to admit.

Weigert sich die Gegenpartei diesem Begehren zu entsprechen oder kommt sie innerhalb einer Frist von 6 Tage diesem Wunsche nicht nach, so fallen die Kosten des Beweises zu ihren Lasten, es sei denn, daß das Gericht der Ansicht ist, daß diese Weigerung der Anerkennung „reasonable" war.

XV. Discontinuance. Der Kläger ist berechtigt, von einer Fortsetzung des Prozesses abzustehen oder irgendeinen Teil des Klageanspruches zurückziehen, indem er davon dem Beklagten Mitteilung macht.

Dies kann ohne besondere richterliche Erlaubnis geschehen, solange die Klagebeantwortung noch nicht erfolgte oder auch nachher, solange kein weiterer prozessualer Schritt unternommen wurde. Hierzu wird nicht gerechnet eine interlocutory Application.

Der Kläger, welcher einen Prozeß nicht weiter führt, kann eine neue Klage einreichen, aber nur unter der Bedingung, daß er die Prozeßentschädigung für den ersten Prozeß bezahlt hat.

Ein solcher Verzicht auf Weiterführung des Prozesses darf von der beklagten Partei in einem neuen Prozeß nicht als ein Verzicht auf den materiellen Anspruch selbst ausgelegt werden.

In jedem späteren Stadium des Prozesses kann der Kläger auf die Weiterführung des Prozesses nur dann verzichten, wenn der Master die Erlaubnis hierzu gibt und diese wird regelmäßig nur erteilt unter der Bedingung, daß in derselben Sache kein neuer Prozeß eingeleitet wird.

Wünscht der Beklagte vom weiteren Prozessieren abzustehen, bedarf er ebenfalls der Erlaubnis und der Kläger ist dann berechtigt, ein Urteil zu seinen Gunsten zu verlangen.

Dritter Abschnitt.

Die Hauptverhandlung vor dem urteilenden Richter; the trial of an action.

Erstes Kapitel.

Der Gang der Verhandlung.

I. Allgemeines. Das englische Verfahren, handle es sich um den Zivilprozeß oder um den Strafprozeß, wird in der Hauptverhandlung durch den **Grundsatz der Mündlichkeit und Öffentlichkeit** beherrscht, und zwar mehr als dies in irgendeinem anderen Lande der Fall ist. Jedermann hat das Recht den Verhandlungen beizuwohnen, die Vorträge der Parteien und die Aussagen der Zeugen anzuhören. Ebenso gibt der Richter sein Urteil und seine Begründung mündlich in öffentlicher Gerichtssitzung bekannt.

Weitestgehende Freiheit, ebenfalls mehr als in irgendeinem anderen Lande, besteht auch in bezug auf die Berichterstattung durch die Presse. In wichtigen Prozessen publizieren die großen Tageszeitungen, wie die „Times", die Verhandlungen in stenographisch getreuer Wiedergabe, Wort für Wort. Bis vor kurzem war dies auch bei Ehescheidungen der Fall, die ebenfalls vor aller Öffentlichkeit, also nicht hinter geschlossenen Türen verhandelt werden. Ein Gesetz, der Judicial Proceedings (Regulation of Reports) Act, von 1926, schreibt nun aber vor, daß sich die Berichterstattung in solchen Scheidungsprozessen auf eine summarische Wiedergabe beschränken soll. Die Zeitungen berichten indessen gleichwohl auch heute noch darüber mit Bekanntgabe der Namen der Parteien und auch der dritten Person, welche sich mit der beklagten Ehefrau des Ehebruchs schuldig gemacht hat. Die Notwendigkeit, einen öffentlichen Skandal zu vermeiden, hält deshalb auch heute noch in vielen

Fällen zerrütteter Ehen beide Teile von einem Scheidungsprozeß zurück. Gleiches ist der Fall bei Ehrverletzungen und mancher anderen rechtlichen Differenzen.

Nur in ganz seltenen Ausnahmefällen werden Prozesse in camera, d. h. mit Ausschluß des Publikums und mit Ausschluß öffentlicher Berichterstattung verhandelt, so Spionageprozesse, wo es sich darum handelt, große Staatsinteressen geheim zu halten.

In anderen Fällen, wenn Geheimhaltung einer einzelnen Aussage, Nennung einer Person usw., nach der Ansicht der Richter und der Parteianwälte absolut geboten erscheint, hilft man sich oft damit, daß der Richter den Zeugen einzelne Fragen schriftlich vorlegt und die Zeugen ihre Aussagen auf einen Zettel schreiben läßt, der dann bloß dem Richter, den Parteianwälten und den Geschworenen vorgelegt wird, während sonst das Verfahren durchaus öffentlich durchgeführt wird.

In einem Prozeß, bei welchem eine Erpressung gegen den gegenwärtigen Maharadscha von Kaschmir, der damals Thronanwärter war, die Hauptrolle spielte, glaubte die englische Regierung ein Interesse daran zu haben, den Namen des betrogenen Thronanwärters geheimzuhalten. Man verständigte sich deshalb dahin, daß diese Person trotz der öffentlichen Verhandlungen nur als „Mister A" erwähnt wurde, eine Maßregel, die allerdings auf die Dauer nicht aufrechterhalten werden konnte, da sie gerade dazu angetan war, das Interesse weiterer Kreise zu wecken.

Die Hauptverhandlung vor dem urteilenden Richter hat den Namen Trial, wird aber auch Hearing genannt. Der Ausdruck Trial ist wohl verwandt mit to try, prüfen, untersuchen, auf die Probe stellen. In der Hauptverhandlung werden ja auch die Beweise, die erhoben werden, auf ihren Wert geprüft, erprobt.

So wurden die Geschworenen früher auch etwa als „the triers of disputed facts" genannt. „Trier" hieß früher auch der Untersuchungsrichter.

Die Verhandlung findet statt entweder

1. vor einem Richter allein, oder

2. vor einem Richter und einer Jury, entweder a) einer common jury, oder b) einer special jury.

Zur Hauptverhandlung in open court, d. h. in öffentlicher Gerichtssitzung, müssen die Parteien persönlich erscheinen oder durch ihren Counsel vertreten sein. Ebenso müssen auch die Zeugen anwesend sein, um jederzeit, wenn sie aufgerufen werden, auszusagen. Wenn ein Zeuge, für dessen Anwesenheit die Solicitors sorgen, nicht kommt, kann der Richter Vorladung mit Strafandrohung „sub poena" erlassen, d. h. mit der Strafandrohung für den Fall, daß er nicht erscheint. Wenn zum voraus anzunehmen ist, daß der Zeuge sich drücken will, so wird ihm diese Vorladung mit Strafandrohung schon *vor* der mündlichen Hauptverhandlung zugestellt (siehe oben S. 77).

In schwierigen Fällen ist eine Partei gewöhnlich durch zwei Barristers vertreten, einen senior counsel und einen junior counsel. Ist der senior counsel zeitweise verhindert, im Gericht zu sein, so überläßt er es dem junior counsel, an seiner Stelle den Fall zu führen (to conduct the case), um dann nach der Verhinderung selbst wieder persönlich in Aktion zu treten.

Sehr oft steht auch der Solicitor dem Barrister mit seinen Kenntnissen des Falles zur Seite, um ihn sogar während der Zeugeneinvernahme im Flüsterton zu instruieren.

Der Richter kennt vor Beginn des Prozesses den Schriftenwechsel der Parteien regelmäßig offiziell nicht. Erst zu Beginn der mündlichen Hauptverhandlung — wenn eine Jury teilnimmt, erst während deren Beeidigung — erhält er ein Exemplar des Schriftenwechsels. Vorher hat er die Akten nicht studiert, noch braucht er vorher zu wissen, welche Fälle zur Verhandlung stehen, da die Führung der sog. cause-list dem Master obliegt, wenn auch hie und da der senior judge der ersten Instanz Weisungen in bezug auf die cause-list gibt.

II. Abwesenheit einer Partei. *a) Abwesenheit des Beklagten.* Erscheint der Kläger vor Gericht, aber der Beklagte nicht, so wird der Kläger die Beweise für seinen Klageanspruch vorlegen, soweit die Beweislast auf ihm ruht. Er kann darauf einen Urteilsspruch, ein judgment in the defendant's absence, verlangen.

Hat der Beklagte im Vorverfahren vor dem Master eine Gegenforderung behauptet, so wird der Kläger beantragen, daß diese sofort mit Kosten zu Lasten des Beklagten aberkannt wird.

b) Abwesenheit des Klägers. Bleibt der Kläger aus und erscheint bloß der Beklagte vor Gericht, so ist dieser berechtigt, sofortige Abweisung der Klage zu beantragen. Hat er eine Gegenforderung, so steht es ihm frei, sie zu beweisen, soweit die Beweislast bei ihm liegt (Order XXXVI., rr. 31, 32).

Ein Urteil, das in Abwesenheit einer Partei gefällt wurde, kann nachträglich annulliert werden (may be set aside on terms), wenn die abwesend gewesene Partei innerhalb 5 Tagen nach dem Urteilsspruch ein bezügliches Gesuch stellt, und es wird dann zu neuer Verhandlung vorgeladen werden.

III. Erscheinen beide Parteien, so ist es zunächst möglich, daß eine Partei einen oder mehrere Geschworene zurückweist. Doch geschieht dies im Zivilprozeß sehr selten.

Ist die Jury unbestritten bestellt und haben die Geschworenen ihren Eid geleistet, so gibt der Anwalt des Klägers, regelmäßig der junior Counsel, zunächst dem Richter und den Geschworenen kurz bekannt, um was es sich handelt, was der Kläger durch die Klage verlangt, und welche Einwendungen der Beklagte dagegen erhebt. „Junior Counsel for the Plaintiff opens the Pleadings." Dies nennt man auch „Opening of the Pleadings". Doch erfolgt ein solcher Vortrag nicht, wenn das Verfahren vor einem Richter allein ohne Geschworene vor sich geht.

Beispiel eines „*Opening of the Pleadings*".

Kläger ist Herr A. B.,

Beklagter ist Herr C. D.

In seiner schriftlichen Klagebegründung (Statement of Claim) behauptet der Kläger, daß er eine Verletzung (Schaden) erlitten hat durch die Schuld (negligence) des Beklagten als Führer eines Autos (by driving his motor car), und er verlangt dafür Schadenersatz.

Beklagter bestreitet in seiner Klageantwort (Defense), daß er sich der Fahrlässigkeit schuldig gemacht hat, auch daß der Kläger dabei irgendeine Verletzung oder Schaden erlitten hat.

Beklagter behauptet ferner, daß der Kläger durch seine eigene Schuld den Unfall herbeiführte.

Über diese im Streit liegenden Tatsachen (the issues) haben Sie zu verhandeln.

IV. Das Recht zu beginnen. Oft ist zunächst die Frage zu entscheiden, welche Partei, der Kläger oder der Beklagte, das Recht hat, mit dem eigentlichen Parteivortrag zu beginnen. Dieses Recht steht dem Kläger zu, wenn er unliquidated damages verlangt, da der Beweis auf seiner Seite liegt, es sei denn, daß der Beklagte ausdrücklich zugab, daß der Kläger prima facie das Recht auf die ganze Summe hat, welche er verlangt, sofern eben grundsätzlich ein Schadenersatz zugesprochen wird[1].

Handelt es sich um liquidated damages, so wird ebenfalls der Kläger beginnen, wenn der Beklagte in seiner Klagebeantwortung (his Defense) eine Einrede vorgebracht hat, welche für die Frage des Klageanspruches wesentlich ist.

Wenn der Kläger einen einzigen Punkt zu beweisen hat, so ist er berechtigt, den ersten Vortrag zu halten, gleichgültig, ob der Beklagte ebenfalls Beweis zu liefern hat. Doch ist es möglich, daß die beklagte Partei in ihrem Schriftsatz, durch welchen sie die Klage im Vorverfahren beantwortet hat, Zugeständnisse machte, so daß keine Beweislast auf dem Kläger ruht, vielmehr der Beklagte allein seine Behauptungen beweisen muß. In diesem Falle hat der Beklagte das erste Wort.

Wer das erste Wort hat, hat auch das letzte Wort, den letzten Vortrag, was oft von ganz besonderem Werte ist, namentlich bei einer Verhandlung vor Geschworenen.

Wenn beide Teile das Recht beanspruchen, zu beginnen, so entscheidet darüber der Richter, the Judge.

V. Die Vorträge der Anwälte. Hat der Anwalt des Klägers begonnen und die Tatsachen kurz genannt, die er zu beweisen hat — er wird keine Tatsachen erwähnen, zu deren Beweis er nicht vorbereitet

---

[1] Über den Unterschied der beiden Arten von Schadenersatz siehe unten S. 103.

ist —, indem er vielleicht kurz die Auffassung der Verteidigung erwähnte, „discounting it in anticipation", so ruft er den ersten Zeugen auf und dieser begibt sich in die Zeugenkanzel, the witness-box.

Der erste Zeuge wird gewöhnlich der Kläger selbst sein. Sein eigener Anwalt befrägt ihn zuerst, „he examines him in chief". Darauf kommt es zum Kreuzverhör durch den Anwalt des Beklagten. Man spricht von „cross-examination". Der Zeuge „will be cross-examined". Ist die Befragung durch den Counsel der beklagten Partei zu Ende, so steht dem klägerischen Anwalt das Recht zu, den Zeugen noch einmal zu befragen. „He will be re-examined".

Darauf ruft der Counsel des Klägers den zweiten Zeugen auf, der in gleicher Weise der examination in chief, der cross-examination und der re-examination unterzogen wird.

Der Richter entscheidet über die Zulässigkeit eines Beweismittels und läßt unangebrachte Fragen, „improper questions", nicht zu. Er stellt auch selbst oft Fragen an den Zeugen, aber regelmäßig erst wenn ein Anwalt mit der Fragestellung zu Ende ist. Von sich aus hat der Richter kein Recht, Zeugen aufzurufen, wenn irgendeine Partei Widerspruch dagegen erhebt, denn der Richter „has nothing to do with the getting up of a case".

Wenn alle Zeugen der klagenden Partei einvernommen und die von ihr zum Beweis angerufenen Urkunden verlesen sind, so ist des „Klägers Fall" geschlossen, „the plaintiff's case is closed".

Gibt nun der Vertreter des Beklagten bekannt, daß er selbst keine weiteren Zeugen aufzurufen gedenkt und keine Urkunden zu verlesen hat, so wird der Anwalt des Klägers mit seinem mündlichen Vortrag zur Beweiswürdigung beginnen. Er bespricht dabei seine eigene Beweisführung und diejenige der Gegenpartei, soweit letztere sich nach der cross-examination vermuten läßt. Er wird vor allem auch auf die Tatsache hinweisen, daß der Beklagte es nicht gewagt hat, selbst als Zeuge aufzutreten und sich der Gefahr eines Kreuzverhörs auszusetzen.

Das Wort erhält dann der Anwalt der beklagten Partei, um die Beweisführung des Klägers zu kritisieren.

Wünscht aber der Counsel der beklagten Partei Zeugen aufzurufen, oder hat er schon eine Urkunde zum Beweise vorgelegt, so hat er — und nicht der Anwalt des Klägers — gleich nach dem Schlusse der Beweisaufnahme des Klägers das Wort (when the plaintiff's case is closed). Der barrister des Beklagten wird nun in seinem Vortrag dem Gericht und den Geschworenen die Gründe seines Klienten bekanntgeben, welche ihn veranlassen, den Klageanspruch zurückzuweisen. Der Counsel des Beklagten ruft sofort nach dieser kurzen Darstellung des Falles die Zeugen auf, die er zum Beweise seiner Auffassung vorgeladen hat. Zunächst werden sie von ihm selbst, einer nach dem anderen (examination in chief) einvernommen, worauf jeder Zeuge sich gleich nach dieser Befragung dem Kreuzverhör durch den Anwalt des Klägers zu unterziehen hat (cross-examination), um schließlich nochmals dem Anwalt des Beklagten Rede zu stehen (re-examination). Gewöhnlich hält dann der Anwalt des Klägers noch einen zweiten Vortrag, worauf der leading counsel des Beklagten antwortet.

Der Kläger erhält danach das letzte Wort bei der Zeugeneinvernahme vor der Jury, wenn der Beklagte Zeugen angerufen hat. Das kann in einzelnen Fällen für den Beklagten nachteilig sein. Doch wird, wenn auch der Beklagte persönlich als Zeuge ausgefragt wird, dies in manchen Fällen wieder günstig für ihn sein.

Es kommt auch vor, daß dem Kläger gestattet wird, nachdem die Beweisführung des Beklagten zu Ende ist, weitere Beweismittel, insbesondere Zeugen gegenüber Behauptungen des Beklagten anzurufen.

Die Beweisregeln sind im Zivil- und Strafprozeß fast dieselben. So in bezug auf die Zeugeneinvernahme in chief.

Im Zivilprozeß können Ehemann oder Ehefrau irgendeiner Partei als Zeugen für oder gegen diese Partei auftreten, und zwar auch ohne deren Zustimmung.

Fragen über die Zulässigkeit irgendeines Beweismittels oder irgendeiner Frage an Zeugen hat im Zweifel der Richter zu entscheiden.

Die eingehendere Darstellung des Beweisverfahrens bringt das zweite Kapitel, S. 108 unten.

Ergeben sich während der Verhandlung Meinungsverschiedenheiten wegen der Prozedur, erhebt z. B. die beklagte Partei Einsprache gegen eine Zeugenfrage oder gegen eine Urkunde, so werden die Counsels beider Parteien gehört.

Gleich wie die Zeugen werden die Sachverständigen behandelt. Jede Partei bringt ihre eigenen Sachverständigen mit. Es kommt vor, daß der Sachverständige zunächst neben dem Counsel seiner Partei sitzt, um ihm mit Rat beizustehn, namentlich wenn der Sachverständige der Gegenpartei im Kreuzverhör steht, und nachher begibt er sich in die Zeugenkanzel, die witness-box, um unter Eid als Sachverständiger von den Anwälten und dem Richter, eventuell auch Mitgliedern der Geschworenenbank nach allen Kanten ausgefragt zu werden. Das Urteil erfolgt dann durch Geschworene und Richter nach dem Eindruck, den sie aus dieser Beweisaufnahme gewonnen haben.

Ist gestützt auf fremdes Recht zu entscheiden, so wird ebenfalls auf die Aussage von Sachverständigen abgestellt, die von den Parteien beigebracht wurden, sei es, daß diese Sachverständigen, wie z. B. Anwälte, die im fremden Rechtsgebiet praktizieren, in bezug auf das in ihrem Lande geltende Recht, im Vorverfahren bezügliche schriftliche

Affidavits unterschrieben und beschworen haben, oder daß sie mündlich wie Zeugen vor Gericht einvernommen werden.

Der Richter unterbricht oft mit seiner Fragestellung das Kreuzverhör, wie er auch den Vortrag des Anwaltes selbst mit Fragen und Einwendungen unterbricht. Vor oder neben dem Barrister sitzt der Solicitor, der während des ganzen Prozesses mit seinem Rate im Flüsterton den Barrister instruiert. Eine Verhandlung vor einem englischen Gericht ist deshalb eine Diskussionsstunde, an der sich die Barristers, der Richter, die Zeugen, Sachverständigen, ja auch Mitglieder der Jury und die Solicitors beteiligen.

VI. Vergleich. Es ist möglich, daß vor Beendigung des Beweisverfahrens der Prozeß durch einen Vergleich, compromise, erledigt wird. Jeder Parteianwalt ist berechtigt, solche Vergleiche abzuschließen, wenn ihm dies nicht ausdrücklich von seinem Klienten verboten wurde, und vorausgesetzt, daß der Vergleich nicht Dinge in sich schließt, die außerhalb des mit der Klage verfolgten Zweckes liegen.

Die Ansprüche aus einem solchen Vergleich können, wenn dies nötig erscheint, durch eine order des Gerichtes vollstreckbar gemacht werden.

Aufgabe des Richters ist es, alle Rechtsfragen zu entscheiden, die während des Verfahrens vor Gericht entstehen. Es kommt vor, daß am Schluß der Beweisaufnahme für den Kläger der Vertreter des Beklagten, das Begehren stellt, es sei durch den Richter festzustellen — und zwar weil es sich um eine reine Rechtsfrage handle —, daß gegen seinen Klienten überhaupt kein Rechtsanspruch geltend gemacht worden sei, und daß deshalb der Richter ein Urteil zugunsten des Beklagten erlasse, also die Klage abweise, ohne den Fall einem Wahrspruch der Geschworenen zu unterwerfen.

Der Richter wird allerdings meistens in diesem Stadium des Verfahrens die Beurteilung dieser Frage zurückweisen, es sei denn, daß der Anwalt des Beklagten sofort erklärt, er habe keinen Zeugen anzurufen. Wenn er aber Zeugen aufrufen will, so wird die Beantwortung der aufgeworfenen Rechtsfrage bis nach der Beweisaufnahme vorbehalten.

Jede Rechtsfrage, auf welche sich eine Partei berufen will, muß schon vor dem Wahrspruch der Geschworenen vorgebracht werden. Wenn dies nicht zu gehöriger Zeit geschieht, so wird angenommen, daß die Partei darauf verzichtet. Sie ist deshalb auch nicht berechtigt, diese Rechtsfrage auf dem Wege der Berufung geltend zu machen. Immerhin kann der Richter von sich aus eine Rechtsfrage zur Beurteilung des Falles in Betracht ziehen, selbst wenn keine Partei etwas davon wissen wollte.

Es liegt im freien Ermessen des Richters, jeder Partei zu gestatten, das indorsement des writ of summons, also das Klagefundament, zu ändern und zu verbessern. Eine solche Bewilligung kann der Richter auch geben in bezug auf Änderungen in den Schriftsätzen (pleadings) und in anderen Erklärungen einer Partei, wenn dies gerechtfertigt erscheint (Order XXVIII., rr. 1., 6, 12). Dies bezieht sich auch auf das Beifügen, Ausstreichen oder Ersetzen eines Klägers oder eines Beklagten (Order XVI., rr. 11, 12.)

VII. Das Summing-up des Richters. Sobald die Beweisaufnahme zu Ende ist und die Anwälte der Parteien ihre Vorträge gehalten haben, ergreift der vorsitzende Richter das Wort. Er faßt in seinem Vortrag den ganzen Rechtsfall mit Berücksichtigung der Darstellung beider Parteien zusammen (he sums up), um den Geschworenen ein klares Bild der Sachlage zu geben. Er beleuchtet die einzelnen Punkte vermöge der ihm zu Gebote stehenden Rechtskenntnisse, und richtet die Aufmerksamkeit der Geschworenen auf das Wesentliche des Falles.

Wenn keinerlei Beweis geliefert wurde für etwas, das hätte bewiesen werden sollen, so kann der Richter darauf verzichten, eine bezügliche Frage an die Geschworenen zu stellen. Wenn aber widersprechendes Beweismaterial geliefert wurde, gestützt auf welches die Geschworenen in der Lage sind, nach der einen oder anderen Richtung einen Wahrspruch abzugeben, so wird der Richter die bezügliche Frage der Jury zur Beantwortung unterbreiten.

Wenn er es für angezeigt findet, ist er berechtigt, seine eigene persönliche Ansicht den Geschworenen bekanntzugeben. In einem solchen Fall ist er aber verpflichtet, den Geschworenen zu erklären, daß sie in keiner Weise gebunden sind, seiner Ansicht zu folgen, soweit sie sich auf Fragen über Tatsachen bezieht. Doch sind die Geschworenen an die vom Richter gegebenen Ausführungen über das anzuwendende Recht gebunden.

Es steht im Ermessen des Richters, ob er der Jury aufgibt, einen allgemeinen Wahrspruch zugunsten des Klägers oder zugunsten des Beklagten zu fällen oder ob er ihnen bestimmte Fragen zur Beantwortung vorlegt. Im zweiten Fall hat der Richter zu unterscheiden, welches die rechtliche Folge sein soll, die aus den Antworten der Geschworenen zu ziehen ist.

Wünscht eine Partei, daß den Geschworenen irgendeine weitere Frage außer denjenigen, die der Richter stellt, vorgelegt werde, so wird sie den Richter ersuchen, diese Frage ebenfalls durch die Geschworenen beantworten zu lassen, bevor sie ihren Entscheid fassen.

VIII. Der Wahrspruch der Jury. Die Geschworenen sind in ihrer Beweiswürdigung an keine Beweisregeln gebunden. Eine einzige Ausnahme bildet die Beurteilung einer Klage aus Verlöbnisbruch. Hier darf Vertragsbruch nur angenommen werden, wenn corroborative evidence vorliegt, mit anderen Worten, das Zeugnis der klagenden Partei genügt nicht, es muß noch ein anderer Beweis vorliegen.

IX. Schadenersatz. Spricht sich die Jury zugunsten des Klägers aus oder, wenn es sich um eine Gegenforderung handelt (counter-claim), zugunsten des Beklagten, so liegt es ebenfalls in ihrer Aufgabe, den Schadenersatzbetrag festzusetzen. Dabei haben die Geschworenen in keiner Weise die Frage der Prozeßentschädigung, der costs, in Betracht zu ziehen, da über diese nur der Richter zu entscheiden hat.

Wenn es sich bei der Forderung der klagenden Partei um einen liquidated amount handelt, also um einen liquiden, festen Betrag, sei dieser Betrag schon genau erkennbar oder sei er erst durch Berechnung feststellbar, z. B. auf Grund eines Tarifes, einer Lohnskala usw., in Prozenten oder bestimmten Quoten einer anderen festen Summe, so ist die Jury an diesen genauen arithmetisch sofort feststellbaren Betrag gebunden.

Wenn es sich aber um sog. unliquidated damages handelt, um einen vorläufig noch völlig unbestimmten Betrag, so hat die Jury freiere Hand.

In bezug auf den Schadenersatz, der zugesprochen werden kann, unterscheidet das englische Recht folgende verschiedene Arten:

1. *Liquidated und unliquidated damages.* Der Unterschied zwischen diesen beiden Arten von Schadenersatz spielt im englischen Recht eine große Rolle. Wenn immer der Betrag, zu welchem der Kläger berechtigt ist, gleich festgestellt werden kann, sei es durch Berechnung oder gestützt auf irgendeinen Lohn- oder Preistarif (by any scale of charges) oder sei es durch andere positive Data, so heißt dieser Schadenersatz liquid, liquidated oder „made clear". Aber wenn der Betrag, welcher zugesprochen werden soll, von all den besonderen Umständen des Falles und vom besonderen Verhalten der Parteien abhängig ist und „by opinion" oder „by an estimate" bemessen werden soll, so liegen unliquidated damages vor.

Beispiele:

Liquidated damages: bei einer Klage aus Wechsel, aus einem Schuldschein, regelmäßig auch Klagen auf Zahlung von Zinsen eines bestimmten Kapitals. Letztere gehören zu den liquidated damages;

Unliquidated damages: bei einer Ehrverletzungsklage, regelmäßig auch bei einer Klage wegen unerlaubter Handlung.

2. *Vindictive damages* (auch exemplary damages genannt) ist solcher Schadenersatz, der über die Höhe des dem Kläger zugefügten Schadens hinausgeht, wobei das Plus gleichsam als Buße für sein Verhalten zu betrachten ist. Das ist oft der Fall bei Ehrverletzungsklagen (libel und slander), bei Klagen wegen „seduction" und Verlöbnisbruch (breach of promise) sowie bei Deliktsklagen.

3. Bei allen anderen Klagen, vor allem aus Vertrag und unerlaubten Handlungen, ist der Schadenersatz, welcher zugesprochen wird, beschränkt auf den Verlust, welchen der Kläger direkt wegen des Vertragsbruches oder der unerlaubten Handlung hatte. Die Jury kann nur eine Vergütung zusprechen für:

a) Schaden, welcher die natürliche oder wahrscheinliche Folge (natural or probable consequence) des Verhaltens des Beklagten ist;

b) Schaden, der nach der Ansicht der Parteien zur Zeit des Vertragsschlusses als natürliche oder wahrscheinliche Folge vorausgesehen werden konnte;

c) Schaden, der eingetreten ist, weil besondere Umstände vorlagen. Doch wird der Beklagte Schaden, der die Folge solcher besonderen Umstände war, nur ersetzen müssen, wenn er zur Zeit des Vertragsschlusses die besonderen Umstände kannte.

Jeder weitergehende Schaden wird von der Jury nicht berücksichtigt, weil er „too remote" ist.

4. *Contemptuous damages* heißt ein zugesprochener Schadenersatz dann, wenn er so niedrig bemessen ist, daß dadurch das Gericht seinem Mißfallen darüber Ausdruck gibt, daß der Kläger die Klage überhaupt eingeleitet hat, weil es sich um eine Bagatellsache handelte oder weil der Kläger seinen Anspruch bedeutend übertrieben hat. Er wird in diesem Falle vielleicht nur einen farthing oder einen Shilling erhalten.

5. *Nominal damages* werden zugesprochen, wenn die Klage zwar durchaus gerechtfertigt war, der Kläger aber keinen besonderen Schaden erlitten hat und es ihm vor allem nur darum zu tun war, eine Satisfaktion zu erhalten und seine Ehre hergestellt zu sehen. Er gibt sich deshalb selbst damit zufrieden, bloß 40 Shillings und eine Prozeßentschädigung zu bekommen.

6. *Substantial damages* werden gewährt, wenn die Jury es für angezeigt erachtet, dem Kläger „fairly" den ganzen Schaden zu ersetzen, welchen er hatte, immerhin nicht über die Grenzen hinaus, die unter Ziffer 3 genannt sind.

7. *General damages und special damages:*

a) *General damages* sind solche, welche natürliche oder wahrscheinliche Folge der Handlung oder Unterlassung des Beklagten sind. Sie brauchen nicht ausdrücklich bewiesen zu werden. Sind die Tatsachen festgestellt oder anerkannt, so wird das Gericht von sich aus den Schadenersatz zusprechen, wenn es auch nur nominal damages sein sollten.

b) *Special damages* sind solche, welche sich nicht ohne weiteres aus der Natur der in Frage stehenden Handlung oder Unterlassung ergeben. Im Schriftenwechsel muß deshalb ausdrücklich von diesem Schaden gesprochen und die Tatsachen dafür müssen angeführt werden, wie auch in der Hauptverhandlung eine Beweisaufnahme darüber stattzufinden hat.

Ein solcher besonderer Schaden hängt von den besonderen Umständen des Falles ab, von der Stellung der Parteien, von dem Verhalten von dritten Personen usw. (man denke z. B. an den Schaden bei einer Ehrverletzung. Sehr oft würde bei solchen Klagen der Schaden nicht eingetreten sein, wenn dieselbe Handlung unter andern Umständen oder gegenüber einem andern Kläger erfolgt wäre).

Oft, wenn der Beweis für special damages nicht erbracht werden kann, wird der Kläger doch, ohne einen Beweis zu liefern, general damages erhalten.

Wenn es sich um eine wiederholte Schädigung handelt, wie z. B. bei nuisance (unzulässige Störungen des Nachbarn), Unterlassung der Vornahme von Reparaturen, zu welchen der Beklagte verpflichtet ist (non repair), oder um continuing trespass, andauernde Störungen im Recht, so werden die Geschworenen den Schadenersatzbetrag feststellen entsprechend der Höhe des bis zum Tage dieser Festsetzung entstandenen Schadens. Für jede weitere spätere Schädigung kann der Kläger eine neue Klage einreichen.

Handelt es sich aber um einen einzelnen isolierten Fall der Schädigung durch eine einzige Handlung oder durch eine einzige Unterlassung, z. B. bei einem tätlichen Angriff, bei einer Verleumdung in der

Presse oder bei einem fahrlässigen schuldhaften Verhalten bei einem Automobilunfall, so muß die Jury den Schadenersatzbetrag ein für allemal festsetzen und es kann keine weitere Klage aus diesem Klagegrund vorgebracht werden. Darum muß bei solchen Fällen die Jury jeden Schaden in Betracht ziehen, welcher auch noch in Zukunft aus dem Verhalten der beklagten Partei entstehen könnte, wobei allerdings unvorhergesehene, zufällige Ereignisse nicht berücksichtigt werden dürfen.

X. Das Urteil, Judgment. Sobald die Geschworenen ihren Wahrspruch, das Verdict, in open Court bekanntgegeben haben, stellt der Anwalt der obsiegenden Partei den Antrag, es sei nun das Urteil zu sprechen, das judgment des Richters und zwar eventuell „with costs" (siehe unten S. 156).

Der Richter wird nicht in allen Fällen in der Lage sein, sofort nach dem Wahrspruch der Geschworenen das Urteil zu sprechen. Er wird sich oft den Urteilsspruch für einen späteren Gerichtstag vorbehalten.

Es gilt die Regel, daß der Judge sein Urteil gestützt auf den Spruch der Jury fällt.

Hat diese dem Kläger Schadenersatz zugesprochen, so wird der Richter es in seinem Urteil bei dem so gesprochenen Betrag belassen. Hatte der Beklagte diesen Betrag schon in die Gerichtskasse einbezahlt, so wird das Urteil zugunsten des Beklagten lauten und der Richter wird verfügen, daß, wenn er noch einen höheren Betrag einbezahlte, die Differenz aus der Gerichtskasse an ihn wieder zurückbezahlt werden muß.

Beträgt der bei der Gerichtskasse einbezahlte Betrag weniger als die von den Geschworenen bezeichnete Schadenersatzsumme, so verfügt der Richter, daß der einbezahlte Betrag von der Gerichtskasse dem Kläger überlassen wird.

Kam die Jury auf einen höheren als den im writ of summons genannten Betrag, so kann der Richter in seinem Urteil auf keinen höheren Betrag erkennen, es sei denn, daß der writ, wie er beim Gerichte eingereicht wurde und die pleadings auf diesen höheren Betrag umgeändert werden. Der Richter hat das Recht, eine solche Verbesserung zu verfügen, wenn er es für angezeigt erachtet (Order XXVIII., r. 1.).

Wurde eine Gegenforderung (counter-claim) geltend gemacht und ist das Ergebnis des Prozesses so, daß sowohl der Anspruch des Klägers als auch derjenige des Beklagten als richtig befunden wurden, so wird regelmäßig nur *ein* Urteil erlassen, und zwar in der Höhe der Differenz zugunsten derjenigen Partei, welche den größeren Betrag zugesprochen erhält.

XI. Form des Urteils. Was die Form des Urteils betrifft, so besteht es einfach in der mündlichen Bekanntgabe der Meinung des Richters in öffentlicher Sitzung des Gerichtes an die Parteien, daß die Klage abgewiesen oder daß sie gutgeheißen werde oder zu welchem Ergebnis immer der Richter bei der Beurteilung der Tatsachen und Rechtsfragen gekommen sein mag. „The Judge orders judgment to be given."

Die Entscheidung des Richters selbst wird ohne irgendwelche Gründe in den Registern der Gerichtskanzlei eingetragen. Die Parteien erhalten selbst keine schriftliche Urteilsausfertigung mit Begründung in die Hände. Will eine Partei Rechte aus dem Urteil geltend machen, so muß sie sich von der Kanzlei eine Bescheinigung darüber ausstellen lassen, daß ein solches Urteil gefällt wurde.

Der Sekretär des Gerichtes, welcher bei der Verhandlung stets anwesend ist, der associate, gewöhnlich ein Master, trägt das Resultat der Verhandlungen in ein Buch ein. „He draws up the judgment". Dieser Gerichtsbeamte gibt der berechtigten Partei ein „certificate" ein Zeugnis, und diese Partei „signs the judgment", d. h. unterschreibt das Urteil. Das ist aber eine bloße Formalität. Die eigentliche Eintragung des Urteils — entry of judgment —, von welcher seine Wirkung abhängt, muß aber von der obsiegenden Partei selbst in der Gerichtsschreiberei, sei es das Central Office oder ein District Registry, veranlaßt werden. Zu diesem Zwecke muß diese Partei dem Central Office eine Abschrift der pleadings sowie das Zeugnis des Gerichtssekretärs einreichen.

Das Datum des Urteils lautet auf den Tag der Urteilsfällung, wenn es nicht mit Erlaubnis des Gerichtes vor- oder nachdatiert wird.

Das Urteil enthält keine Gründe. Doch ist es üblich, daß der Richter die Gründe mündlich bekanntgibt.

Über die Wiedergabe der Gerichtsentscheidungen mit Begründung, die von privater Seite in den sog. Law Reports veröffentlicht werden, siehe Curti Bd. I, S. 12.

Über die besondere Form und Eintragung der Urteile der Chancery Division, siehe unten S. 127.

XII. Schriftliche Wiedergabe von Urteilen, Urteilsbegründungen und Verhandlungen. Da sich gerade in einem Lande, das einen großen Teil seiner Rechtsordnung auf gerichtlichen Entscheidungen aufbaut, eine schriftliche Wiedergabe der Urteilsbegründung, heute auch eine Vervielfältigung im Druck, nötig erweist, so haben zuerst nur private Interessenten, wie die Advokaten, dann aber auch Geschäftsleute, seit alten Zeiten, dafür gesorgt, daß vor allem die wichtigen Urteile, welche grundlegend für die spätere Rechtssprechung wurden, mit Begründung aufgeschrieben wurden. Siehe darüber Näheres bei Curti Bd. I, S. 12. Heute existieren Sammlungen der Gerichtsentscheide, welche mit Unterstützung der Regierung herausgegeben, allgemeine Anerkennung, auch bei den Gerichten genießen, und offiziösen Charakter haben.

Seit 1864 veröffentlicht der Incorporated Council of Law Reporting die „Law Reports", welche monatlich erscheinen. Diese Sammlung verdrängte alle privaten Aufzeichnungen, abgesehen von einigen Zeitschriften. Daneben sind noch zu nennen „The Law Journal", „The Law Times Reports" und „The Times Law Reports".

Da über Verhandlungen vor den Gerichten kein eingehendes Protokoll geführt wird, sorgen in wichtigen Streitfällen die Parteien für stenographische Aufnahme, insbesondere auch der Zeugenaussagen, was namentlich wichtig ist bei der Einvernahme von sachverständigen Zeugen, und vor allem auch als wertvolle Materialsammlung für den Berufungsrichter im Falle von Berufungen vom High Court an den Court of Appeal und weiter an das House of Lords.

Die Berufungsinstanz wird solche Aufzeichnungen berücksichtigen. Aber schon der erstinstanzliche Richter hat ein Interesse daran, gestützt auf solche stenographische Aufzeichnungen zu urteilen, namentlich wenn es sich um das schwierige Studium der Aussage von Sachverständigen handelt. Deshalb vereinbaren die Parteien gerade in Patentprozessen sehr oft sofortige Drucklegung der stenographischen Aufnahmen, um die so gedruckten privaten Protokolle dem Richter, den Parteien, den Sachverständigen selbst und weiteren Interessenten sofort in die Hand geben zu können. Das verteuert natürlich das ganze Verfahren sehr.

XIII. Die Rechtskraft des Urteils. Das Urteil soll den Streit über den Klagegegenstand endgültig erledigen. Es kann aus dem ursprünglichen Klagegrund keine neue Klage erhoben werden. Der Klagegrund ist, wenn die Klage gutgeheißen wurde, in der Forderung aus dem Urteil untergegangen, und es kann nur noch der Anspruch aus dem Urteil geltend gemacht werden (the original cause of action is merged in a judgment debt). Aus demselben Klagegrund kann deshalb nicht ein zweites Mal geklagt werden, wenn einmal ein Urteil ergangen ist.

Hat der Kläger bei einem Eisenbahnunglück Schaden erlitten und ist die Eisenbahngesellschaft verurteilt worden, einen bestimmten Schadenersatzbetrag zu zahlen, so kann der Kläger nicht nachträglich gestützt auf denselben Grund (Schädigung durch Eisenbahnunfall) Klage gegen die Gesellschaft erheben.

Doch ist es möglich, daß der Klagegrund so beschaffen ist, daß eine fortdauernde Verletzung der Rechte des Klägers in Betracht gezogen werden muß, „the cause of the action is a continuing one", welche auch nach dem frühern Urteilsspruch neuen Grund zu Klagen gibt.

Das ist z. B. der Fall, wenn der Lehrmeister einen Lehrvertrag dauernd verletzt, indem er sich stetsfort weigert, den Lehrling zu unterrichten. Ferner: Der Pächter unterläßt es, die ihm durch den Pachtvertrag auferlegte Verpflichtung von Reparaturen vorzunehmen.

In einem solchen Falle wird das Urteil dem Kläger Entschädigung für die Verletzung bis zum Tage zusprechen, an welchem dieser Schadenersatz zugesprochen wurde, wobei aber der Kläger berechtigt ist, wegen späterer Schädigungen aus dem gleichen Grunde neue Klage einzureichen.

Das ist insbesondere auch der Fall bei Verletzungen von Patent-, Marken-, Muster- und Modell-Rechten.

Im Gegensatz dazu werden die Geschworenen ein für allemal nur einen Schadenersatzbetrag zusprechen, wenn es sich um einen einzelstehenden, abgeschlossenen Vertragsbruch oder eine einzelne isolierte unerlaubte Handlung (tort) handelt, z. B. bei Ehrverletzung durch die Presse, wenn die ehrverletzende Publikation nur einmal erfolgte. Aus derselben Handlung oder Unterlassung kann nicht ein zweites Mal geklagt werden.

Von dieser Regel gibt es indessen eine Ausnahme, wenn special damage für die cause of action wesentlich ist. Special damages — im Gegensatz zu general damages — sind solche damages (Schaden), welche nicht ohne weiteres aus der Natur der eingeklagten Handlung abgeleitet werden können, sondern welche von ganz besonderer Natur sind, von den Umständen des besondern einzelnen Falles abhängen, von der Stellung der Parteien, von dem Verhalten dritter Personen usw.; sie müssen *ausdrücklich* in den pleadings verlangt werden und at the trial bewiesen werden (siehe Näheres darüber S. 104).

In einem solchen Fall muß das Gericht Entschädigung zusprechen, gestützt auf die nachgewiesenen einzelnen besonderen Schädigungen und hat sich darauf zu beschränken. Erfolgen neue Schädigungen, welche auf das gleiche Ereignis zurückzuführen sind, so entsteht ein neuer Klagegrund, weil diese neuen Schädigungen nicht in der ersten Klage inbegriffen waren.

XIV. Verhandlung ohne Jury. Eine öffentliche mündliche Hauptverhandlung — trial — vor einem Richter allein (ohne Jury) oder vor einem official oder special referee wird in gleicher Weise geführt wie eine Gerichtsverhandlung vor einem Richter mit einer Jury, soweit es die Umstände des einzelnen Falles überhaupt zulassen. Doch fällt die „ceremony of opening the pleadings“ weg.

Zweites Kapitel.

Die Beweisaufnahme; Evidence.

I. Allgemeines. Während Kapitel 1, S. 95, den äußeren Rahmen der Beweisaufnahme und Beweiswürdigung gibt, ist hier noch eingehender darüber zu sprechen.

II. Mitwirkung von Geschworenen. Wie auf dem Kontinent in verschiedenen Ländern heute noch bei schweren Verbrechen im Strafprozeß neben den ständigen Berufsrichtern Geschworene mitwirken, so ist dies in England nicht nur bei Straffällen, sondern sogar im Zivilprozeß der Fall. Siehe über die Geschworenen eingehender oben S. 3.

III. Die Arbeitsteilung. Grundregel ist, daß der Judge alle Rechtsfragen entscheidet und die Jury alle Fragen über den Tatbestand, über Tatsachen, facts. Der Richter ist zuständig, zu bestimmen, welche Tatsachen, facts, für die Beweisaufnahme relevant sind. Er wird Beweise ausschließen, welche für die Entscheidung unwesentlich oder welche sonst nicht zulässig sind. Ist aber ein Beweismittel einmal zugelassen, so hat nur die Jury allein über dessen Wert zu entscheiden und daraus die Schlußfolgerung zu ziehen. Behauptet eine Partei, daß fremdes Recht zur Anwendung komme, so ist es ihre Sache, dieses Recht zu beweisen, und die Jury, nicht der Judge, ist zuständig, dieses fremde Recht zu beurteilen, so wie wenn es sich um den Nachweis einer behaupteten Tatsache handeln würde.

IV. Die *Beweismittel* sind entweder

1. Oral evidence, Beweis durch das mündlich gesprochene Wort eines Zeugen, oder

2. documentary evidence, Beweis durch Urkunden, oder

3. real evidence, der Augenschein.

Dem englischen Recht ist der formelle Beweis durch Eid, die Eideszuschiebung des deutschen Rechtes, nicht bekannt; ebensowenig wie die unparteiischen Gutachten von Sachverständigen. Der Eid kommt nur in der Form vor, daß der Zeuge (auch die Partei selbst kann Zeuge sein und sogar ihr eigener Zeuge) vor seiner Aussage beschwört, die volle Wahrheit zu sagen. Die Sachverständigen werden von den Parteien als Zeugen aufgerufen, um als Zeugen ihre Ansicht über Dinge zu äußern, über welche nur der Sachverständige ein Urteil haben kann. Man spricht dann von sachverständigen Zeugen, expert witnesses.

V. Terminologie. Das Wort evidence stimmt begrifflich überein mit dem deutschen Wort Beweis im allgemeinen und mit Beweismittel, auch Beweisführung, während proof of a fact der nach der Ansicht der Geschworenen gelungene Nachweis einer Tatsache ist.

Man unterscheidet *direkten* und *indirekten Beweis.*

Direkter Beweis (direct proof) liegt vor, wenn durch das Beweismittel direkt die zu beweisende Tatsache nachgewiesen wird, z. B. wenn die Tatsache, daß A. an einem besondern Tag in London war, durch das Zeugnis einer Person nachgewiesen wird, welche ihn an diesem Tage in London sah.

Circumstancial or presumtive proof ist gegeben, wenn durch die Beweismittel andere Tatsachen bewiesen werden, aus welchen durch Schlußfolgerung (inference) oder Vermutung (presumption) auf die Existenz der zu beweisenden Tatsachen geschlossen werden kann, z. B. aus der Tatsache, daß ein Brief in richtiger Wiese adressiert, mit Postmarke versehen und der Post übergeben wurde, kann der Geschworene schließen, daß der Brief auch den Adressaten erreichte, und aus der Tatsache, daß jemand Inhaber eines Wechsels ist, wird die Rechtsvermutung abgeleitet, daß er den Wechsel zu Recht erworben hat.

VI. Rechtsvermutungen, presumptions, sind z. B.:

1. Jedermann kennt das Recht und die Gesetze,

2. wenn ein Mann eine Frau heiratet, von welcher er weiß, daß sie in anderen Umständen ist, ist dies der Vater des Kindes,

3. Vater des Kindes einer verheirateten Frau ist deren Ehemann,

4. Frau und Mann, welche zusammen wohnen, sind Eheleute,

5. Eine Person, welche 7 Jahre nichts von sich hören ließ, ist gestorben,

6. der Inhaber eines Wechsels hat ihn rechtmäßig erworben,

7. Ungehörige Beeinflussung wird vermutet bei Verträgen zwischen Treuhändern und Benefiziaren, Eltern und Hauskindern, Vormund und Mündel, Anwalt und Klient, Arzt und Patient, Seelsorger und Beichtkind, Geldverleihern und Kunden. Siehe darüber CURTI Bd. II, S. 25ff.

Die meisten Rechtsvermutungen können beseitigt werden durch den Nachweis, daß sie in einem bestimmten Falle nicht zutreffen. Ein solcher Nachweis ist aber nicht zulässig gegen die Rechtsvermutung, daß jedermann die Gesetze und das (auch ungeschriebene) Recht kennt.

VII. Kein Beweis muß geleistet werden über Tatsachen, die dem Richter *notorisch* sind. Das ist der Fall mit Bezug auf die Kenntnis des englischen Rechts und der englischen Gesetze, nicht aber in bezug auf *ausländisches* Recht, das durch die Partei, welche sich darauf beruft, bewiesen werden muß.

Keines Beweises bedürfen ferner die Tatsachen, die von einer Partei zugegeben wurden, also Zugeständnisse, admissions, seien es Zugeständnisse

a) in den Schriftsätzen, pleadings,

b) in den Antworten auf interrogatories,

c) in einer besonderen Erklärung (in Beantwortung einer notice to admit facts) oder in Urkunden, welche von einer Partei der anderen zugestellt wurden,

d) in Vereinbarungen zwischen den Parteien oder ihren Vertretern, vor oder während der Hauptverhandlung, des trial.

VIII. Beweislast, Burden of proof. Beweislast ist die Verpflichtung einer Partei, eine von ihr aufgestellte Behauptung außer Streit zu setzen. Sie wird auch onus of proof genannt und durch die Schriftsätze, die pleadings, festgestellt, und bleibt unverändert während der Verhandlung in open Court.

Beweispflichtig sind:

1. Die Partei, welche einen Anspruch erhebt und zum Beweise dafür Tatsachen behauptet, die von der anderen bestritten werden.

2. Wer den Anspruch des Gegners bestreitet, obgleich alle oder einzelne der vom Gegner vorgebrachten Tatsachen nicht bestritten werden, ist nur dann beweispflichtig, wenn er andere Tatsachen gegen den Gegner ins Feld führt Dann muß er die von ihm selbst bezeichneten Tatsachen beweisen. In diesem Falle spricht man von „confession and avoidance".

IX. Beweissatz. Zu beweisen ist der Beweissatz, der issue, d. h.:

1. Tatsachen, nicht Rechte,

2. nur erhebliche Tatsachen (facts relevant to the issue), d. h. solche, welche für die Beurteilung des Falles in Betracht kommen; ob sie im übrigen unmittelbar oder nur mittelbar erheblich sind, ist gleichgültig,

3. nur Tatsachen, die am Schlusse des Vorverfahrens, bei Abschluß der pleadings, noch zu beweisen sind. Deshalb bedürfen eines Beweises nicht

a) zugestandene Tatsachen,

b) unbestreitbare Tatsachen, selbst wenn sie bestritten sind, wozu die dem Gericht offenkundigen Tatsachen gehören, d. h. solche, die vom Gericht selbst ausgehen oder die jedermann kennt.

Zu diesen unbestreitbaren Tatsachen gehört auch der Estoppel by Deed, d. h. eine Partei, welche Rechte beansprucht gestützt auf einen gesiegelten Vertrag, deed, hat kein Recht, tatsächliche Darstellungen, wie sie im deed (d. h. in einem gesiegelten Vertrag) selbst enthalten sind, zu bestreiten.

Hierher zu zählen sind auch die Fälle des Estoppel by Record. Jedes Urteil eines zuständigen Gerichtes bildet den unumstößlichen Beweis zwischen den Parteien in bezug auf die durch das Urteil festgestellten Tatsachen.

X. Zeugenbeweis.

Über die Anrufung der Zeugen und deren Befragung siehe S. 99ff.

1. Gewöhnlich wird eine Zeuge unter Eid vernommen. Er hat zu beschwören, daß er die Wahrheit sagt. Wer religiöse Einwendungen gegen den Eid erhebt, kann ein bloßes Gelöbnis an Stelle des Eides abgeben.

2. Im Gegensatz zu den meisten kontinentalen Prozeßordnungen sind vor englischen Gerichten im Zivilprozeß auch die Parteien selbst, Kläger und Beklagter, zulässige Zeugen. Eine Partei kann gezwungen werden, Zeugnis abzulegen, wenn sie von der anderen Partei als Zeuge aufgerufen wird. Es kann dies auch sub poena geschehen.

3. Ehemann und Ehefrau sind ebenfalls fähig, für oder gegen ihren eigenen Ehegenossen Zeugnis abzulegen. Doch kann kein Eheteil gezwungen werden, irgend etwas auszusagen, was ihm während der Ehe vom anderen mitgeteilt worden ist.

Siehe: Zeugnispflicht der Ehegatten im Strafprozeß: Odgers II, 630, 631.

4. In der Regel muß ein aufgerufener Zeuge jede Frage beantworten, welche Bezug hat auf die zu beweisende Tatsache. Doch gibt es verschiedene Arten von Fragen, zu deren Beantwortung er nicht gezwungen werden kann, wenn er nicht antworten will und andere Fragen, die er erst beantworten darf, wenn dritte Personen es erlauben.

Dazu gehören 6 Gruppen:

a) Fragen, deren Beantwortung den Zeugen einer strafrechtlichen Verfolgung aussetzen könnte. Beschwört der Zeuge, daß diese Gefahr besteht, so wird der Richter eine solche Frage nicht zulassen.

b) Fragen, welche darauf ausgehen, den Zeugen eines Ehebruches zu überweisen. Doch wird, wenn der Zeuge in einer examination-in-chief den Ehebruch verneint hat, cross-examination erlaubt, wenn sie darauf ausgeht, nachzuweisen, daß die Bestreitung unwahr ist.

c) Ehemann und Ehefrau sind nicht verpflichtet, Mitteilungen, die sie sich gegenseitig während der Ehe gemacht haben, preiszugeben.

d) Bankiers dürfen keine Auskunft über die Rechnung eines Kunden geben, wenn dieser nicht zustimmt oder wenn nicht das Gericht dies verlangt.

e) Rechtsanwälte — counsels und solicitors — dürfen nichts aussagen über die Mitteilungen, die sie von ihren Klienten erhalten haben, wenn dieser nicht zustimmt. Gleiche Pflicht zur Verschwiegenheit hat der Klient auch gegenüber seinem Anwalt in bezug auf den rechtlichen Rat, welchen ihm dieser erteilt hat, solange diese Ratschläge nicht mit Zustimmung des Anwaltes bekanntgegeben worden sind. Es wird indessen nur legal advice gegen Befragung geschützt und Anwalt und Klient dürfen nur darüber als Zeugen ihre Aussage verweigern. Soweit es sich um andere Äußerungen handelt, die mit dem rechtlichen Ratschlage nichts zu tun haben, gilt dieses Vorrecht nicht.

f) Ein Zeuge kann nicht gezwungen werden, etwas auszusagen und Geheimnisse preiszugeben, welche im öffentlichen Interesse geheimgehalten werden müssen.

XI. Sachverständige. Fremd ist dem englischen Prozeßverfahren die Institution unparteiischer Sachverständiger, die vom Gericht bestellt, in technischen Fragen, z. B. in Patentprozessen über die Frage der Neuheit einer Erfindung, ihr Gutachten dem Gerichte zu erstatten hätten. Es ist vielmehr Sache der Parteien, ihre Sachverständigen als Zeugen schon vor der Gerichtsverhandlung für sich zu verpflichten und vor Gericht einzuvernehmen. Das hat natürlich den Nachteil, daß diese Zeugen ganz einseitig von einer Partei beeinflußt, ihre Zeugenaussage, also ihr Gutachten, abgeben.

Allerdings steht ja der Gegenpartei das Recht zu, diese sachverständigen Zeugen unter Kreuzverhör einzuvernehmen und ihrerseits ebenfalls ihre sachverständigen Zeugen ins Gericht mitzubringen.

Obwohl sonst der Zeuge nur das, was er selbst gesehen und gehört hat, also über Tatsachen aussagen soll, muß natürlich beim expert witness eine Ausnahme gemacht werden. Er spricht seine persönliche Meinung aus, wenn es sich darum handelt, Schlüsse aus Tatsachen zu ziehen, wozu er nur gestützt auf seine besonderen technischen und wissenschaftlichen Kenntnisse und Erfahrungen befähigt ist.

Man bezeichnet in der englischen Rechtssprache die Aussage des Sachverständigen deshalb als opinion evidence, auch evidence of opinion.

Eine solche bloße Meinungsäußerung, ja sogar eine Vermutung wird übrigens auch bei eigentlichen Zeugen zugelassen, wenn es sich um die Identifikation von Personen und Sachen oder von einem bestimmten Orte handelt und es in diesen Fällen dem Zeugen absolut unmöglich ist, ganz positiv sein Wissen über eine Tatsache zu beschwören.

Das Verfahren der Einvernahme von Sachverständigen gestaltet sich so, daß die beiden Parteien sich schon vor dem Prozeß und namentlich vor der öffentlichen Hauptverhandlung an Sachverständige wenden, die zu ihren Gunsten zeugen sollen. Diese Sachverständigen einer Partei geben auch den Anwälten ihrer Partei die erforderliche Instruktion und es wird zwischen der Partei und dem Sachverständigen von vornherein abgemacht, welche Fragen vor Gericht dem „Zeugen" gestellt und welche Antworten von ihm gegeben werden. Ja, es kommt vor, daß, während ein „Sachverständiger" der einen Partei als Zeuge einvernommen wird, der Sachverständige des Gegners den Anwalt des letzteren im Flüsterton darüber instruiert, welche Fragen er stellen soll.

In einem bekannten Prozeß Russel war die Frage zu entscheiden, ob es möglich sei, daß ohne immissio penis eine Conception erfolgen könne. Die beiden Parteien, Mann und Frau, hatten eine Reihe von Professoren aufgeboten, die einen sprachen sich als expert witnesses dafür, die anderen dagegen aus. Der weise Richter wußte seiner Entscheidung über die Frage, welchem Experten er Recht geben sollte, aus dem Wege zu gehen, indem er nach der Rechtsregel entschied: Pater est quem nuptiae demonstrant.

Da der Richter von sich aus keine Sachverständigen mit Gutachten beauftragen kann, so sind Richter und Geschworene auf die Aussagen der Sachverständigen angewiesen, welche von den Parteien angerufen worden sind. Dabei ist natürlich die Partei, welche sich rechtzeitig die besten Sachverständigen sichert, namentlich dadurch, daß sie besser ihre Dienste bezahlt, im Vorteil[1].

Bei komplizierten Gutachten, die der sachverständige Zeuge mündlich erstattet, z. B. über schwierige technische Fragen in Patentprozessen,

---

[1] Eine große deutsche Unternehmung hat einen wichtigen Patentprozeß in London vor allem deshalb gewonnen, weil sie rechtzeitig vor Beginn des Prozesses von den wenigen in Betracht kommenden Sachverständigen in London die tüchtigeren in ihre Dienste nahm und dann als Zeugen aufrief.

ist es natürlich tatsächlich unmöglich, daß der Richter sich sofort seine Meinung bilden kann. Die Praxis hat denn auch den Weg gefunden, um diese mündlichen Gutachten zu schriftlichen umzugestalten. Die Parteien lassen durch Stenographen die Aussagen der Zeugen aufnehmen, lassen sie sofort drucken und legen die gedruckten Protokolle dem Richter vor, welcher schließlich doch gestützt auf diese gedruckten Unterlagen sich seine Meinung bilden kann. Das Urteil selbst braucht er ja nicht sofort nach der mündlichen Aussage der Sachverständigen auszusprechen; er kann die Urteilsverkündung verschieben.

In der Admiralty Division werden allerdings ausnahmsweise besondere amtliche Sachverständige vom Gericht zugezogen, welche mitberaten, also keineswegs bloße „Zeugen“ sind. Ebenso können natürlich die referees eigentliche Sachverständige sein. Siehe oben S. 10, 12.

XII. Urkundenbeweis, documentary Evidence. Der Beweis durch Urkunden muß regelmäßig in der Weise erfolgen, daß die Originalurkunden dem Gerichte vorgelegt werden. Davon gibt es einige Ausnahmen, nämlich:

Öffentliche Urkunden. Es genügt eine beglaubigte Abschrift, unterschrieben von einem Beamten, welcher die Aufbewahrung der Urkunden besorgt.

Gerichtliche Urkunden. Der Inhalt einer gerichtlichen Urkunde kann regelmäßig durch eine amtliche Abschrift bewiesen werden, vom Gerichtsbeamten angefertigt, der die Originalurkunde aufzubewahren hat.

Bankers' books. Nach dem Bankers' Books Evidence Act, 1879, kann eine Eintragung in den Büchern eines Bankiers durch eine Abschrift bewiesen werden, von der ein Bankangestellter, welcher sie dem Gericht vorlegt, bezeugt, sie mit dem Original verglichen und übereinstimmend gefunden zu haben.

Privaturkunden. Der Inhalt einer Privaturkunde kann durch eine Abschrift bewiesen werden, oder auch durch ein mündliches Zeugnis einer Person, die aus dem Gedächtnis den Inhalt wiedergeben kann, indessen nur, wenn folgende Umstände vorliegen:

a) wenn die Urkunde verlorenging oder zerstört wurde;

b) wenn sie im Besitz oder in der Verfügungsgewalt der Gegenpartei steht, welche sich weigert oder nicht in der Lage ist, sie auf Aufforderung dem Gerichte vorzulegen (nachdem ihr in gehöriger Weise eine „notice to produce it“ zugestellt worden war);

c) wenn das Original im Besitz einer dritten Person ist und ein sog. „privileged document“ ist, zu dessen Vorlage sie rechtlich nicht verpflichtet ist (wie z. B. title-deeds) und sich diese dritte Person weigert, die Urkunde dem Gericht vorzulegen, nachdem ihr in vorgeschriebener Form ein „subpoena duces tecum“ zugestellt wurde.

Nur ausnahmsweise bedarf eine private Urkunde keiner amtlichen Beglaubigung, nämlich dann nicht, wenn sie wenigstens 30 Jahre alt ist und aus einer „proper custody" kommt, d. h. von einer Person und von einem Platz, wo man sie vernünftigerweise zu finden erwartet oder deren Errichtung in gehöriger Form zugegeben wurde (or its due execution is admitted). Muß dagegen eine Privaturkunde beglaubigt werden, so geschieht dies dadurch, daß jemand die Unterschrift des beglaubigenden Zeugen (attesting witness) als richtig bezeugt.

Wenn keine rechtliche Vorschrift für eine Beglaubigung besteht, so muß sie, wenn sie nicht „upon notice to admit" (siehe oben S. 71, 93) von der Gegenpartei als bestehend und richtig anerkannt wurde, in der Weise bewiesen werden, daß die Handschrift und die Unterschrift der Person, welche das Dokument errichtete, nachgewiesen wird. Wenn die Urkunde ein deed ist, so muß die Siegelung und die Übergabe bewiesen werden.

Man unterscheidet zwei Arten von Urkundenbeweis:

a) primary (documentary) evidence, wenn das Original der Urkunde selbst vorgelegt wird,

b) secondary (documentary) evidence, wenn der Inhalt der Urkunde anders als durch die Urkunde selbst bewiesen wird.

1. *Primary evidence* (*Vorlage der Originalurkunde*).

a) Die Unterschrift muß bewiesen werden. Dies kann geschehen

α) durch die Person, welche unterschrieb,

β) durch eine Person, welche sah, wie die andere unterschrieb,

γ) durch eine Person, welche die Unterschrift kennt,

δ) durch einen Schriftexperten;

b) die Unterschrift der beglaubigenden Zeugen muß bewiesen werden;

c) das Original muß properly stamped sein, d. h. gehörig mit Stempelmarke versehen sein.

Nach dem Stamp Act, 1891, müssen alle geschriebenen Verträge mit Stempelmarke versehen sein, ausgenommen bei Warenverkauf; ferner, wenn die Gegenleistung weniger als £ 5 beträgt, sowie „for hire of menial servants or seamen for coasting trade."

Doch wird kein solch strenger Beweis verlangt in folgenden Fällen:

wenn die Urkunde gerichtsnotorisch ist, judicially noticed,

wenn die Urkunde 30 Jahre alt ist und from proper custody vorgelegt wird,

wenn die Gegenpartei

a) sie anerkannt hat,

b) is estopped from disputing it, d. h. wenn eine Einrede gegen den Inhalt überhaupt nicht zugelassen wird,

c) claims an interest in it, d. h. wenn die Gegenpartei selbst Rechte daraus geltend macht.

2. Secondary evidence. Ein solcher Beweis ist zulässig, wenn

a) die Gegenpartei, welcher eine Aufforderung zur Vorlage der Urkunde zugestellt wurde (notice to produce the document) der Aufforderung nicht nachkommt,

b) wenn eine Verfügung des Gerichtes von der Vorlage des Originals dispensiert,

c) wenn es physisch unmöglich ist, sie vorzulegen,

d) wenn die Urkunde verloren ist oder nicht gefunden werden kann, oder

e) wenn eine Drittperson der Aufforderung, sie dem Gerichte vorzulegen, keine Folge geleistet hat.

In den letztgenannten drei Fällen muß auch bewiesen werden, oder eine Vermutung bestehen, oder von der Gegenpartei zugegeben worden sein, daß die Urkunde in gehöriger Weise errichtet wurde.

Secondary evidence kann nicht zugelassen werden, wenn

a) die Originalurkunde nicht in gehöriger Weise errichtet wurde,

b) wenn die Vorlage der Urkunde aus Gründen der Staatsraison (ground of State privilege) verweigert wurde,

c) eine dritte Person die Vorlage zu Unrecht verweigert, a third party wrongfully refuses production.

Nur in Ausnahmefällen kann eine Urkunde und deren Inhalt auch durch Zeugen bewiesen werden; nämlich:

entweder: wenn gesetzlich und rechtlich nicht vorgeschrieben ist, daß die Originalurkunde geschrieben sein müsse (if the law does not require the original to be in writing), so kann der Beweis geliefert werden durch spätere mündliche Vereinbarungen, welche den geschriebenen Vertrag geändert haben,

oder: es kann das bezeugt werden, was geschah, bevor die Urkunde errichtet war, um den Nachweis zu liefern für

a) Betrug, illegality oder ungehörige Beeinflussung,

b) condition precedent (aufschiebende Bedingung),

c) to explain latent ambiguity, aber nicht a patent ambiguity,

d) a Custom or collateral term or independent agreement is incorporated.

Vierter Abschnitt.

Vollstreckung; execution.

Vergleiche auch unten S. 161.

I. Die **einfache Form** des Urteils ist gegeben, wenn es dahin lautet, „daß der Beklagte dem Kläger £ .... zu zahlen hat." Ist keine Zeit bestimmt, so kann es die obsiegende Partei sofort vollstrecken lassen. Sie ist der Gläubiger aus dem Urteil, der judgment creditor, während der

Schuldner aus dem Urteil judgment debtor und die Schuld selbst judgment debt genannt wird.

Vollstreckung des Urteils wird regelmäßig erwirkt durch einen writ mit dem Befehl an die Adresse des Sheriff oder einer anderen zuständigen Person, dem gerichtlichen Urteil Geltung zu verschaffen, es zu vollstrecken.

Um das Urteil zu vollstrecken, übergibt die obsiegende Partei den Vollstreckungsbefehl dem zuständigen Beamten zur Vollstreckung, regelmäßig dem Sheriff für Urteile des High Court, während der Marshal für Urteile des Admiralty Court und der Bailiff für Urteile und Verfügungen der County Courts Vollstreckungsbeamter ist.

Der Vollstreckungsbefehl, der writ of execution, wird bei Gerichtsurteilen von Prozessen, die in London durchgeführt wurden, vom Central Office des High Court ausgestellt, bei Streitsachen, die bei einem district registrary anhängig gemacht wurden, vom registrar. Dieser Vollstreckungsbefehl hat für ein Jahr Gültigkeit, kann aber vom Richter vor Ablauf der Frist auf je ein Jahr während sechs Jahren erneuert werden. Der Sheriff wird durch diese Urkunde veranlaßt, sich der beweglichen Vermögensobjekte, die sich im Hause des Schuldners befinden, zu bemächtigen, um sie im Interesse des Gläubigers zu verwerten.

Vom Master des High Court können ferner alle weiteren Verfügungen erlangt werden, um die Vollstreckung in besonderen Fällen zu ermöglichen: so z. B. zur Rechnungsstellung, zur Vorlage von Büchern, Bankkorrespondenz, zur Vollstreckung in Grundeigentum, zur Auszahlung von Geldern, die Dritte dem Schuldner schulden, statt an diesen, an den Vollstreckungsbeamten, eventuell einen besonderen Receiver. Letzteres kann der Fall sein bei Auszahlungen von Liquidationserlösen aus Vermögensverwaltungen, Erbschaften usw. Der Schuldner kann durch die erste Instanz unter Eid über seine Vermögensverhältnisse einvernommen werden.

Einstellung der Zwangsvollstreckung (stay of execution) kann der Schuldner durch summons in chambers, begründete Eingaben an den Master des Gerichtes erlangen. Das ist z. B. der Fall, wenn dieses Begehren begründet wird mit dem Hinweis auf die eingereichte Berufung. Regelmäßig wird eine Sistierung nur gewährt gegen Kautionsstellung „on terms of the amount of the execution being paid into Court and the opponents costs being paid to his solicitor on his undertaking to repay them if the appeal is unsuccessful“.

II. Es gibt **verschiedene Formen** von writs für die Vollstreckung. Die gebräuchlichsten seien hier aufgezählt:

1. der writ of „fieri facias“ (auch einfach „fi. fa.“) oder „elegit“ nach Order XLIII,
2. in einigen Fällen kann equitable execution durch Bestellung eines Sachwalters, eines receiver, Sequesterbeamten, begehrt werden,

3. schuldet eine Drittperson, z. B. eine Bank, dem judgment debtor Geld, so ist eine gerichtliche Order „to attach the debt", also ein Arrestbefehl nach Order XLV (Odger II, S. 695) zu verlangen. Ist der Schuldner ein am Geschäftsgewinn interessierter Angestellter, so kann sein Anteil beschlagnahmt werden.

Ein Schuldverhaft besteht nicht mehr. Wenn aber ein judgment debtor, welcher bezahlen kann, böswilligerweise nicht bezahlt, so ist es möglich, ihn bis zu 6 Wochen Haft zu verurteilen. Die Gefängnisstrafe tilgt aber keineswegs die Schuld (Debtors Act, 1869, s. 5).

III. Die gewöhnliche Vollstreckungsart ist **der writ of fieri facias** („bewirke, daß es geschehe!"), welcher dem Sheriff den Auftrag gibt, sich der Vermögensstücke des Schuldners zu bemächtigen und den Erlös daraus beim Gericht einzuzahlen, damit der Gläubiger den ihm zugesprochenen Urteilsbetrag nebst 4 % Zinsen erhalte.

Gestützt auf die im writ erhaltene Ermächtigung, ist der Sheriff berechtigt, das Haus des Schuldners zu betreten, alles, was er dort findet und was dem Schuldner gehört, mit Beschlag zu belegen, jedoch nicht das Eigentum einer dritten Person. Doch hat er das Recht, auch in das Haus dritter Personen zu gehen, um darin Sachen, die dem Schuldner gehören, an sich zu nehmen. Doch läuft er dabei Gefahr, sich einer Klage auf Hausfriedensbruch auszusetzen, wenn er keine solchen Vermögensstücke dort findet oder gar Sachen an sich nimmt, die einem anderen gehören.

Die dem Schuldner gehörenden Vermögensobjekte darf der Sheriff verkaufen, soweit es bewegliches Eigentum ist (all the personal goods and chattels). Ausgenommen davon sind nur die notwendigen Bedarfsstücke des Schuldners und seiner Familie, „wearing apparel and bedding, tools and implements" seines Berufes, vorausgesetzt, daß der Wert dieser besonderen Sachen zusammen den Betrag von £ 5 nicht überschreitet.

Pfändbar und durch den Vollstreckungsbeamten liquidierbar sind auch des Schuldners choses in action, wie Banknoten, Schecks, Wechsel, bonds und andere securities for money.

Ausgenommen von solcher Beschlagnahme sind aber Sachen, welche schon in the custody of the law sind, z. B. solche, die z. B. der Verpächter, der Hauseigentümer schon gepfändet hat, um sich für rückständige Pachtbeträge, Mietzinse, bezahlt zu machen.

Sobald der Sheriff den writ erhalten hat, muß er auf seiner Rückseite das Datum des Empfangs bescheinigen.

Das Eigentumsrecht Dritter, welche Sachen, die noch im Gewahrsam des Schuldners waren, gutgläubig for valuable consideration erhalten haben, wird durch den writ nicht beeinträchtigt, es sei denn, daß eine dritte Person zur Zeit, da sie die Sachen erwarb, wußte, daß ein solcher writ dem Vollstreckungsbeamten schon ausgehändigt war (Mercantile Law Amendment Act, 1856, s. 1).

Der writ of fieri facias ermächtigt den Sheriff aber nicht, einen estate in fee oder for life (siehe CURTI, Bd. I, S. 91, 100) oder ein equitable interest, z. B. ein equity of redemption zu pfänden und zu verkaufen, oder solche Sachen, welche mit einer freehold verbunden sind und beim Tode des Eigentümers auf den „heir" des Grundstückes übergehen, und nicht auf den Testamentsvollstrecker.

IV. In bezug auf ein **Grundstück** (im Gegensatz zu beweglichen Sachen) übt der Vollstreckungsbefehl (the writ of execution) in allem seine Wirksamkeit erst aus mit der tatsächlichen Vollstreckung durch den Sheriff (Land Charges Act, 1925).

Deshalb ist es etwa notwendig, daß der judgment creditor einen zweiten writ (Vollstreckungsbefehl) verlangt, welcher *writ of elegit* genannt wird, gestützt auf welchen der Sheriff den Gläubiger in den Besitz des Grundstückes einsetzen kann auf solange Zeit, als er für den Urteilsanspruch noch nicht befriedigt ist.

Ein dem Kläger günstiges Urteil bei einer action for recovery of land wird dahin lauten, daß der Kläger auf den Besitz des Grundstückes berechtigt ist, wie es der Statement of Claim näher beschrieben hat. Der Berechtigte wird nach dem Urteil einen writ of possession erwirken, der dem Sheriff gebietet, vom Grundstück Besitz zu nehmen und ohne Verzug den Kläger in seine Rechte über das Land einzusetzen. Im gleichen writ kann ein fi. fa. enthalten sein in bezug auf fällig gewesene Renten, Gewinne und Prozeßkosten.

V. Hat ein Kläger ein Urteil erlangt **auf den Besitz anderer Sachen,** d. h. nicht auf Grundstücke oder Geld „for the recovery of any property other than land or money", so besteht für ihn eine Wartefrist von 14 Tagen, bevor er die Vollstreckung verlangen kann, es sei denn, daß er besondere gerichtliche Bewilligung zu früherer Exekution erhält (Order XLII., r. 19). Es soll durch diese Wartefrist dem Schuldner Gelegenheit gegeben werden, freiwillig der Verpflichtung aus dem Urteil nachzukommen. Tut er dies nicht innerhalb dieser Frist, so wird ein writ of delivery, gestützt auf Order XLVIII, also ein Vollstreckungsbefehl auf Aushingabe von bestimmten Sachen ausgefertigt. Doch kann ein solches Urteil auch vollstreckt werden durch einen writ of attachment oder writ of sequestration.

VI. In einigen Fällen, nach denen nach gemeinem Recht (at law) kein Rechtsschutz gewährt werden konnte, war ein solcher doch möglich durch die Ernennung eines receiver (Sequesterbeamten, Sachwalters, Einziehers). Dieses Verfahren ist heute noch möglich, wird auch immer noch **„equitable execution"** (Vollstreckung nach Billigkeitsrecht) genannt. So wird ein receiver ernannt, um ein Kapital zu übernehmen, das dem Gericht übergeben wurde (a fund in Court) oder ein Vermächtnis, das noch nicht auszahlbar ist, oder einen Anteil an dem Kaufpreis noch nicht verkauften Landes.

Auf diese Weise kann ein execution creditor sich in manchen Fällen die Zahlung sichern für seinen Anspruch aus einem equity of redemption oder aus irgendeinem anderen interest in land, wie es nach dem ordentlichen gemeinrechtlichen Vollstreckungsverfahren nicht möglich gewesen wäre.

Bei der Frage, ob ein receiver ernannt werden soll, wird das Gericht alle Umstände in Betracht ziehen, die Art und Höhe des Anspruches, aber auch die Kosten, die aus der Bestellung eines receivers erwachsen.

Die Ernennung eines receiver hat die Wirkung eines gerichtlichen Befehles (injunction), dahingehend, daß dem Schuldner verboten ist, selbst Gelder einzuziehen und zum Nachteil des Gläubigers über sie zu verfügen.

VII. Drittansprecher, interpleader. Nach englischem Recht ist es möglich, daß ein Schuldner seinem Gläubiger ein Warenlager oder andere bewegliche Güter zur Sicherung seiner Forderung verschreibt, verpfändet, ohne daß diese Sachen aus dem Gewahrsam des Schuldners herauskommen. Es genügt die Abfassung einer Urkunde über diese Sicherstellung, einer bill of sale by way of security, also die Sicherungsübereignung durch ein Verkaufspapier (siehe Curti Bd. I, S. 189 und Curti Bd. II., S. 113). Das hat oft große Unsicherheit zur Folge, wenn man sich frägt, wer der wahre Eigentümer ist. Kommt nach erfolgter Beschlagnahme durch den Vollstreckungsbeamten eine dritte Person, ein Drittansprecher, interpleader genannt, welcher behauptet, die vom Sheriff beschlagnahmte bewegliche Sache gehöre nicht dem Judgment debtor, sondern ihm, dem Dritten, da er ein Pfandrecht daran habe, so ist folgendes Verfahren vorgeschrieben.

Der Sheriff ersucht bei solcher Intervention eines Dritten den Master in chambers, die zur Klarstellung der Rechtslage erforderlichen Verfügungen zu erlassen. Er wird darauf eine interpleader summons ausgeben. Der Judgment debtor und der interpleader werden vor den master vorgeladen und dieser bestimmt die Streitfrage „the issue", über welche sich die beiden Parteien auseinanderzusetzen haben, für ihre Rechte also die erforderlichen Beweise liefern müssen. Der Drittansprecher kann die vom Sheriff ergriffenen Vermögensstücke sofort herauserhalten, wenn er einen dem Werte entsprechenden Betrag oder besser gesagt, einen der voraussichtlichen Entscheidung entsprechenden Betrag bei der Gerichtskasse einbezahlt. Geschieht dies nicht, so wird der Master eine order erlassen, die den Vollstreckungsbeamten ermächtigt, entweder soviel der gepfändeten Vermögensstücke zu verkaufen als erforderlich ist, um aus dem Erlös den Urteilsbetrag sicherzustellen oder die Sachen vorläufig in seinem Gewahrsam zu behalten.

Die Vorschriften über „interpleader summons and issue" sind in Order LVII wiedergegeben. Siehe auch oben S. 85.

VIII. Beschlagnahme von Forderungen des Schuldners. Garnishee Proceedings. Vollstreckung kann auch erfolgen in bezug auf Forderungen, welche der Judgment debtor gegenüber Drittpersonen hat, z. B. Forderungen an eine Bank. Um festzustellen, welche Beträge dem Schuldner geschuldet werden, kann eine order for his examination, eine Verfügung zu seiner persönlichen Einvernahme erlangt werden. Leistet der Schuldner dieser Verfügung keine Folge, so ist seine Bestrafung mit Gefängnis möglich.

Der Urteilsgläubiger, welcher das Urteil vollstrecken will, ist auch berechtigt, und zwar vor oder nach der persönlichen Einvernahme des Schuldners, eine „garnishee order nisi" nachzusuchen. Damit diesem Begehren Folge gegeben wird, hat er in einem affidavit zu bezeugen, daß das Urteil zur Zahlung eines bestimmten Betrages zu seinen Gunsten gefällt wurde, er aber immer noch nicht befriedigt ist, daß er aber weiß, daß eine bestimmte von ihm genannte Person innerhalb des Zuständigkeitsbereiches des Gerichtes dem Urteilsschuldner einen Geldbetrag schuldet. Nachdem dieses Gesuch eingegangen ist, erläßt der Master eine Verfügung „attaching the debt", d. h. zur Festlegung des Guthabens, welches der Schuldner bei einer Drittperson haben soll, welche von jetzt an „the garnishee" genannt wird. Durch diese Order wird dem Drittschuldner, eben dem garnishee, und dem judgment debtor, seinem Gläubiger, mitgeteilt, daß die vom Gläubiger behauptete Forderung beim garnishee mit Beschlag belegt ist, daß der dritte Schuldner nicht mehr direkt an den ursprünglichen Gläubiger, eben den judgment debtor, bezahlen darf. Hat der angezeigte Drittschuldner, der garnishee, Einwendungen gegen diese Beschlagnahme zu erheben, so muß er dies innerhalb der ihm gesetzten Frist beim Master tun.

Erhebt der garnishee keine Einrede, sei es, daß er nicht vor dem master erscheint oder sonst seine Verpflichtung nicht bestreitet, auch den geschuldeten Betrag nicht sofort in die Gerichtskasse zahlt, so kann der master eine Vollstreckungsorder gegen ihn erlassen, ohne weiteren writ und ohne irgendwelches Prozeßverfahren, so daß der geschuldete Betrag zugunsten des Urteilsgläubigers bezogen werden kann.

Erscheint der garnishee oder sein Vertreter vor dem master und bestreitet er seine Verpflichtung, so wird der master statt dem Begehren auf Vollstreckung Folge zu geben, verfügen, die Streitfrage müsse im ordentlichen Verfahren entschieden werden (Order XLV., rr. 3, 4).

Bezahlung an die Gerichtskasse und Vollstreckung beim garnishee haben die gleiche Wirkung, wie wenn der garnishee direkt den ursprünglichen Gläubiger bezahlt hätte.

Vollstreckung in Lohnguthaben, Dividenden und ähnlichen Forderungen ist erst möglich, wenn sie fällig sind. Einige Forderungen können überhaupt nicht gepfändet werden, so Lohnguthaben von manual workmen.

IX. Verhaftung des Schuldners; attachment of the debtor. Lautet das Urteil dahin, daß der Schuldner irgendwelche Handlung vorzunehmen hat, die nicht in Geldzahlung besteht, Beseitigung einer nachbarlichen Störung usw.; wie z. B. Befehl zum Niederreißen einer Mauer, die dem Kläger Licht entzieht, oder wird im Urteil verfügt, daß jemand eine Handlung unterlasse, so kann gegen die Person des Pflichtigen wie auch gegen sein Vermögen Vollstreckung erfolgen, und zwar gestützt auf Order XLII., r. 7.

Absichtlicher Ungehorsam, welcher in der Weigerung des Pflichtigen besteht, wird als Contempt of Court behandelt und wird by stringent process, d. h. in scharfem summarischen Verfahren geahndet. Eine Abschrift des Urteils wird der schuldigen Person persönlich zugestellt, entsprechend den Formvorschriften von Order XLI., r. 5. Ist die im Urteil oder in der order angesetzte Frist zur Erfüllung oder Unterlassung verstrichen, so wird ein writ of attachment ausgestellt, mit dem Befehl an den Sheriff, die schuldige Person zu verhaften und vor das Gericht zu bringen, damit sie sich wegen der Mißachtung des gerichtlichen Befehls — wegen contempt of Court — verantworte.

Dieser writ ist nur möglich mit Bewilligung des Gerichtes. Order XLIV., r. 2.

Hält sich der Pflichtige außerhalb des Zuständigkeitsbereiches des Gerichtes auf, so kann der writ nicht vollstreckt werden.

Die so verhaftete Person hat regelmäßig so lange im Gefängnis zu bleiben, bis sie „has purged his contempt by doing the act required".

X. Besteht die Verpflichtung einer Person in der **Errichtung einer gesiegelten Urkunde,** eines deed, so kann das Gericht anordnen, daß eine vom Gericht bezeichnete Person als Vertreter der widerstreitenden Partei die Urkunde ausfertige und unterschreibe, und zwar mit gleicher Wirkung, wie wenn die Errichtung der Urkunde durch die pflichtige Partei selbst erfolgt wäre.

XI. Ein Urteil, das auf Bezahlung von Geld in die Gerichtskasse lautet, kann in einigen Fällen **by attachment** vollstreckt werden, aber allgemeiner noch durch einen **writ of sequestration** (Order XLII., r. 4). Dieser writ ist an Personen gerichtet, welche sequestrators heißen. Es wird ihnen befohlen, Besitz von einem Vermögensstück zu nehmen, es zu sequestrieren, wenn die pflichtige Person sich weigert, freiwillig den Besitz aufzugeben. Die Sequestrators sind auch ermächtigt, allen Nutzen aus einem Grundstück, Rentenzahlungen usw. aus dem ganzen Immobiliarbesitz einzuziehen „until the contempt is cleared".

Zweite Abteilung.

Das Verfahren vor der Chancery Division.

Man hat zu unterscheiden zwischen Prozessen, welche mit der Zustellung eines writ of summons beginnen, und solchen, die einen anderen Anfang nehmen.

Erstes Kapitel.

Prozesse, die durch Zustellung eines writ eingeleitet werden.

I. Allgemeines. In den allgemeinen Zügen ist dieses Verfahren gleich wie vor der King's Bench Division. Es kann deshalb auf S. 34ff. verwiesen werden. Hier soll nur von den Besonderheiten des Verfahrens vor der Chancery Division gesprochen werden.

Schon bevor der writ zugestellt wird, muß ein Richter der Chancery Division als der prozeßleitende Richter bezeichnet werden, was durch einen Beamten des Writ Department auf dem writ notiert wird.

Später eingehende Prozeßschriften, Eingaben usw., welche dieselbe Erbschaftsverwaltung, denselben Trust oder dieselbe Liquidation einer company betreffen, werden dem gleichen Richter überwiesen, und zwar by certificate (Order V., r. 9 (e)).

Der Text auf der Rückseite eines jeden writ of summons wechselt nach der Natur des equitable relief, d. h. nach der Art der Rechtshilfe, die das Gericht gewähren soll. Sie ist gar mannigfaltiger Art und entspricht in großen Zügen der Rechtshilfe, die schon früher die Gerichte des Billigkeitsrechtes, der Equity, geleistet haben. Doch ist der Geschäftskreis der Chancery Division heute ausgedehnter, da dieses Gericht nun auch nach gemeinem Recht entscheiden kann.

Es handelt sich bei den Rechtsfällen, die dieser Gerichtsabteilung zugewiesen werden, meistens weniger um Streitigkeiten, welche eine umständliche öffentliche Verhandlung mit Beweisaufnahme nötig machen, sondern um die Anordnung von rechtlichen Maßnahmen, die nicht zur sog. streitigen Gerichtsbarkeit gehören, vielmehr nach Anhörung der interessierten Parteien, oft nur einer Partei, des Gesuchsstellers, gleich mit einer gerichtlichen Verfügung erledigt werden. Ganz besonders geschieht dies durch die Befehle des Richters, Gebote und Verbote, den injunctions.

Beispiele (vgl. auch oben S. 44ff.). Hierher gehören Gesuche auf Rechnungsvorlage zum Zwecke der Abrechnung unter Gesellschaftern, partners, auf Ausführung von Vorschriften in Treuhandurkunden, Aufhebung und Richtigstellung von Vertragsurkunden, effektive Erfüllung durch andere Leistungen als Geldzahlungen. Dahin gehören auch viele Transaktionen im Grundstück- und Liegenschaftenverkehr, Einsetzung von Vermögensverwaltern, namentlich auch bei Todesfällen, die Bezeichnung von receivers, Sequesterpersonen für die Verwahrung von Gütern, die im Streite liegen, zum Einzug von Geldern und Entgegennahme anderer Leistungen.

Den meisten Gesuchen auf dem Gebiete solcher rechtlicher Interessen kann ohne weiteres durch den Richter oder durch seinen Stellvertreter, dem master, sofort „in chambers" entsprochen werden, und zwar ohne Beweisaufnahme, so daß auch das Bedürfnis nach einer Jury dahinfällt, wenn es doch zu einer Verhandlung in open court kommen sollte.

Die Gesuchsteller führen den Beweis regelmäßig durch die von ihnen selbst oder durch „Zeugen" unterschriebenen affidavits sowie andere Urkunden.

Im Verfahren vor dem Chancery Gericht, gibt es wegen Nichteinlassung auf den writ kein Versäumnisurteil (no judgment in default of appearance to the writ). Dagegen hat der Kläger dem Gericht sein affidavit über die richtige Benachrichtigung der Gegenpartei sowie ein statement of claim, eine schriftliche Klagebegründung, einzureichen. Summons of directions (siehe oben S. 50) fallen außer Betracht.

Bei ausgebliebener defence (Beantwortung durch den Beklagten) wird der Kläger oder Gesuchsteller ein Urteil erwirken können (vgl. oben S. 42 und 97).

II. Representative proceedings. Vertretung der Parteiinteressen durch eine von mehreren Personen, welche gleiche Interessen zu wahren haben.

Stehen bestimmte Interessen mehreren Personen gleichzeitig zu, wie z. B. mehreren Erben oder mehreren Benefiziaren einer Treuhand, so kann eine dieser Personen allein für sich und für alle anderen Mitinteressenten klagen, andererseits aber auch von einem Testamentsverwalter, Testamentsvollstrecker oder trustee mit Wirkung für alle Interessenten verklagt werden.

Es steht im Ermessen des Gerichtes, zu verlangen, daß auch diejenigen Personen, für welche zunächst nicht geklagt wurde, als Parteien am Prozeß teilnehmen.

Das Gericht kann für unbekannte Interessenten, die als Prozeßpartei teilnehmen sollten, einen Vertreter bestellen. Eine solche gerichtliche Verfügung heißt „representation order".

Die trustees (Treuhänder), Testamentsvollstrecker (executors) und Erbschaftsverwalter (administrators) gelten als Vertreter ihrer Benefiziare, ob sie nun die Rolle des Klägers oder des Beklagten spielen. Doch kann das Gericht jederzeit verlangen, daß auch die Benefiziaren als Parteien am Prozeß teilnehmen.

III. Vorsorgliche Maßnahmen. Interlocutory relief. Bevor die pleadings beginnen, ist oft vorläufiger Rechtsschutz nötig.

Writs specially indorsed nach rule 6 sind in der Chancery Division ungewöhnlich, denn solche Prozesse werden regelmäßig in der Kings Bench Division begonnen. Deshalb sind Gesuche gestützt auf Order XIV, welche sehr oft in der King's Bench Division vorkommen, in der Chancery Division von größter Seltenheit (vgl. oben S. 48).

Sehr häufig sind aber in der Chancery Division interlocutory motions for temporary relief, Gesuche auf vorläufigen Rechtsschutz, auf vorsorgliche Maßnahmen. Meistens gehen sie darauf aus, einen Befehl, eine injunction, gegen eine andere Person oder die Bestellung eines unparteiischen Sachwalters, eines receiver, zur Wahrung irgendwelcher Interessen zu erwirken.

Interlocutory relief wird gewährt entweder

a) upon an ex parte motion, d. h. auf ein einseitiges Gesuch eines Interessenten, ohne daß einer Gegenpartei Gelegenheit geboten wird, ebenfalls vor Gericht zu kommen;

b) upon a formal notice of motion, d. h. nachdem der Gegenpartei Kenntnis von dem Gesuche gegeben wurde, so daß sie Gelegenheit hatte, ebenfalls vor Gericht ihre Interessen zu wahren.

Zu a) Die vorsorgliche Verfügung ex parte wird nur in dringenden Notfällen gegeben, wenn der Gesuchsteller den Richter davon überzeugt, daß ein Zuwarten nicht wieder gutzumachende oder andere ernste Schädigung zur Folge hätte. Eine solche gerichtliche Verfügung heißt interim order (Consolidation Act, 1925, s. 45), da sie nur vorübergehend Rechtshilfe gibt, nämlich bis zum ersten Tag, an welchem eine formelle Bekanntgabe an die Gegenpartei möglich ist.

Derartige Begehren auf Erlaß einer interim order können unmittelbar, nachdem der writ ausgegeben wurde, nicht aber vorher, gestellt werden. Die Behauptungen des Gesuchstellers müssen in der Form eine affidavit glaubhaft gemacht werden. Bei solchen Fällen von offenbarer Dringlichkeit wird es mit dem Beweis nicht streng genommen. Es werden oft auch affidavits genügen, bei welchen auf bloßes Hörensagen (hearsay affidavit) abgestellt wird, wie z. B. wenn der solicitor auf einen Brief oder ein Telegramm verweist, das er von seinem Klienten erhalten hat.

Gegen ungehöriges, schädigendes Vorgehen ist der abwesende Gegner des Gesuchstellers dadurch geschützt, daß der Gesuchsteller ein „undertaking in damages", d. h. ein feierliches Versprechen abgeben muß, daß er für allen Schaden aufkommen wird, der seinem Gegner dadurch erwachsen sollte, daß er grundlos und böswilligerweise in seinen Rechten verletzt würde.

Das Gesuch auf eine ex parte order wird in open Court gestellt, und zwar vor dem Richter, welchem die Sache zur Behandlung überwiesen ist,

Zu b) In allen nicht-dringlichen Fällen wird eine interlocutory order nur gewährt, wenn ein ordentliches begründetes Gesuch zusammen mit dem writ oder nach der Einlassung auch ohne writ der Gegenpartei bekannt gegeben ist. Zwischen der Zustellung dieser Mitteilung an die Gegenpartei und der Verhandlung vor Gericht müssen mindestens zwei Tage liegen, es sei denn daß in bezug auf die Frist eine andere richterliche Verfügung oder eine Vereinbarung zwischen den Parteien vorliegt.

Der Antrag muß durch affidavit-Beweis gestützt sein. Gewöhnlich wird dem Beklagten eine besondere Frist eingeräumt, damit er Gelegenheit hat, ebenfalls in schriftlicher Eingabe einen Gegenbeweis anzutreten.

Es steht auch im Ermessen des Gerichtes, eine solche Frist überhaupt zu verweigern oder nur unter Bedingungen zu gestatten: z. B. unter der Bedingung, daß der Beklagte ein feierliches Versprechen (undertaking) abgibt, daß er bis zur weiteren Verhandlung das vom Kläger gerügte Verhalten unterlasse, daß er bestimmte gerügte Handlungen nicht unternehme usw.

Das Gericht kann die nachgesuchte Hilfe gewähren oder ablehnen. Wenn es klar ist, daß eine Verfügung nicht auf affidavit-Beweis oder nicht ohne pleadings (Schriftenwechsel) erfolgen kann, so wird der Richter die Verhandlung darüber bis zur öffentlichen Hauptverhandlung verschieben.

Oft liegt der Fall so, daß „justice can be done", d. h., daß die Erledigung des Gesuches, der motion, einen Streitfall definitiv beendigt, so daß es in der Hauptsache gar nicht mehr zu einer öffentlichen Hauptverhandlung, einem trial, kommt, selbst ein Schriftenwechsel, pleadings, nicht mehr nötig ist. Eine solche Lösung tritt auch ein, wenn die Parteien zustimmen, immerhin etwa unter dem Vorbehalt, die affidavit-Zeugen doch noch ins Kreuzverhör zu nehmen.

Die Parteien können sich auch dahin einigen, daß über das Gesuch, die motion, erst an der öffentlichen Hauptverhandlung entschieden wird.

In allen Fällen der interlocutory injunction, d. h. einer Zwischenverfügung, durch die etwas geboten oder verboten wird, wird der Kläger eine undertaking in damage geben müssen, d. h. die Verpflichtung übernehmen, den Schaden zu tragen, der dem Gegner entsteht, wenn das Gericht schließlich zu Ungunsten des Gesuchsstellers entscheiden würde. Es ist die gleiche Garantie, die bei einem ex parte-Gesuch verlangt wird. Siehe oben S. 125.

Das Begehren auf eine interlocutory injunction wird in open Court beurteilt. Die Parteien müssen entweder persönlich erscheinen oder durch einen Counsel vertreten sein, keineswegs bloß durch einen solicitor (Order LII).

IV. Summons for directions (prozeßleitende Verfügungen).

Über den summons for directions siehe oben S. 50.

Wie bei Prozessen vor der King's Bench Division kann der Kläger auch vor Chancery Division nach erfolgter Einlassung des Beklagten eine injunction oder die Ernennung eines receiver verlangen. Bevor er aber irgendwelche weiteren Schritte tut, muß er ein Summons for directions eingeben (Order XXX).

Wie vor der Bench Division, werden particulars, interrogatories, inspection of documents, inspection of real or personal property, commissions, examination of witnesses (Order XXX., r. 2) zugelassen, vgl. S. 81ff.

V. Pleadings (Schriftenwechsel). Das Verfahren ist gleich wie vor der King's Bench Division. Unterläßt der Beklagte eine Klageantwort, so wird die Darstellung des Klägers als wahr angenommen und der Kläger kann durch ein Gesuch ein Urteil erwirken.

VI. Trial (Hearing) and Evidence, die öffentliche **Hauptverhandlung und das Beweisverfahren.** Die öffentliche Verhandlung geht in gleicher Weise vor sich wie vor der King's Bench Division. Doch wird keine Jury zugezogen. Sodann gibt es besondere Prozeßvorschriften in bezug auf die Verhandlung on affidavit (mit gewissen Bestimmungen in bezug auf die cross-examination) in allen Fällen, da sich die Parteien schriftlich mit einer Erledigung gestützt auf affidavits einverstanden gegeben haben (Order XXXVIII., rr. 25—30). Solche Prozesse sind dann in die Gruppe der in den *cause lists* als „*non-witness actions*" bezeichneten Prozesse einzureihen. Doch kommen in der Praxis solche Vereinbarungen selten vor.

VII. Urteil (judgment). Das Urteil bei der Bench Division ist einfacher, denn es handelt sich dort regelmäßig bloß um die Zusprechung einer bestimmten Geldsumme oder des Besitzes von bestimmtem Land oder bestimmten beweglichen Sachen. Deshalb ist in der Bench Division die Praxis des „signing judgment" oder der „order giving leave to sign judgment" möglich.

Solche Urteile gibt es bei der Chancery Division nicht.

In der Chancery Division wird die Entscheidung des Gerichtes, ob sie ausgesprochen werde an der öffentlichen Gerichtsverhandlung (trial) oder on motion for judgment or otherwise, in einer besonderen Urkunde sorgfältig redigiert.

Auf einseitigen Antrag (on motion) einer Partei wird ein Urteil erlangt

a) in default of defence, mangels einer Klageantwort oder

b) on admissions in the pleadings, gestützt auf Anerkennung der Klage im Schriftenwechsel.

Der Registrar, welcher bei der Verhandlung im Gericht anwesend ist, notiert das Urteil in sein Buch. In schwierigen Fällen veranlaßt der Richter auch, um den Registrar zu unterstützen, den junior counsel des

Klägers, einen Entwurf der Entscheidung, gestützt auf die mündliche Verkündung des Richters, aufzusetzen. Auf alle Fälle bestellt nun der solicitor der obsiegenden Partei das Urteil, indem er dem Registrar des Counsel's brief, versehen mit der Notiz über die Entscheidung und mit den Aufzeichnungen übergibt, die auf Veranlassung des Richters niedergeschrieben wurden. Der Registrar entwirft darauf unter Mitbeteiligung der Solicitors seinerseits ein Urteil und stellt seinen Entwurf jedem Solicitor der Parteien zu. Sind diese damit nicht einverstanden, so können sie den Entwurf noch dem Richter vorlegen, der endgültig die Fassung des Urteils oder der Order bestimmt.

Darauf kommt es zur Originalausfertigung des Urteils — the judgment or order is passed —, d. h. das Urteil wird ins Reine geschrieben, gehörig gesiegelt und nochmals geprüft und mit den Initialen des Registrars versehen. Erst jetzt wird das Urteil im Central Office eingetragen und es erfolgt die Zustellung eines amtlichen Duplikates an den Solicitor der obsiegenden Partei.

Alle orders der Chancery Division werden so ausgeführt. Nur wenige ganz einfache prozessuale Verfügungen sind davon ausgenommen.

Die Praxis dieser Gerichtsabteilung geht dahin, daß genau festgestellt wird, wer das Gesuch gestellt hat und in Anwesenheit welcher Partei eine order erlassen wurde.

Bevor ein Urteil gesprochen wird, ist es oft nötig, besondere Verfügungen zu treffen in bezug auf Rechnungslegung oder Nachforschungen anderer Art. In einem solchen Falle verschiebt der Richter seinen Entscheid, bis er in bezug auf diese Rechnungen und Nachforschungen oder Untersuchungen näheres weiß.

VIII. Verfahren bei Vorlage und Prüfung von Rechnungen, Festsetzung von Vermögen und andere Feststellungen. Sehr oft wird der Richter nicht in der Lage sein, ein Endurteil zu sprechen, wenn er auch grundsätzlich ein Klagebegehren ganz oder teilweise schützen will. Das ist der Fall, wenn es sich um komplizierte Abrechnungen und Vermögensaufstellungen handelt, wie bei Feststellung der Aktiven und Passiven eines von einem Verstorbenen hinterlassenen Vermögens, Abrechnungen und Feststellungen in bezug auf Treugut. Gläubiger, Erben und Benefiziare stellen das Begehren auf Aushingabe von solchem Vermögen oder der Einkünfte daraus oder auch auf bloße Rechnungsstellung durch die Vermögensverwalter, receivers usw. Zunächst ist oft festzustellen, wie groß dieses Vermögen ist, ob es (wie im Falle einer Erbschaftsliquidation) überhaupt solvent ist.

In solchen Fällen verschiebt der Richter sein Urteil bis alle erforderlichen Feststellungen an Hand der Bücher, eventuell durch Zeugen, Gläubiger (letztere müssen oft durch die Zeitungen zur Bekanntgabe und Anmeldung ihrer Forderungen veranlaßt werden) definitiv vorliegen.

Die Partei, in deren Interesse diese Feststellungen liegen, stellt das Begehren, ein „summons to proceed“ auf eine order, welche die Rechnungslegung und die erforderlichen Feststellungen und Ausrechnungen, Schätzungen usw. verfügt (Order LV., rr. 32—37).

Darauf wird der Master alle weiteren Schritte tun, um die Feststellungen zu machen. Er sammelt das ganze hierfür erforderliche Material.

Sind auf einer Seite mehrere Personen, die das gleiche Interesse haben, so kann er verlangen, daß sie alle durch den gleichen Solicitor vertreten werden. Die bezügliche order heißt „classification order“. Dieser eine Solicitor wird regelmäßig der Vertreter der Partei sein, welche das Hauptinteresse hat, „which has the conduct of the action“.

Diese Order hat die Wirkung, daß eine Person, welche gleichwohl ihren eigenen besonderen Solicitor beibehalten will, dies zwar tun darf, aber nur auf ihre eigenen Kosten.

Ein Beispiel aus der Praxis ist die Klage eines Gläubigers einer verstorbenen Person gegen den Testamentsvollstrecker. Der Gläubiger hat namentlich bei einer Hinterlassenschaft, durch welche nicht alle Schulden des Verstorbenen gedeckt sind, ein Interesse daran, daß der Executor nicht andere Gläubiger zu seinem Nachteil vorzieht. Der klagende Gläubiger verlangt zunächst eine order for administration, indem er den Nachweis liefert, daß er eine Forderung an den Verstorbenen hat, die noch immer nicht bezahlt ist.

Der Richter verfügt darauf, daß der Master die erforderlichen Feststellungen vorzunehmen hat und zwar darüber:

a) welches das Vermögen war, welches der Verstorbene besessen hat,

b) welche Schulden zur Zeit seines Todes noch vorhanden waren,

c) welche Schulden seit seinem Tode bezahlt worden sind,

sowie alle weiteren erforderlichen Feststellungen.

Darauf wird das Vermögen liquidiert werden, Schulden und Kosten der Liquidation werden bezahlt und der Rest, wenn noch ein solcher vorhanden ist, wird dem beklagten executor ausgehändigt.

In den meisten Fällen, da ein Gläubiger eine Verfügung zur Feststellung und Liquidation des Vermögens eines verstorbenen Schuldners erlangt hat, wird es sich indessen herausstellen, daß die Verlassenschaft insolvent ist. Sie wird darauf so verwaltet wie eine Konkursmasse.

Das Ergebnis der Untersuchungen und Feststellungen legt der master in einer Urkunde nieder, the Master's General Certificate. Sein Entwurf wird in the Master's Chambers in Gegenwart aller Partei-Solicitors aufgesetzt. Schließlich wird die Reinschrift des Certificate, das engrossment, vom Master unterschrieben und beim Central Office hinterlegt. Jede Partei, welche damit nicht einverstanden ist, kann innerhalb 8 Tagen durch summons das Begehren auf Änderung stellen. Geschieht dies nicht, so wird das Certificate für alle beteiligten Parteien rechtsverbindlich. In erster Linie ist der Master selbst zuständig, auf dieses Änderungsgesuch einzugehen. Regelmäßig wird er es aber dem Gericht zur Entscheidung in der Hauptverhandlung überweisen.

Entsprechend ist das Verfahren, wenn ein Testament bestimmt, daß das Vermögen an einen Treuhänder übergehen soll, damit er es liquidiere, verkaufe, die Schulden bezahle, und den Rest des Kaufpreises bestimmten Benefiziaren übergebe. Diese begünstigten Personen sind ebenfalls berechtigt, an die Chancery Division zu gelangen, genaue Abrechnung und nötigenfalls Ersetzung des Treuhänders durch eine andere Person zu verlangen.

IX. Receivers; Sachwalter, Sequester. Das Gericht bezeichnet auf Verlangen einer interessierten Person, des Klägers oder des Beklagten oder beider Parteien, einen unparteiischen Sachwalter, einen receiver, der die im Streit liegenden Vermögensobjekte in Verwahrung zu nehmen oder sonst die Rechte der im Streite liegenden Parteien auszuüben hat, wie z. B. durch Bezug von Gewinnen, Einkünften, Zinsen, eines Kaufpreises. Die Partei, welche die Bestellung verlangt, wird regelmäßig eine Kaution zu stellen haben, ein Garantieversprechen (undertaking), wie dies auch von der Vertrauensperson verlangt werden kann, welche das Amt übernimmt. Sehr oft wird die Sicherheit durch eine garantee society geleistet.

X. Vollstreckung; execution. Die Vollstreckung von Verfügungen und Urteilen der Chancery Division erfolgt durch dieselben Mittel wie bei Entscheidungen der King's Bench Division. (Siehe oben S. 116 ff.)

1. Attachment (Verhaftung und Gefängnisstrafe) wegen contempt of Court (Mißachtung des Gerichtes) kann in folgenden Fällen verhängt werden:

Wegen Ungehorsam, Mißachtung eines judgment oder einer Order, die dem Schuldner aufgab, eine Geldschuld innerhalb einer bestimmten Frist zu zahlen.

Beispiele:

a) Wenn ein Treuhänder oder eine andere Person, welche als Vertrauensperson fiduziarisch tätig war, es unterläßt, Gelder auszuzahlen, obwohl ihr dies gerichtlich befohlen wurde,

b) wenn ein attorney oder solicitor zur Zahlung von „costs" verurteilt wurde wegen seines unkorrekten Verhaltens (misconduct) oder wenn verfügt wurde, daß eine solche Person in ihrer Eigenschaft als „officer of the Court" zahlen sollte.

c) Wegen Mißachtung eines gerichtlichen Befehles, sei es eine Order oder ein Judgment, bei welchen es sich nicht um eine Geldleistung, sondern um eine andere Leistung oder um ein Unterlassen handelt.

d) Wenn jemand einen receiver, z. B. einen Konkursverwalter, oder einen Gerichtsbeamten, z. B. einen Gerichtsvollzieher, Sheriff, böswillig daran hindert, ihre Aufgabe zu erfüllen.

e) Bei böswilliger Benachteiligung der Interessen von „wards of court", d. h. von Minderjährigen, deren Vormund vom Gericht bestellt wurde oder über deren Vermögen ein Prozeß anhängig ist (siehe CURTI, Bd. I, S. 73).

Diese Liste ist nicht erschöpfend. So kann der Richter auch in allen Fällen, bei denen es sich um Nicht-Beachtung von Verfügungen oder Endurteilen, insbesondere gerichtlichen Befehlen, injunctions, handelt, schließlich die schuldige Person verhaften lassen. Ein solches Zwangsmittel besteht auch gegenüber Direktoren oder anderen Beamten einer company (Aktiengesellschaft), wenn Verfügungen, welche an die Gesellschaft gerichtet sind, mißachtet werden.

2. Charging order. Diese Verfügung bezweckt die Festlegung von Vermögen, Werttiteln, die im Streite liegen, auch von Anteilen an companies und partnerships, deren Rechtslage während eines Prozesses nicht geändert werden soll. Der Master kann auf einseitiges Gesuch eine solche Verfügung bedingt erlassen, als order nisi, indem der Partei, welche von ihr betroffen wird, Gelegenheit gegeben wird, dagegen Einsprache zu erheben. Erfolgt keine Einsprache, so wird die Verfügung absolut. Sonst entscheidet der Master, ob die dagegen erhobenen Einreden genügen, um die Verfügung aufzuheben. Damit die Einkünfte durch Gewinne aus solchen Vermögen nicht ausbezahlt werden, kann noch eine besondere stop order verlangt werden.

3. Durch eine sog. *distringa notice* kann jemand, welcher ein besseres Recht an *Aktien oder Obligationen* zu haben glaubt als diejenige Person, auf deren Namen diese Papiere in den Büchern der Aktiengesellschaft eingetragen sind, verhindern, daß diese Person durch eine Übertragung darüber verfügt, oder daß die Gesellschaft Zinsen oder Dividenden auszahlt. Wenn eine solche notice beim Central Office des High Court eingetragen wird und der Gesellschaft mit einer Abschrift des dem Gerichte eingereichten affidavit bekanntgegeben wird, hat sie die Wirkung, daß die Gesellschaft in keiner Weise über diese Papiere verfügen lassen darf, ohne vorher der Partei, von welcher diese notice ausgeht, Gelegenheit gegeben zu haben, ihren Anspruch geltend zu machen Geht eine Mitteilung über eine beabsichtigte Verfügung über diese Papiere ein, so kann der Interessent beim Gericht zunächst einen Befehl, eine injunction, erwirken (Order XLVI., rr. 3, 4, 10).

4. Equitable execution, Vollstreckung nach Billigkeitsrecht.

Dieses Verfahren besteht darin, daß der Master ersucht wird, einen Sachwalter, receiver, zu bezeichnen. Doch geschieht dies nur dann, wenn eine legal execution, eine Vollstreckung nach gemeinem Recht, nicht möglich ist, z. B. wenn der Schuldner nicht im Besitz des Landes ist, an welchem ein Recht geltend gemacht wird, und er nur ein equitable interest daran hat, wie bei einem Treuhandvermögen, oder bei einer equity of redemption, oder wenn der Gläubiger darauf ausgeht, das Sondervermögen einer verheirateten Frau für seine Forderung in Anspruch zu nehmen.

Der receiver ist berechtigt, die Einkünfte, rents and profits, einzuziehen, und wenn es sich um ein Grundstück handelt, so besteht die Möglichkeit, daß das Recht daran verkauft wird.

Das Gericht wird keinen receiver ernennen, wenn keine Einkünfte zu erwarten sind, wie im Falle einer „reversion on a life estate".

In reversions und remainders, welche keine Einkünfte abwerfen, kann keine Vollstreckung erfolgen. Es ist nur möglich, den Schuldner in den Konkurs zu bringen, so daß sein Recht durch den Konkursverwalter im Interesse aller Gläubiger verkauft wird.

Zweites Kapitel.

Rechtliche Gesuche, die auf andere Art als durch writ of summons vor Gericht gebracht werden.

Es kommen hier insbesondere originating summons, originating motion und petition in Betracht.

I. Originating Summons. Definition und allgemeine Regeln der originating summons sind schon oben auf Seite 43ff, gegeben. Es sei darauf verwiesen.

Die originating summons, also Gesuche und Eingaben an den Richter, mit Umgehung eines writ of summons, sind zuerst in der Chancery Division eingeführt worden und haben auch heute noch bei dieser Rechtsabteilung des High Court eine überwiegende Bedeutung. Das ist besonders der Fall bei Erledigung vieler Einzelfragen, die im Zusammenhang mit der Verwaltung einer Erbschaftsliquidation, eines estate, oder eines Treuhandvermögens stehen.

Diese originating summonses werden vor allem dann zugelassen, wenn jemand Auslegung einer Urkunde, ihrer daraus hervorgehenden Rechte oder Feststellung anderer Rechte durch das Gericht wünscht.

Beispiele von originating summonses:

1. Angelegenheiten, welche sich auf das hinterlassene Vermögen eines Verstorbenen beziehen oder auf Treuhandvermögen, z. B.

a) alle Fragen, welche die Rechte oder Interessen von Personen betreffen, welche behaupten, Gläubiger, Vermächtnisnehmer oder Erben zu sein, oder auch Benefiziare eines Treuhandvermögens;

b) die Rechnungsstellung von Testamentsvollstreckern, Erbschaftsverwaltern oder Treuhändern;

c) die Zahlung von Geldern der genannten Personen an die Gerichtskasse.

2. Die Fragen, welche foreclosure und redemption bei Hypotheken betreffen;

3. Gesuche in bezug auf die Vormundschaft und den Unterhalt von Kindern.

Form des Verfahrens. Werden *originating summonses* aus hingenommen, so teilt sie das Writ Department des Central Office sofort einem bestimmten Richter der Chancery Division zu.

Wenn in diesen Fällen keine Einlassung des Beklagten erforderlich ist, so wird sofort der Tag, an welchem die Verhandlung stattfinden soll, auf dem summons eingetragen und mit dem Siegel des Masters versehen.

Wenn aber eine Einlassung nötig ist, so kann der Gerichtstag — the date of return, the return day — erst festgesetzt werden nach erfolgter Einlassung oder wenn die Frist hierfür abgelaufen ist.

Die Verhandlung selbst — ob es sich um originating oder ordinary summons handelt — findet erstinstanzlich immer im Master's Chambers statt. Man sagt ,,every summons is returnable in the Master's chambers". Es ist der Master, der die Sache behandelt, selten einer seiner Unterbeamten und regelmäßig nicht der Richter selbst.

In einigen wichtigen Fällen kann allerdings der Master selbst nicht entscheiden, sondern muß die Angelegenheit einem Judge, sei es in chambers oder in open Court überweisen.

Ein Fall, der mit originating summons an das Gericht gelangt, wird regelmäßig in summarischer rascher Verhandlung ohne summons for directions entschieden.

II. Originating motion. Die motion ist ein beim Gericht vorgebrachtes Gesuch des Counsel und entspricht fast ganz der originating summons. Ein solches Gesuch, a motion, ist durch verschiedene Gesetze vorgeschrieben, um vom Richter vorsorgliche Maßnahmen zu erwirken. Darunter fallen u. a. Gesuche, die sich auf den Companies (Consolidation) Act, 1918, stützen, die dahingehen, daß das Verzeichnis der Aktionäre rektifiziert werde, ferner Gesuche, daß nachträgliche Eintragung von Verträgen und Hypotheken bewilligt werde; und nach dem Infants' Property Act, 1830, daß the surrender and renewal of leases vested in infants genehmigt werden.

In der Bekanntgabe der motion (notice of motion) müssen das Rechtsbegehren und die Namen der Parteien genau mitgeteilt werden. Das Central Office bezeichnet sofort den Richter, dem der Fall zugeteilt wird. Die Gegenpartei ist nicht zu einer Einlassungserklärung verpflichtet. Doch muß ihr das Begehren bekanntgegeben werden.

Die motion wird in open Court verhandelt.

III. Petition. Die petition in der Chancery Division ist ein schriftliches Gesuch an das Gericht in besonderen Fällen, so wenn es sich darum handelt, die Liquidation einer Company (Aktiengesellschaft) zu verlangen; ferner bei Rechtsfragen, die aus Treuhandverwaltungen entstehen, wenn das Vermögen mindestens £ 1000 beträgt. Eine Petition ist auch das Gesuch auf Eröffnung des Konkurses.

Die petition wird dem Bureau des Registrars der Chancery Division eingegeben, welcher den Richter, der die Sache zu behandeln hat sowie den Tag der Verhandlung in open Court bezeichnet.

Die erforderlichen Beweise werden durch affidavits geleistet.

Dritte Abteilung.

Das Verfahren vor der Probate, Divorce and Admiralty Division.

Erstes Kapitel.

Das Verfahren vor dem Divorce Court in Ehesachen.

I. Übersicht. Über die Organisation und Zuständigkeit der Divorce, Probate und Admiralty Division siehe oben S. 21.

Das Verfahren in Ehesachen ist durch die Matrimonial Causes Rules, 1924, geregelt, ergänzt durch die Rules des Supreme Court.

Der Prozeß beginnt mit der Einreichung einer Klage, die in Ehesachen Petition heißt, mit dem Begehren auf Erlassung eines Urteils, eines decree (nicht judgment) zu folgender Bestimmung:

a) Wiederherstellung der ehelichen Rechte, restitution of conjugal rights,

b) Gerichtliche Trennung, judicial separation,

c) Nichtigkeitserklärung der Ehe, nullity of marriage,

d) Jactitation of marriage (siehe Curti, Bd. I, S. 56),

e) Erklärung der Legitimität oder der Gültigkeit einer Ehe, declaration of legitimacy,

f) Ehescheidung, dissolution of marriage, divorce.

Über alle diese Klagen handelt eingehender des Verfassers Buch „Englands Privat- und Handelsrecht", Bd. I, S. 41ff. Es sei darauf verwiesen.

Terminologie. Im Verfahren vor dem Divorce Court heißt der Kläger *petitioner*, die Klage *petition*, die beklagte Partei *respondent*, der mit-eingeklagte dritte Ehebrecher *co-respondent*, das Urteil *decree* und zwar *decree nisi*, so lange es nicht rechtskräftig und *decree absolute*, wenn es unanfechtbar geworden ist.

II. Das Verfahren. Ehesachen werden entweder vor dem High Court in London oder vor den Assizengerichten der einzelnen größeren Städte verhandelt. Macht ein Ehegatte Schadenersatzansprüche gegenüber dem schuldigen Dritten geltend, welcher mit der eingeklagten Frau Ehebruch begangen hat, so muß eine Jury zugezogen werden, welche den Entschädigungsbetrag festsetzt. Alle anderen Fälle werden durch einen Richter allein beurteilt, wenn nicht eine Partei verlangt, daß zur Beweiswürdigung eine common oder special jury zugezogen werde.

Die vorbereitenden prozeßleitenden Handlungen besorgt der Registrar, dem eine dem Master der King's Bench Division entsprechende Aufgabe zufällt, insbesondere, wenn es zu pleadings kommt über bestrittene Tatsachen.

Der Prozeß nimmt seinen Anfang mit einer von der klagenden Partei unterschriebenen Klageschrift, der Petition, an das Divorce Registry im Somerset House in London, unterschrieben von der klagenden Partei.

Diese Klageschrift muß enthalten:

1. Zeit und Ort der Heirat, Ort des seitherigen Zusammenlebens der Parteien,
2. Name und Alter der Kinder, die aus der Ehe hervorgegangen sind,
3. Wohnort (residence) des Ehemannes und Domizil der Parteien zur Zeit der Eingabe der Klageschrift,
4. Bekanntgabe allfälliger früherer Verfahren vor der Divorce Division,
5. Angabe des Klagegrundes (the matrimonial offences) Ehebruch,
6. genaue Angaben über Zeit, Ort und Person bei Ehebrüchen; wenn der Ehemann Kläger ist Angabe, der Personalien des Mannes, mit welchem die Frau Ehebruch beging, des sog. co-respondent, welcher auch miteingeklagt werden muß.
7. Höhe des Schadensersatzbetrages, welchen der Kläger vom co-respondent verlangt.

Die petition schließt mit dem Begehren, das Gericht solle die Scheidung der Ehe aussprechen und, wenn Kinder vorhanden sind, diese möchten der Obhut der klagenden Partei überlassen bleiben.

Der Inhalt dieser Klageschrift muß durch ein affidavit bezeugt werden, durch welches der Kläger oder die Klägerin beschwört, daß die ganze Darstellung der Wahrheit entspreche, daß es sich um Tatsachen handelt, die dieser klagenden Partei entweder persönlich bekannt sind oder daß sie an die Wahrheit der aufgestellten Behauptungen glaubt, soweit sie nicht aus ihrer direkten Kenntnis stammen.

Ferner muß im affidavit erklärt werden, daß zwischen den beiden Eheleuten in bezug auf diesen Prozeß kein geheimes Einverständnis besteht. Zufolge dessen ist es nach englischem Recht nicht möglich, die Ehe auf ein gemeinsames Begehren der Ehegatten zu scheiden, selbst wenn dies im absoluten Interesse beider Teile und vor allem auch der Kinder wäre. Gerade deshalb nehmen oft die Ehegatten zu der stetsfort wiederkehrenden Vereinbarung Zuflucht, nach welcher ein Ehegatte zugibt, Ehebruch begangen zu haben, obwohl dies nicht der Wahrheit entspricht. Zu einer solchen Vereinbarung nehmen die Ehegatten, welche Scheidung der Ehe wünschen, Zuflucht, wenn sie scheiden wollen, obwohl keiner dem anderen einen Ehebruch vorwerfen kann. Es mag auch vorkommen, daß einer der Ehegatten eine solche

Schuld auf sich nimmt, obschon der andere Teil ihm untreu war. Der Grund solcher Abreden ist eben darin zu suchen, daß nach englischem Recht die Ehe nur wegen Ehebruch geschieden werden kann.

So kommt es vor, daß ein Ehegatte seiner Frau etwa eine Hotelrechnung zustellt, nach deren Inhalt angenommen werden muß, der Mann habe mit einer anderen Frau Ehebruch begangen.

Die Petition mit einer Aufforderung, sich in den Prozeß einzulassen, muß dem beklagten Ehegatten, dem respondent, und seinem Mitschuldigem, dem co-respondent, persönlich zugestellt werden. Ist dies nicht möglich, so wird das Gericht um die Erlaubnis von substituted service, also einer Ersatzzustellung, gebeten (siehe darüber oben S. 36).

Nach der Zustellung der Petition an die beiden Beklagten haben sie ihre Einlassungserklärung sowie ihre Klageantwortschriften dem Divorce Registry einzugeben.

Wenn sie Einreden bringen, welche die klagende Partei belasten, oder wenn der co-respondent erklärt, daß er nicht wußte, daß die beklagte Frau verheiratet war, so ist darüber ein affidavit einzugeben.

Auch der beklagte Eheteil muß im affidavit erklären, daß zwischen den Parteien kein geheimes Einvernehmen in bezug auf den Prozeß besteht.

Enthält die Klageantwort Behauptungen, welche die klagende Partei belasten, so hat sie das Recht zu einer Reply.

Die beklagte Partei kann ihrerseits die Klage mit einer Gegenklage, einer cross-petition, beantworten.

Die Einreden gegen eine Scheidungsklage können auf 2 Gruppen verteilt werden:

1. solche, die den Richter unbedingt zur Abweisung der Klage zwingen — absolute bars —, nämlich:

a) Connivance, liegt vor, wenn der klagende Ehegatte zum voraus dem anderen seine Zustimmung zum Ehebruch gegeben hat;

b) Condonation, d. h. Verzeihung des ehebrecherischen Verhaltens durch den Kläger, obwohl dieser volle Kenntnis von dem ganzen Verhalten des beklagten Teils hatte. Bloßes Verzeihen in Worten genügt nicht; es gehört hierzu regelmäßig auch eine Wiederaufnahme der ehelichen Gemeinschaft.

c) Collusion. Diese liegt vor, wenn die Parteien eine Vereinbarung in bezug auf den Prozeß getroffen haben, um die materielle Wahrheit vor Gericht zu verschweigen, sei es, um Beweismittel zurückzuhalten oder Beweis anzubieten über Tatsachen, die nicht wahr sind. Das ist z. B. der Fall, wenn der beklagte Teil sich verpflichtet, auf die Klage überhaupt nicht zu antworten. Dagegen liegt nicht ohne weitere seine Collusion vor, wenn beide Teile ein Scheidungsurteil begehren.

Ein Vertreter des Staates, the King's Proctor, kann im Falle einer collusion intervenieren, sei es während des Prozeßverfahrens selbst oder nachher, solange das Urteil, welches zunächst bloß ein decree nisi ist, nach Ablauf von 6 Monaten nicht absolut wurde.

2. Einreden der beklagten Partei, die es dem Ermessen des Richters überlassen, ob er die Klage abweisen soll oder nicht — discretionary bars —; nämlich:

a) Ehebruch der klagenden Partei.

Es gibt Fälle, welche den Ehebruch verzeihlich erscheinen lassen. Das ist der Fall, wenn eine geschiedene Person, deren Scheidungsurteil zwar noch ein decree nisi, also noch nicht absolut ist, wieder heiratet in der Meinung, die Ehe sei schon so geschieden, daß er wieder heiraten dürfe. Ebenso wenn jemand wieder heiratet in der Überzeugung, der andere Eheteil sei schon gestorben.

Die Einrede des Ehebruches braucht natürlich auch nicht gehört zu werden, wenn die beklagte Frau durch ihren Mann, den Kläger, gezwungen wurde, das Leben einer Prostituierten zu führen.

b) Unangemessenes Warten mit Einreichung der Klage. Wenn ein Eheteil unbegreiflich lange mit Einreichung der Klage wartet, obschon ihm der Ehebruch des anderen Teils längst bekannt ist. Kann die Klagepartei indessen die Verzögerung gehörig begründen, so wird diese Einrede nicht gehört, z. B. mit Rücksicht auf das Interesse eines Kindes, vielleicht auch mit Rücksicht darauf, daß eine Partei vorher nicht die nötigen Geldmittel hatte, um zu klagen.

c) Cruelty der klagenden Partei. Unter cruelty braucht man nicht ohne weiteres bloß an Schläge oder andere gewalttätige Handlungen zu denken. Es gehört hierher Körperverletzung oder Schädigung der Gesundheit, oder ein solches Verhalten, das zu begründeter Furcht vor solchen Handlungen führt. Nach gerichtlichen Entscheidungen muß dieses Verhalten so gewesen sein, daß es den beklagten Teil geradezu zum Ehebruch getrieben hat, ihn jedenfalls eher begreiflich erscheinen läßt.

d) Desertion oder wilful separation. Bei dieser Einrede ist es nicht nötig, daß die böswillige Verlassung eine bestimmte Zeit, z. B. 2 Jahre gedauert hat.

e) Wilful neglect oder misconduct des klagenden Teils. Es ist nötig, daß diese Vernachlässigung und dieses üble Verhalten des klagenden Teils den Beklagten direkt zum Ehebruch getrieben haben.

III. Der Co-respondent. Eine dem englischen Recht charakteristische Besonderheit ist die Verpflichtung des klagenden Mannes, auch gleichzeitig mit der schuldigen Ehefrau den dritten Mann einzuklagen, welcher mit ihr den Ehebruch begangen hat. Nur wenn der Richter von dieser Pflicht besonders entbindet, kann davon abgesehen werden. Das ist z. B.

der Fall, wenn sich die Frau der Prostitution hingegeben hat. Verlangt der Ehemann von dem Dritten noch Schadenersatz, so muß immer eine Jury mitwirken.

Wird der Dritte des Ehebruches überwiesen, so verfügt das Gericht regelmäßig, daß er alle oder einen Teil der Kosten des Prozesses zu tragen hat, wenigstens wenn er zur Zeit, da der Ehebruch vollzogen wurde, wußte, daß er es mit einer verheirateten Frau zu tun habe.

Der co-respondent wird auch verpflichtet, dem klagenden Ehemann Schadenersatz zu zahlen „to compensate the petitioner for the loss or injury he has suffered" dadurch, daß sein Eheglück gestört wurde. Dabei wird in Betracht gezogen:

1. der Wert, welchen die Frau für ihren Mann hatte, sowohl in pekuniärem Sinn, indem sie dem Haushalt finanzielle und andere Dienste leistete, wie auch als Lebensgefährtin;

2. die Größe der Verletzung der männlichen Ehre und der männlichen Gefühle;

3. das Verhalten sowohl des Ehemannes als auch des co-respondent.

Auch die Frage des Ranges und des Vermögens des co-respondent ist nicht ganz unwesentlich, wenn vor allem die Stellung des dritten Ehebrechers die Frau verleitete, den Ehebruch zu begehen.

Eine Klage auf Schadenersatz gegen die dritte Person allein ist zulässig, wenn die Frau bei Einreichung der Klage schon gestorben war.

In bezug auf den co-respondent hängt die Zuständigkeit des Gerichtes weder von seinem Domizil noch von seiner Nationalität ab. Die Zustellung der Klage kann an ihn erfolgen, wo immer er sich aufhalten mag und das Urteil kann nach englischer Auffassung gegen ihn vollstreckt werden, wo immer er lebt, jedenfalls in England selbst.

IV. Alimony pendente lite (Unterhaltsbeiträge während des Prozesses). Das Gericht bestimmt, welche Unterhaltsbeiträge der Ehemann, sei er Kläger oder Beklagter im Scheidungsprozesse, der Frau zu zahlen hat. Die Frau kann, nachdem der Ehemann ihr die Klageschrift zugestellt oder nachdem er sich in den Prozeß eingelassen hat, das Gericht ersuchen, den Mann zu verpflichten, ihr Unterhaltsbeiträge während der Dauer des Prozesses — alimony pendente lite — zu zahlen. Es ist Sache des Registrars, darüber zunächst die erforderlichen Feststellungen zu machen. Der Ehemann kann einwenden, die Frau habe solche Unterstützungsgelder nicht nötig, da sie z. B. selbst ein Sondervermögen habe oder durch den co-respondent unterstützt werde, oder daß er, der Ehemann, selbst kein Einkommen habe, sogar Konkursit sei.

Der Registrar wird ihr aber so viel zusprechen, als er es nach den Umständen für richtig findet. Dieser Betrag wird gewöhnlich eine Summe sein, welche ein Fünftel des gemeinsamen Einkommens der Eheleute nicht übersteigt oder weniger, wenn das Einkommen des Ehemannes sehr groß ist. Die Frau kann höhere Beträge verlangen, wenn sie noch die Kinder erhalten muß. Dieser Unterstützungsbetrag muß bezahlt werden, bis das Urteil absolut rechtskräftig geworden ist, wenn die Frau im Prozeß obsiegt oder bis sie als der schuldige Teil erklärt wird. Doch kann der Richter auch im letzteren Fall verfügen, daß die Unterstützungsgelder weiter bezahlt werden müssen, solange eine eingereichte Berufung noch nicht erledigt ist.

Das Gericht kann jederzeit den Betrag dieser Unterstützungsgelder ändern, wenn sich die Umstände selbst ändern.

V. Ökonomische Folgen der Scheidung (maintenance). Nachdem das Urteil zugunsten der Frau gesprochen ist, aber innerhalb eines Monates nachdem es zunächst decree nisi geworden (mit der Verkündung des Spruches), kann das Gericht den Ehemann verpflichten, der Frau eine runde Summe Geldes oder eine lebenslängliche Rente zu leisten. Das Gericht wird dabei alle Umstände des konkreten Falles in Betracht ziehen. Wird eine Rente verfügt, so wird sie gewöhnlich ein Drittel des gemeinsamen Einkommens der Eheleute nicht übersteigen.

Regelmäßig erhält eine schuldige Frau nichts. Doch wird auch in einem solchen Falle das Gericht den Ehegatten verpflichten, bei ganz außergewöhnlichen Umständen der Frau kleine Unterhaltsbeiträge zu zahlen.

VI. Permanent alimony bei gerichtlicher Trennung. Eine Frau, welche ein Urteil auf gerichtliche Trennung erlangt hat, a decree of judicial separation, in Ausnahmefällen auch eine schuldige Frau, ist berechtigt, dauernde Verpflegungsgelder zu beanspruchen.

VII. Kinder, Custody of children. Das Gericht wird auch eine Entscheidung treffen über die Obhut, den Unterhalt und die Erziehung der Kinder aus der geschiedenen Ehe, bis sie volljährig geworden sind, also das Alter von 21 Jahren erreicht haben.

VIII. Decree nisi. Das Scheidungsurteil wird zunächst nur als ein decree nisi gefällt, d. h. unter der Bedingung, daß es nicht innerhalb 6 Monaten von irgendeiner Seite mit hinreichenden Gründen angefochten wird. Eine solche Einsprache kann der Vertreter der staatlichen Interessen, der King's Proctor, erheben. Gründe hierfür sind der Nachweis von collusion zwischen den Parteien (siehe oben S. 136). Verheimlichung wesentlicher Tatsachen vor Gericht, Ehebruch der klagenden Partei nach dem Datum des decree nisi. Liegt ein solcher Grund vor, so kann der King's Proctor verlangen, daß die Scheidungsklage abgewiesen werde.

Erfolgte keine solche Intervention, so kann die obsiegende Partei beim Registrar das Gesuch einreichen, daß das Gericht das Urteil nun zu einem absoluten, zu einem nicht mehr anfechtbaren decree absolute mache.

IX. Berufung. Eine Berufung ist nur möglich gegen ein decree nisi innerhalb 6 Wochen von seiner mündlichen Eröffnung an, und zwar ist der Court of Appeal das Berufungsgericht. Gegen den Entscheid des letzteren Gerichtes (aber nur im Falle der Ehescheidung, der Nichtigerklärung einer Ehe oder einer Legitimitätserklärung einer Ehe, declaration of legitimacy) ist noch eine weitere Berufung, die formell vom Court of Appeal zugelassen sein muß, an das House of Lords möglich, und zwar innerhalb 6 Monaten nach der Entscheidung des Court of Appeal, welche Berufung sich aber nur auf Rechtsfragen stützen darf.

X. Kosten des Scheidungsprozesses.

Eine Frau, ob sie Klägerin oder Beklagte ist, hat regelmäßig das Recht auf Ersatz der Prozeßkosten. Zunächst ist dies der Fall in bezug auf die Prozeßkosten vom Beginne des Prozesses an bis zu Beginn der Hauptverhandlung (dem trial), und zwar „taxed as between party and party" (siehe unten S. 156). Diese Auslagen müssen ihr vom Ehemann vor Beginn der öffentlichen Hauptverhandlung bezahlt werden. Wenn es zur Hauptverhandlung kommt, ist die Frau aber gewöhnlich auch berechtigt, von ihrem Ehemann zu verlangen, daß er entweder einen vom registrar festgesetzten Betrag in die Gerichtskasse zahle oder Sicherheit dafür leiste, und zwar soweit, als es nötig erscheint, ihre Auslagen für die Hauptverhandlung zu bestreiten. Gewinnt sie den Prozeß, so erhält sie alle ihre Prozeßauslagen ersetzt. Verliert sie, so wird der Richter regelmäßig verfügen, daß der Betrag, den ihr Ehemann bei der Gerichtskasse deponierte oder für welchen er Sicherheit leistete, an ihren solicitor bezahlt werde, es sei denn, daß sie eines „misconduct" (vor allem natürlich eines Ehebruches) schuldig befunden wurde. Bei besonderen Umständen kann der Richter indessen bestimmen, daß auch der schuldigen Ehefrau alle Prozeßkosten vom Ehemann ersetzt werden müssen, selbst wenn sie den in die Gerichtskasse bezahlten oder sichergestellten Betrag übersteigen.

Zweites Kapitel.

Das Verfahren vor dem Probate Court.

(Genehmigung von Testamenten und Bestellung von Erbschaftsverwaltern.)

I. Nichtstreitige Fälle. Stirbt jemand mit Hinterlassung von Vermögen in England, so muß nach englischem Recht ein „Vertreter" des Verstorbenen dieses Vermögen verwalten und liquidieren, der „personal representative". Hat der Verstorbene ein Testament hinterlassen und in diesem einen Testamentvollstrecker, executor, ernannt, so ist dieser der „representative". Doch muß das Testament dem Gerichte vorgelegt und um Genehmigung des Testamentes und der Ernennung des Testamentvollstreckers nachgesucht werden. Die gerichtliche Genehmigung heißt Probate.

In den meisten derartigen Fällen genügt es, daß der Testamentvollstrecker oder Interssent der Gerichtskanzlei, d. h. einem Registrar des Principal Probate Registry im Somerset House in London oder einem

District Registry anderswo das Testament vorlegt und in einem affidavit eine eidesstattliche Erklärung abgibt, daß das Testament der letzte Wille des Verstorbenen und der Gesuchsteller darin als Testamentvollstrecker bezeichnet sei.

(Siehe darüber Curti, Bd. I, S. 211ff.)

Der Registrar wird darauf regelmäßig ohne weiteres die Genehmigung, die probate in common form, erteilen, so daß der Testamentvollstrecker einen Ausweis über seine Rechte zur Ausübung seines Amtes erhält.

Ist kein Testamentvollstrecker ernannt worden, sei es, daß überhaupt kein Testament vorliegt, oder daß im Testament kein executor bezeichnet wurde, oder ein ernannter das Amt nicht angenommen hat oder unfähig dazu ist, oder vorzeitig starb, so muß das Gericht eine geeignete Person, als representative zum Verwalter des hinterlassenen Vermögens ernennen. Der so ernannte Verwalter heißt administrator. Er erhält vom Gericht als Ausweis die letters of administration. Zu diesem Amte wird gewöhnlich der ein bezügliches Gesuch stellende geeignete nächste Verwandte bestellt. Es kann aber auch, namentlich wenn es sich um eine insolvente Hinterlassenschaft handelt, ein Gläubiger sein. Siehe darüber eingehender bei Curti, Bd. I, S. 214ff.

Der Registrar des Gerichtes wird auch in solchen Fällen, wenn der Fall liquid erscheint, ohne weiteres die letters of administration der geeigneten Person gewähren.

II. Prozeßfälle. Es gibt 3 Gruppen von Prozeßfällen, die von der Probate Division zu entscheiden sind, nämlich:

1. Eine Klage, die darauf ausgeht, das Testament in feierlicher Form, ,,in solemn form'', d. h. durch Urteil, gerichtlich zu bestätigen.

2. die Klage eines Interessenten, die darauf ausgeht, daß ihm die letters of administration erteilt werden;

3. eine Klage, die den Widerruf der Genehmigung eines Testamentes und eines Testamentsvollziehers oder den Widerruf der bereits erteilten letters of administration an eine bestimmte Person bezweckt.

Für das Verfahren in diesen Prozeßfällen sind die Prozeßvorschriften der Probate Rules (Contentious Business), in Verbindung mit den allgemeinen Prozeßvorschriften (Rules) des Supreme Court maßgebend.

Die Klage ,,to prove a will in solemn form'' wird gewöhnlich durch den Testamentvollstrecker eingereicht, doch steht sie auch sonst irgendeiner im Testament bedachten Person zu.

Eine Klage auf Widerruf einer bereits in einfacher Form erteilten Probate bezweckt, die Person, welche probate erlangt hat, zur Vorlage und zum Beweise der Echtheit und Richtigkeit des Testamentes zu zwingen. So wird dieser Prozeß schließlich ein solcher, in welchem das Testament entweder ,,in solemn form'' als zurecht bestehend anerkannt oder aber als ungültig verworfen wird, sei es, weil dieser letzte Wille an sich ungültig ist oder weil ein anderes Testament mit Erfolg entgegengehalten wird, das an seiner Stelle nun in solemn form anerkannt wird und die probate erhält.

Eine action for a grant of administration, gewöhnlich „interest suit" genannt, wird erhoben, wenn der Kläger zum Erbschaftsverwalter ernannt werden will, eventuell aber andere Personen behaupten in erster Linie ein Anrecht darauf zu habeu.

Eine Klage auf Widerruf der letters of administration geht gegen die Person, welche bereits zum administrator ernannt worden ist. Die Klage bezweckt, ihn zu zwingen, seinen Rechtsanspruch auf dieses Amt als Interessent (zufolge Verwandtschaft, als Gläubiger usw.) nachzuweisen. Dieser Prozeß ist schließlich auch ein „interest suit".

III. Das Verfahren. Wenn irgend jemand, vor allem ein Verwandter, der einen Anspruch an dem hinterlassenen Vermögen hat, gegen die Gewährung der Probate oder der letters of administration an eine andere Person Widerspruch erheben will, so muß er im Haupt-Registerbureau in London oder in einem District Registry sein „caveat" einreichen. Das ist eine formelle Erklärung an den Registrar, welche 10 Monate wirksam ist, nachher aber erneuert werden kann, und zufolge deren der Einsprecher verlangt, daß in bezug auf das Erbschaftsvermögen in keiner Weise ohne sein Wissen und seine Zustimmung verfügt werde, da er, der „caveator", einen bessern Anspruch daran habe.

Die Person, welcher das „caveat" zugestellt wird, sei es der im Testament bestimmte Testamentvollstrecker oder ein bereits eingesetzter administrator, wird darauf beim Principal Registry in London eine Gegenerklärung eingeben und eine Art „summons" gegen den „caveator" erwirken, welche „warning" heißt. Nachdem diese „warning" dem caveator zugestellt ist, hat er binnen 6 Tagen beim Registry eine Einlassungserklärung abzugeben und ist nunmehr auch verpflichtet, sein besseres Interesse und die Gründe seines Anspruchs nachzuweisen.

Unterläßt der caveator die Einlassung, so erteilt das Gericht die Probate ohne weiteres der Gegenpartei, nachdem diese ein affidavit eingegeben hat, in welchem sie bezeugt, daß sie die „warning" dem Einsprecher zugestellt, dieser es aber unterlassen habe, sich darauf einzulassen.

Läßt sich aber der caveator ein, so wird der Fall als Prozeßfall in die Bücher des Gerichtes eingetragen und im ordentlichen gerichtlichen Verfahren wird darüber entschieden, wer als representative die Erbschaftsverwaltung zu besorgen hat.

Um die Hauptverhandlung richtig vorzubereiten, lädt oft der Registrar die Parteien vor sich, damit sie alle in ihren Händen befindlichen Urkunden vorlegen. Sehr oft kommt es schon in diesem Vorverfahren zu einer definitiven Erledigung des Streites, indem sich die Parteien verständigen und die eine oder andere Partei die Erbschaftsverwaltung definitiv übernimmt.

IV. Die Klage auf probate in solemn form (gerichtliche Anerkennung des Testamentes in feierlicher Form).

Wenn es wahrscheinlich scheint, daß die Gültigkeit eines Testamentes bestritten wird oder wenn aus irgendeinem anderen Grunde die gewöhnliche Form der Erteilung eines probate nach den Umständen des Falles nicht angezeigt erscheint, so verlangt der Testamentvollstrecker eine Anerkennung des Testamentes und die Bestätigung seines Amtes als Testamentvollstrecker in solemn form. Dieser Prozeß geht gegen alle Personen, welche das Testament voraussichtlich anfechten könnten.

Der writ enthält das Begehren des Testamentvollstreckers, das Testament solle gerichtlich in solemn form bestätigt werden. Der Klagegrund selbst muß durch ein affidavit bezeugt werden. Oft wird angeordnet, daß es als eigentliche Klagebegründung gelten solle, so daß der Beklagte darauf entsprechend zu antworten hat.

Der Beklagte kann folgende Einreden erheben:

1. daß das Testament nicht nach den Vorschriften der Gesetze errichtet wurde;
2. daß der Erblasser geisteskrank war;
3. daß der Erblasser das Testament nur zufolge ungehöriger Beeinflussung errichtet hat „by undue influence";
4. daß das Testament durch Betrug oder Erpressung zustande gekommen ist;
5. daß der Testator zur Zeit der Errichtung den Inhalt des Testamentes weder gekannt noch genehmigt hat;
6. daß es nicht in der Absicht des Verstorbenen war, daß die vorgelegte Urkunde sein Testament sein soll;
7. daß das Testament widerrufen worden ist.

Der Beklagte kann auch auf dem Wege einer Gegenklage den Beweis erbringen, daß er Testamentvollstrecker eines erst späteren Testamentes des Verstorbenen ist, oder aber von einem früheren Testament, das nicht widerrufen worden ist und daß er zufolgedessen verlangt, daß das Testament, das der Kläger vorweist, als ungültig erklärt werde und daß dagegen das andere, von ihm vorgelegte, in solemn form als das einzig gültige bezeichnet werde und die probate erhalte.

In bezug auf das Testament, die Bestellung eines Testamentvollstreckers oder eines administrators, und die probate ist hier auch zu verweisen auf Curti, Bd. I, S. 196 ff., 211 ff.

Es ist eine Besonderheit der Probate-Klage, daß mit jeder Klagebeantwortung eine Urkunde eingereicht werden muß, welche den Namen „Substance of the Case" führt. Das ist eine kurze Übersicht über die Tatsachen, auf welche sich der Beklagte beziehen will. Wenn eine Partei behauptet, daß der testator geisteskrank war, als er das Testament errichtete, muß schon in der Zeit vor der öffentlichen Verhandlung, dem trial, eine eingehendere Darstellung mit Beispielen der Sinnestäuschungen des Verstorbenen eingegeben werden, da sonst eine solche Darstellung in der öffentlichen Verhandlung nicht mehr zugelassen würde.

Oft verlangt der Beklagte selbst in seiner Klagebeantwortung bloß, daß das Testament, auf das sich der Kläger beruft, in solemn form die Probate erhalte, keineswegs, um das Testament unter allen Umständen zu bestreiten, sondern lediglich, um zur eigenen Sicherheit ein gerichtliches Urteil darüber zu erlangen, daß das Testament unanfechtbar ist. In diesem Falle muß der Beklagte dem Kläger diese Auffassung bekannt. geben, gleichzeitig mit der Mitteilung, daß es ihm nur darum zu tun sei, die Testamentszeugen einem Kreuzverhör zu unterziehen. Regelmäßig muß in einem solchen Falle der Beklagte keine Prozeßentschädigung bezahlen, es sei denn, der Richter finde, er habe keinen hinreichenden Grund gehabt, um das Testament in Zweifel zu ziehen.

Affidavit of scripts. Innerhalb von 8 Tagen nach der Einlassung des Beklagten, wird jede Partei vom Gericht aufgefordert, ein affidavit einzugeben in bezug auf die hinterlassenen Schriften, insbesondere die Handschrift des Verstorbenen, eingeschlossen Testamente und Testamentsentwürfe. Keiner Partei wird indessen gestattet, die Schriftstücke, welche die andere Partei vorgelegt hat, einzusehen, bevor sie nicht selbst ein affidavit eingereicht hat.

Das Gericht wird in weitergehendem Maße als in anderen Prozessen die Vorlage von Urkunden verlangen, da es darauf ankommt, daß der wahre Wille des Verstorbenen ausgeführt werde.

Nachdem der Schriftenwechsel geschlossen ist, kommt es zur öffentlichen Verhandlung, und zwar vor einem einzigen Richter allein, es sei denn ausdrücklich der Beizug von Geschworenen angeordnet worden.

Muß bloß die Frage beantwortet werden, ob das Testament in gehöriger Weise errichtet worden sei, so wird keine Jury beigezogen. Wenn aber eine Partei behauptet, daß das Testament auf betrügerische Weise oder unter ungehöriger Beeinflussung zustande kam, oder daß der Testator überhaupt nicht fähig war, ein Testament zu errichten, so wird die Verhandlung vor Geschworenen stattfinden.

Urteil. Das Urteil lautet entweder auf Anerkennung des Testamentes, so daß es probate in solemn form erhält, oder die Klage auf Anerkennung des Testamentes wird abgewiesen.

Der Richter hat freies Ermessen in bezug auf die Festsetzung und Verteilung der Prozeßkosten. Er kann auch bestimmen, daß die Kosten aus dem hinterlassenen Vermögen selbst bezahlt werden sollen.

Gegen das Urteil eines Probate-Prozesses kann an den Court of Appeal Berufung eingereicht werden und von diesem an das House of Lords, vollständig in gleicher Weise wie bei Prozessen, die vor der King's Bench Division verhandelt wurden.

V. Wirkung der Probate in solemn form. Die Genehmigung des Testamentes in solemn form hat große Vorzüge vor der probate, welche bloß in common form, in gewöhnlicher Form, gegeben wurde.

Letztere, die gewöhnliche probate, wird von einem Registrar des Gerichtes formlos erteilt, ohne daß davon irgendwelche Mitteilung an die Person gemacht wird, welche erben würde, wenn kein Testament vorläge. Deshalb kann diese einfache Genehmigung des Testamentes jederzeit später widerrufen werden, wenn irgend jemand vor Gericht den Nachweis führt, daß das Testament nicht gehörig errichtet wurde oder der Erblasser geistig nicht gesund war, oder daß andere Gründe vorliegen, welche die Ungültigerklärung des Testamentes erfordern.

Das Testament proved in solemn form kann später nicht mehr angefochten werden, da alle Personen, welche irgendeinen Anspruch an das hinterlassene Vermögen erheben konnten, wie z. B. Intestat-Erben, vor Gericht geladen wurden, um ihre eventuellen Ansprüche geltend zu machen. Das Urteil, decree, welches in solemn form das Testament bestätigt, ist deshalb für alle diese Personen rechtsverbindlich. Ausgenommen davon ist lediglich die Möglichkeit, daß erst nachträglich ein späteres Testament entdeckt wird oder nachgewiesen wird, daß das Urteil nur betrügerischerweise erlangt wurde.

Vierter Teil.

Die Berufung; appeal.

I. Allgemeines. In England kann grundsätzlich jede gerichtliche Verfügung, final order, oder jedes Urteil, final judgment, an eine höhere Instanz gezogen werden, wenn eine Partei mit der Entscheidung der ersten Instanz nicht zufrieden ist. Dieses Rechtsmittel heißt immer appeal, welches auch der Grund der Anfechtung sei. Es wird also nicht zwischen verschiedenen Rechtsmitteln unterschieden, wie z. B. im Deutschen Reich mit seiner Berufung, Revision, Beschwerde, Nichtigkeitsklage, Restitution usw. Der appeal des englischen Rechtes schließt alle diese Rechtsmittel kontinentaler Prozeßordnungen in sich.

Deshalb ist die Form des Weiterzuges einer gerichtlichen Entscheidung an eine höhere Instanz in allen Fällen dieselbe. Nur in der Begründung und Antragstellung tritt der Unterschied zutage.

Durch appeal können die prozeßleitenden Verfügungen des Masters oder des Richters, sei es im Vorverfahren oder in der Hauptverhandlung, aber auch der Wahrspruch der Geschworenen und das Endurteil der Vorinstanz angefochten werden.

Die verschiedenen Möglichkeiten der Berufung und die Berufungsinstanzen sind auf S. 32 oben mitgeteilt. Es ist darauf zu verweisen.

II. Berufungen gegen Entscheide des High Court an den Court of Appeal. Schon oben S. 24 bei der Angabe der Zuständigkeit des Court of Appeal sind die einzelnen Fälle, in welchen der Court of Appeal als Berufungsinstanz über Entscheide des High Court zu urteilen hat, erwähnt worden.

Der Zweck der Berufung kann sein

1. Ansetzung einer neuen Hauptverhandlung, a new trial,
2. Aufhebung des Wahrspruches der Geschworenen,
3. Aufhebung einzelner „findings" der Jury, also eines Teiles des Wahrspruches,
4. Aufhebung eines Endurteils, eines judgment.

Danach kann auf dem Wege der Berufung das Begehren gestellt werden, entweder daß eine neue Hauptverhandlung, a trial, verfügt werde, oder daß das eingetragene Urteil annulliert und an seine Stelle ein anderes erlassen werde.

Hat der Berufungskläger zwar keinen Grund, die Beantwortung der Fragen durch die Jury zu bestreiten, so ist es doch möglich, daß er das Begehren stellt, es sollten den Geschworenen noch andere Fragen vorgelegt werden.

Auf alle Fälle muß mit der Berufung eine neue Verhandlung, a new trial, oder ein Endurteil, a judgment, verlangt werden. Regelmäßig wird der Berufungskläger beides tun.

Die Berufung schiebt die Vollstreckung oder das sonst sich an den angefochtenen Entscheid anschließende Verfahren nicht auf, es sei denn, daß das Gericht, welches das angefochtene Urteil erließ oder der Court of Appeal eine Sistierung verfüge. Ein Antrag auf Sistierung muß bei der Vorinstanz gestellt werden. Lehnt ihn diese ab, so kann der Berufungskläger das gleiche Begehren beim Court of Appeal stellen.

Allgemeine Regel ist, daß die Sistierung nur unter der Bedingung gewährt wird, daß der Berufungskläger der Gegenpartei und ihrem Solicitor den ihr zugesprochenen Geldbetrag sowie die Prozeßentschädigung zahlt, allerdings gegen Sicherstellung allfälliger Rückzahlung.

III. Über die Berufung findet eine öffentliche mündliche Verhandlung statt, an welcher die Anwälte die Interessen ihrer Parteien vertreten.

Es steht im Ermessen des Court of Appeal, entweder die Berufung abzuweisen, oder eine neue Verhandlung zu veranlassen oder an Stelle des angefochtenen Urteils direkt ein neues zu setzen.

Der Court of Appeal hat sämtliche prozessualischen Befugnisse und dieselbe Jurisdiktion wie der High Court. Er kann dem Berufungskläger, wenn es angemessen erscheint, aufgeben, Sicherheit für die Kosten zu leisten. Er wird, wenn es nötig ist, Ergänzung der Schriftsätze, der pleadings, veranlassen, Fristerstreckungen gewähren, neue Beweise aufnehmen, selbständig Schlüsse aus der tatsächlichen Darstellung der Parteien ziehen, Beweissätze aufstellen, die zu beweisen sind, die Vorlage und Prüfung von Büchern, Rechnungen und andere Untersuchungen verfügen. Das Berufungsgericht ist geradezu allmächtig. Es steht ihm zu, jedes beliebige Urteil und jede angemessene Order zu erlassen. Es kann absolut selbständig entscheiden oder den Fall zur Beurteilung an die frühere Instanz zurückweisen.

Sind Fehler des erstinstanzlichen Verfahrens nachgewiesen, any miscarriage of justice, so kann der Entscheid des Court of Appeal auch dahin lauten, daß zwar eine neue Verhandlung, a new trial, stattzufinden habe, jedoch nur soweit dies nötig ist, um den Fehler wieder gutzumachen Im übrigen wird an dem Verfahren und den „findings" der ersten Instanz nichts geändert.

Kommen mehrere Beklagte in Betracht, so kann der Appellhof eine neue Verhandlung, a new trial, auch einem der Beklagten allein gewähren, mit Ausschluß der übrigen.

IV. Form und Inhalt der Berufung. Die Berufung erfolgt in formloser schriftlicher Erklärung (notice of motion). Der Berufungskläger muß allen Parteien, die ein Interesse daran haben, Mitteilung darüber zugehen lassen, und zwar wenigstens 14 Tage vor dem Verhandlungstage des Court of Appeal.

Die Berufung (appeal or application) gegen Urteile der King's Bench Division erfolgt immer durch notice of motion, welche genau bezeichnen muß, ob das ganze Urteil oder nur ein Teil angefochten wird, und in letzterem Falle, welcher Teil des Wahrspruches der Geschworenen oder des Richterspruches.

Der Antrag (motion) gegen ein Endurteil, a final judgment oder eine final order, muß innerhalb 6 Wochen nachdem die angefochtene Entscheidung ergangen ist, dem Gerichte eingereicht werden. Doch hat der Berufungskläger dem Gegner schon 14 Tage vor dem erstmöglichen Verhandlungstag Kenntnis von seinem Berufungsantrage zu geben.

Die Frist von 6 Wochen beginnt mit dem Tage, da der angefochtene Entscheid perfekt geworden ist, the judgment in the action is signed, entered or otherwise perfected (Order CVIII., r. 15).

Für interlocutory order (Zwischenverfügungen) beträgt die Berufungsfrist nur 14 Tage.

Für einen nicht in der Praxis stehenden Anwalt mag es oft schwierig sein, zu entscheiden, ob es sich um einen „final" Entscheid oder um eine interlocutory order handelt. Im Zweifel ist hier die Ansicht des Court of Appeal maßgebend.

Der Richter, welcher das Urteil erließ, oder der Court of Appeal, haben die Befugnis, die Berufungsfrist über 6 Wochen hinaus zu verlängern.

Die Appellationserklärung, the notice of motion, muß die Gründe der Berufung genau angeben. Es genügt z. B. nicht, daß als Grund bloß allgemein gesagt wird „misdirection" (unrichtige Belehrung) der Geschworenen, sondern es ist zu sagen, in was diese „Irreführung" der Jury bestand (Order XXXIX., r. 3).

In der Appellationserklärung ist auch genau zu sagen, welches Begehren gestellt wird, und zwar entweder

1. ein neues Urteil (a motion for judgment) oder
2. eine neue öffentliche Verhandlung (a motion for a new trial).

Die Gründe for the application für eine neue Hauptverhandlung sind gewöhnlich folgende:

1. Daß der Richter die Jury „misdirected", d. h. der Richter die Geschworenen unrichtig belehrte. Doch ist es nötig, daß der gerügte Fehler die Interessen einer Partei wesentlich benachteiligte (Order XXXIX., r. 6), was auch für Ziffer 2 gilt.

2. Daß der Wahrspruch in offenbarem Widerspruch zum Ergebnis der Beweisaufnahme steht, d. h. „that the verdict was perverse, and such

that no reasonable men could on the evidence have found", das wird als eine Frage über Tatsachen, a question of fact, beurteilt.

Es gilt hier die Regel, daß ein Wahrspruch der Jury nicht aufgehoben werden soll, wenn man nicht zur Ansicht gelangt, die Geschworenen hätten bei vernünftiger Beurteilung der Beweisaufnahme absolut nicht zu ihrem Wahrspruch gelangen können.

3. Daß überhaupt kein Beweismittel produziert worden war, das geeignet gewesen wäre, durch die Jury beurteilt zu werden; mit anderen Worten: der durch eine Partei vorgelegte „Beweis" war von vornherein ungenügend oder so gestaltet, daß der Richter die Beurteilung nicht den Geschworenen überlassen durfte.

4. Daß das Verhalten der Geschworenen oder ihr Wahrspruch aus irgendeinem Grunde „irregular" war.

Beispiele: Wenn sie Würfel warfen oder Lose gezogen hätten, um die Würfel oder das Los entscheiden zu lassen;

wenn der urteilende Richter ein pekuniäres Interesse am Ausgang des Streites hatte;

wenn ein Gerichtsbeamter oder ein Geschworener oder irgendeine dritte Person sich eines „misconduct", eines Verhaltens schuldig machte, das eine Partei daran hinderte, ein „fair trial" zu haben. Das ist z. B. auch der Fall, wenn die beklagte Partei in einem Scheidungsprozeß einen Zeugen, welcher dem Berufungskläger günstig wäre, veranlaßte, nicht auszusagen.

5. Daß der zugesprochene Schadenersatzbetrag übertrieben hoch oder absolut ungenügend war, so daß gesagt werden kann, daß ihn kein vernünftiger Mann billigen kann, oder daß die Geschworenen offenbar ganz wichtige Tatsachen außer Betracht gelassen haben oder bei der ziffernmäßigen Berechnung einen Fehler gemacht haben.

Doch gewährt der Court of Appeal selten eine neue Verhandlung, wenn es sich um sog. unliquidated damages handelt, es sei denn, daß nachgewiesen ist, daß der Richter die Geschworenen in bezug auf die Entschädigungsfrage unrichtig aufklärte oder daß die Geschworenen bei der Ausmessung der Entschädigung Dinge in Betracht zogen, die mit der Frage des Schadens nichts zu tun hatten.

Der Court of Appeal ist nicht berechtigt, beim Begehren auf eine neue Verhandlung den Betrag des Schadenersatzes selbst festzusetzen, wenn nicht beide Parteien damit einverstanden sind.

6. Daß der Richter zu Unrecht Beweise zuließ oder wesentliche Beweise ablehnte;

7. daß ein offenbar unrichtiger Wahrspruch lediglich erfolgt war, weil eine der Parteien „by surprise" verhindert war, ihre Rechte geltend zu machen.

„Surprise" ist der technische Ausdruck für alle Fälle, bei welchen eine Partei davon ausgeschlossen war, ein „fair trial" zu haben, ohne daß sie selbst daran schuldig war. Das wäre z. B. möglich, wenn ein Zeuge aus begreiflichen Gründen abwesend war, als er aufgerufen wurde, oder daß der Prozeß sonst eine unerwartete, dem Berufungskläger ungünstige Wendung nahm, die auf Ursachen zurückzuführen war, welche nicht vorausgesehen werden konnten.

8. Daß seit der Hauptverhandlung neue maßgebende Beweismittel entdeckt wurden, welche vorher nicht wohl bekannt sein konnten.

Der Berufungskläger hat nachzuweisen, daß es aus vernünftigen Gründen nicht vorher, d. h. schon während des trial, bekannt war.

Jede Partei, welche die Berufungserklärung zugestellt erhielt, ist berechtigt, an den Verhandlungen vor dem Court of Appeal teilzunehmen.

Die Berufung, appeal or application, für eine neue Verhandlung, muß von wenigstens 3 Richtern des Court of Appeal behandelt werden, es sei denn, daß sich die Parteien mit weniger Richtern einverstanden erklären.

Der Court of Appeal hat alle Befugnisse des High Court, und kann ein Urteil fällen oder irgendeine order verfügen, welche von der unteren Instanz hätte ausgehen können; er kann den Fall an die untere Abteilung, an einen anderen Richter zurückweisen, kurz er kann alles tun, was er nach seinem freien Ermessen für angezeigt hält.

Die Berufungsinstanz ist auch ganz frei in der Bemessung der Prozeßentschädigung für die Berufung; doch gilt die Regel the costs follow the event.

V. Schema.

V. Berufungserklärung

(Notice of Motion)

mit dem Antrag auf ein selbständiges Urteil oder eine neue Hauptverhandlung in einem Prozesse für Schadenersatz wegen falscher Anschuldigung (malicious prosecution).

1917.—B.—No. 136.

In the Court of Appeal.

Between

A. B. Plaintiff,

and

C. D. Defendant.

Take Notice that this Honourable Court will be moved at the expiration of fourteen days from the date hereof, or so soon thereafter as counsel can be heard, by Mr. . . . . ., of counsel on behalf of the defendant, for an order that the verdict and judgment obtained in this action by the plaintiff, before the Hon. Mr. Justice . . . . . and a special jury on the . . . . . day of . . . . . 1918, be set aside and the judgment be entered for the defendant, on the ground that there was no evidence fit to be submitted to the jury in support of the plaintiff's case.

Or in the alternative that a new trial be had between the parties on the following grounds:

1. That the verdict was against the weight of evidence.
2. That the damages were excessive.
3. That the judge misdirected the jury.

a) In not directing them that there was no evidence of malice on the part of the defendant.

b) In not directing them that the action could not be maintained without evidence of malice.

c) In not sufficiently explaining to them that the burden lay upon the plaintiff of proving that the defendant acted maliciously.

d) In leaving to them the question whether there was or was not an absence of reasonable and probable cause.

e) In telling them that the defendant ought not to have acted upon the information given him by the plaintiff's fellow-servants behind the back of the plaintiff.

etc. etc. etc.

And that in the meantime further proceedings be stayed, [d. h. sistiert werden].
Dated the 28th day of February, 1918.

E. and F. of
12, Brown Street,
London, E. C. 4
Solicitors for the Defendant (Appellant).

To Mr. G. H.
8, Smith Street,
London, W. C. 1,
Plaintiff's Solicitor.

VI. Aussichten einer Berufung. Die Berufung kann die rechtliche Beurteilung des Falles, prozeßleitende Verfügungen des Richters, seine Rechtsbelehrung der Geschworenen, also Rechtsfragen betreffen, insbesondere wenn der Vorderrichter ohne Jury urteilte. Eine so begründete Berufung wird mehr Aussicht auf Erfolg haben als eine solche wegen falscher Beurteilung von Tatsachen, der Beweiswürdigung, insbesondere der Aussagen von Zeugen durch die Geschworenen, denn der Court of Appeal wird stets weniger geneigt sein, die Ansicht des Richters und der Geschworenen über Tatsachen als unrichtig zu bezeichnen, es sei denn, daß in einem besonderen Falle angenommen werden müßte, „twelve reasonable men could not honestly have found on the evidence before them". Der Berufungsrichter wird sich sagen, daß die erste Instanz eher in der Lage war, die Tatsachen richtig zu beurteilen, da die Beweisaufnahme ja in öffentlicher Verhandlung vor ihr stattfand, sie also Gelegenheit hatte, die Zeugen persönlich zu sehen und zu hören.

Der Berufungskläger wird deshalb mit mehr Aussicht auf Erfolg die Appellation auf eine Rechtsfrage stützen. Doch muß es eine Rechtsfrage sein, die er schon in der öffentlichen Verhandlung vor erster Instanz zur Sprache gebracht hat. Geschah dies nicht, so wird er vom Berufungsrichter meistens mit einer solchen Anfechtung nicht gehört, es sei denn, daß ihn an der Unterlassung kein persönliches Verschulden trifft, z. B. if he was taken „by surprise" or there are other special circumstances which excuse the omission".

Immerhin kann der Court of Appeal auch wegen eines von ihm selbst, ohne Zutun des Berufungsklägers, festgestellten Mangels des vorinstanzlichen Verfahrens die erforderlichen Beschlüsse fassen, um eine andere

Entscheidung herbeizuführen, sei es direkt oder durch Anordnung eines neuen Verfahrens. So z. B. wegen Rechtswidrigkeit eines Vertrages, auf welchen sich das Urteil des früheren Richters stützte.

Entstehen Zweifel über die vor erster Instanz erfolgte Beweisaufnahme, insbesondere die Zeugenaussagen, so sind die Aufzeichnungen des Richters selbst (the judge's note) ausschlaggebend. Doch ist es jeder Partei gestattet, stenographische Aufzeichnungen zur Ergänzung vorzulegen.

VII. Zuständiges Berufungsgericht. 1. Für Berufungen gegen Entscheidungen der King's Bench Division ist regelmäßig der High Court of Appeal zuständig. Doch gibt es davon *Ausnahmen* von der Regel, daß Berufungen in Prozessen vor der King's Bench Division an den Court of Appeal zu gehen haben, nämlich:

a) Der Antrag auf Annullierung eines Urteils eines referee, or to review his findings, oder auf eine neue mündliche Hauptverhandlung in einem Prozeß verhandelt vor einem referee, geht an den Divisional Court.

b) *Ebenso* geht eine Berufung auch an einen Divisional Court, wenn ein Prozeß an einen Master, gemäß Order XIV, zur Behandlung und Erledigung überwiesen worden war, *aber nicht*, wenn eine Überweisung an den Master nur zur Festsetzung der Höhe des Schadenersatzbetrages erfolgte, damit dann dieser Betrag einen Teil der order des judge bilde.

2. Berufungen gegen alle inferior *Courts of record* gehen an einen Divisional Court. Ausgenommen davon sind Berufungen gegen den Liverpool Court of Passage, und Berufungen gegen einen County Court in Rechtsfragen gemäß dem Agriculture Holding Act, 1908, und nach Schedule II des Workmen's Compensation Act, 1906, welche an den Court of Appeal gehen.

3. Wenn eine Berufung gegen ein unteres Gericht von einem Divisional Court verhandelt worden ist, so gibt es *keine weitere Berufung*, es sei denn, daß der Divisional Court oder der Court of Appeal formelle Erlaubnis (leave) für die Berufung erteilt. Zunächst ist die Erlaubnis des Divisional Court einzuholen. Würde sie verweigert, so kann um die Erlaubnis des Court of Appeal nachgesucht werden. Doch wird letzteres Gericht die Erlaubnis selten erteilen, wenn das untere Gericht sie verweigert hat.

VIII. Berufung an das House of Lords. Gegen Entscheidungen des Court of Appeal kann beim House of Lords Berufung eingereicht werden. Der Appellant muß eine petition eingeben „humbly praying“, daß das Urteil „may be reviewed before his Majesty the King in His Court of Parliament“ und aufgehoben oder geändert werde.

Dieses Gesuch muß auf Pergament gedruckt und von 2 Gerichtsadvokaten unterschrieben sein, welche „humbly conceive this to be a proper case to be heard before your Lordship by way of appeal“.

Innerhalb einer Woche, nachdem die Berufung eingereicht ist, muß der Berufungskläger eine Sicherheit für die Kosten im Betrage von £ 700, also 14000 deutsche Goldmark, leisten.

Jede Partei reicht dem Gerichte eine gedruckte Darstellung über den Fall ein, wie sie ihn betrachtet, über die Streitpunkte und die Gründe, die zu ihren Gunsten sprechen.

Regelmäßig vereinbaren die Parteien, noch ein Appendix einzugeben, nämlich Abschriften aller wesentlichen Urkunden, welche schon der unteren Instanz vorlagen, der Schriftsätze, Urkunden, richterlichen Verfügungen usw., oft auch stenographische Aufnahmen der mündlichen Verhandlung.

Die Beratung über die Berufung muß vor wenigstens drei Lords of Appeal vor sich gehen. Sie sind berechtigt, die Richter des High Court einzuladen, den Verhandlungen beizuwohnen, um ihre Ansicht über die Rechtsfragen bekanntzugeben, was aber nur in Fällen von sehr großer Bedeutung geschieht.

Wenn keine Partei zur Verhandlung erscheint, so wird die Berufung abgewiesen, ohne daß eine Partei der anderen eine Prozeßentschädigung bezahlen muß.

Wird die Appellation gestützt auf einen Grund gutgeheißen, welcher vor der unteren Instanz nicht zur Sprache gebracht wurde, so hat keine Partei Anspruch auf eine Prozeßentschädigung.

Maßgebend sind für das House of Lords die Tatsachen, wie sie dem Vorderrichter vorlagen. Es sind keine neuen issues of fact zulässig. Doch berücksichtigt das House of Lords Rechtsfragen, wenn sie auch zum erstenmal zur Sprache kommen, aber nur die Auslegung von Urkunden betreffen.

Wenn auch die Lords direkt Zeugen einvernehmen können, so geschieht dies sehr selten.

Die Beratungen sind öffentlich. Nachdem die Lords einzeln ihre Ansicht über den Fall geäußert, stellt der Lord Chancellor fest, welcher Antrag die Mehrheit der Stimmen auf sich vereinigt. Die so zustande gekommene Entscheidung wird als Urteil des House of Lords in seinen Büchern — its Journals — eingetragen.

Wenn die Stimmen des Gerichtes gleich geteilt sind, so wird das Urteil der früheren Instanz bestätigt, ohne daß eine Partei der anderen eine Prozeßentschädigung bezahlen muß.

Anhang.

Fristen-Verzeichnis[1].

1. Einlassung des Beklagten auf den writ of summons	innerhalb 8 Tagen nach der Zustellung des writ, eingeschlossen den Tag der Zustellung;

[1] Die in Curti, Bd. II, S. 377 gegebenen Fristen bedürfen der Korrektur entsprechend der hier gegebenen Liste.

2. Statement of Claim (Klagebegründungsschrift), wenn angeordnet	innerhalb der in der gerichtlichen order bestimmten Frist, oder mangels einer solchen innerhalb 21 Tagen vom Datum der order an;
3. Defence (Klageantwortschrift)	innerhalb der von der gerichtlichen Verfügung angeordneten Frist oder mangels einer solchen Frist, innerhalb 10 Tagen nach Eingang des Statement of Claim;
4. Defence (Klageantwort) auf specially indorsed writ	innerhalb 10 Tagen von der für die Einlassung auf den writ vorgeschriebenen Zeit, es sei denn, daß der Kläger innerhalb dieser Zeit ein summons for judgment oder for directions einreicht, in welchem Fall die Defence abzuliefern ist innerhalb der in der gerichtlichen Verfügung (order) bestimmten Frist, oder wenn keine solche bezeichnet wurde, innerhalb 8 Tagen vom Tage der order an;
5. Reply (Replik), wenn eine solche angeordnet wurde	innerhalb der durch die order bestimmten Frist, oder mangels einer solchen, innerhalb 4 Tagen nach Zustellung des vorausgegangenen Schriftsatzes der Gegenpartei;
6. Notice of Trial durch den Kläger (siehe S. 67)	Gleichzeitig mit der Replik, wenn eine solche erfolgte, oder wenn keine order für eine Replik gemäß Order XXIII erfolgte, nach Ablauf von 4 Tagen nach Eingang der Klageantwort oder zu jeder Zeit, nachdem die „issues“ für die Hauptverhandlung bereit sind (siehe über die issues S. 57);
7. Notice of Trial durch den Beklagten	nach Ablauf von 6 Wochen von dem Tage an, da der Kläger zum erstenmal das Recht gehabt hätte, „notice of trial“ zu geben;
8. Mitteilung der Notice of Trial an die Gegenpartei	10 Tage, oder (bei verkürztem Verfahren nach Order XXXIV., r. 14) 4 Tage vor der Eintragung;
9. Berufungserklärung an den Court of Appeal	
a) gegen eine final order oder interlocutory judgment oder gegen jede final order eines Prozeßverfahrens	innerhalb 6 Wochen;
b) gegen eine interlocutory order oder irgendeine order (final oder interlocutory) in einer Rechtssache außerhalb eines eigentlichen Prozesses	innerhalb 4 Tagen;

c) wenn das Begehren einer Partei auf Behandlung einer Sache ex parte, d. h. ohne Vorladung der Gegenpartei, abgewiesen wurde (from ex parte refusal)	innerhalb 4 Tagen;
10. Berufungserklärung an den Court of Appeal, „*notice of motion*". „Notice of motion" ist die Mitteilung oder Zustellung der Berufungserklärung (der notice of appeal) an den Berufungsbeklagten, den sog. „Respondent". Diesem muß eine Frist gegeben werden, innerhalb welcher er sich auf die Verhandlung vor dem Court of Appeal vorbereiten kann, und zwar besteht die gesetzliche Vorschrift, daß zwischen dem entering of the appeal, d. h. der Eintragung der Berufungserklärung bei der Gerichtskanzlei, an welchem Tage dem Berufungsbeklagten Mitteilung davon gemacht wird, und der Gerichtsverhandlung vor dem Berufungsgericht eine Frist liegen muß, und zwar	
a) in den Fällen einer final order oder eines final oder interlocutory judgment	14 Tage nach der „service of notice of the appeal";
b) im Falle irgendeiner interlocutory order	4 Tage vor dem erstmöglichen Verhandlungstage;
11. Berufung gegen eine Entscheidung eines niedern Gerichtes (County Court usw.) an den Divisional Court	
a) Eintragung der Berufungserklärung	innerhalb 21 Tagen vom Datum des angegriffenen Entscheides an;
b) Frist für die Gegenpartei	8 Tage vor dem erstmöglichen Verhandlungstermin;
12. Berufung an das House of Lords	innerhalb 6 Monaten.

Theoretisch ist der Court of Appeal an jedem Tage bereit, über eine Berufung zu verhandeln. In der Praxis können aber mehrere Monate verstreichen, bevor das Gericht in der Lage ist, „to hear the appeal".

Die in obenstehender Liste gegebenen Fristen sind die gesetzlichen. Dagegen ist es in der Praxis möglich, daß der Richter längere Fristen bestimmt oder die Parteien selbst eine Fristerstreckung vereinbaren. Der Richter wird ein Begehren auf Fristerstreckung in der Regel gutheißen.

Fünfter Teil.

Erstes Kapitel.

Die Prozeßkosten[1].

Im englischen Prozeßrecht ist scharf zu unterscheiden zwischen den Gebühren, welche an das Gericht bezahlt werden müssen, den Court-fees, und der Prozeßentschädigung, welche die obsiegende Partei vom Richter zugesprochen erhält und ihr von der unterlegenen Partei zu vergüten ist. Nur die Prozeßentschädigung hat die technische Bezeichnung „costs".

Die Kosten im Zivilprozeß zerfallen in England in zwei Klassen: „party and party costs" und „solicitor and client's costs". Die ersteren sind die für den Beginn, die Durchführung des Prozesses bis zu dessen Erledigung zu entrichtenden Auslagen, inbegriffen für die Arbeit des Counsel, Briefwechsel und Konsultationen, Zeugen- und Gerichtsgebühren, jedoch mit Ausschluß der Kosten, welche sich auf solche Schritte beziehen, die vom solicitor zwar auf Wunsch des Klienten, nach Ansicht des Gerichts aber unnötigerweise, vorgenommen worden sind. Die unterliegende Partei wird fast immer zur Zahlung der „party and party"-Kosten verurteilt. Das Gericht kann aber nach freiem Ermessen irgendeine andere Kostenverteilung verfügen.

Das Prozessieren ist in England sehr teuer, ganz abgesehen davon, daß schon die Bestellung mehrerer Personen (solicitor und barrister) zur Prozeßführung eine wesentliche Verteuerung der Advokatenrechnung bewirkt.

Die hohen Spesen schrecken in außerordentlich vielen Fällen vor dem Prozessieren überhaupt ab. Allerdings kann ein Gericht armen Leuten das Armenrecht bewilligen, so daß sie ohne Kosten — sie haben weder Gerichtsgebühren (abgesehen von den Zeugengebühren), noch eine Anwaltsrechnung zu zahlen — „in forma pauperis" klagen können.

A. Die Gerichtsgebühren, Court-fees.

Für die dem Gericht zu zahlenden Gebühren bestehen bestimmte Tarife. Die Gerichtsgebühren sind stets *vor* der Vornahme jeder kostenpflichtigen Prozeßhandlung zunächst von der Partei zu entrichten,

[1] Über die Prozeßentschädigung im Scheidungsprozeß siehe S. 140.

welche die Prozeßhandlung vorzunehmen wünscht. Sie werden in der Form von Stempeln bezahlt, die den einzelnen Prozeßakten teils aufgeklebt, teils eingepreßt werden. Davon gibt es nur wenige Ausnahmen, welche Fälle betreffen, wo sich die Gerichtskosten nicht zum voraus berechnen lassen oder Wertobjekte in den Händen des Gerichtes sind, aus denen die Prozeßkosten gedeckt werden können.

Der Lord Chancellor setzt die Gebührentarife für alle Gerichte fest. Ausgenommen davon ist nur die Gerichtsabteilung des House of Lords, welche selbständig am Ende jeder Session die Kosten der einzelnen Prozesse bestimmt. Abgesehen von dieser höchsten Instanz sind deshalb die englischen Gerichte nicht genötigt, eine Sicherheit für die Gerichtskosten zu verlangen. Doch wird der Anwalt einer Prozeßpartei bei Bemessung seines Kostenvorschusses die voraussichtlichen Gerichtskosten berücksichtigen.

Die Gerichtsgebühren sind nach dem Maßstabe kontinentaler Gebührenordnungen außerordentlich hoch und machen es deshalb in vielen Fällen, selbst absolut aussichtsreichen, unmöglich, eine Klage vor englischen Gerichten einzuleiten. Es sei nur darauf hingewiesen, daß das höchste Berufungsgericht, das House of Lords, einen Rechtsfall überhaupt erst an die Hand nimmt, wenn eine Kaution von £ 700 geleistet ist.

Es muß davon abgesehen werden, hier die einzelnen Taxen des Gebührentarifs aufzuzählen. Es hat dies deshalb auch keinen Zweck, weil die Gebühren außerordentlich verschieden sind je nach der besonderen Gestaltung des einzelnen Prozesses. Oft ist es auch möglich, zwischen zwei Verfahren zu wählen, von denen das eine rascher zum Ziele führt und gerade deshalb billiger ist als ein anderes komplizierteres. Es sei hier nur auf den Unterschied zwischen der Probate in common form und der Probate in solemn form aufmerksam gemacht (siehe darüber oben S. 145). Ein gewissenhafter Anwalt, der dem Klienten große Kosten und einen länger dauernden Prozeß ersparen will, wird bei der Wahl zwischen diesen beiden Verfahren die einfache Probate in common form als genügend bezeichnen, wenn wegen Anfechtung des Testamentes nicht das andere Verfahren gewählt werden muß.

Ähnlich liegt der Fall, wenn es sich darum handelt, daß der Treuhänder an den Benefiziar Vermögen herauszugeben hat. Will er Kosten ersparen und seiner Pflicht auf Auszahlung rasch nachkommen, so wird er dies in liquiden Fällen tun, ohne gerichtliche Intervention. Leider kommt es aber etwa vor, daß Treuhänder allzu lange Gelder zurückhalten, irgendeinen Grund vorschiebend, z. B. ihre große Verantwortung, ihr Pflichtgefühl lasse es nicht zu, ohne in jeder Beziehung für alle Zukunft gesichert zu sein, das Vermögen aus den Händen zu geben, es sei denn, daß der Richter auf eine Klage die Auszahlung anordne. Auch in England wird die Frage der Kostenhöhe sehr stark von der Person des Rechtsvertreters selbst abhängen. Allgemeine Regeln lassen sich deshalb nicht ohne weiteres auf den einzelnen Fall anwenden.

B. Die Prozeßentschädigung, the costs.

Unter „costs" versteht der englische Jurist den Betrag, welchen die unterlegene Partei der obsiegenden Partei als Entschädigung für die Auslagen zu bezahlen hat, die ihr ausschließlich durch den Prozeß erwachsen sind, also eine Prozeßentschädigung im engeren Sinne.

Der Richter spricht in seinem Urteilsspruch solche grundsätzlich zu mit der Bemerkung „with costs", ohne selbst die Höhe des Betrages zu bezeichnen. Er überläßt es vielmehr dem Master, dessen besondere Aufgabe es ist, den genauen Betrag festzusetzen. Es ist dies der sog. taxing master. Die so festgestellte Prozeßentschädigung heißt „taxed costs". Sie ist regelmäßig niedriger als der Rechnungsbetrag, welchen die Partei ihrem eigenen Solicitor zu zahlen hat, inbegriffen das Honorar des Gerichtsadvokaten, barristers, für dessen Beibringung ebenfalls der solicitor sorgt. Die Differenz zwischen den beiden Beträgen bilden die „extra costs", welche die obsiegende Partei aus ihrer eigenen Tasche bezahlen muß und von der Gegenpartei nicht vergütet erhält.

Zuweilen verfügt indessen der Richter, daß die Einschätzung der „costs" nicht „as between party and party", sondern „as between solicitor and client" erfolgen solle, so daß die obsiegende Partei sich besser stellt. In diesem Falle legt der taxing master die Rechnung des solicitor zugrunde, kann indessen immerhin einzelne Posten niedriger ansetzen oder ganz streichen, wenn er der Ansicht ist, es habe sich um überflüssige Arbeit gehandelt, die der Solicitor hätte vermeiden können.

Die Höhe der Prozeßentschädigung ist verschieden, je nachdem es sich um einfachere Prozesse bloß vor einem einzigen Richter handelt oder um solche, zu denen Geschworene beigezogen wurden.

Beurteilt ein Richter einen Prozeß ohne Jury, so steht es in seinem Ermessen, eine Prozeßentschädigung zu gewähren. Regelmäßig wird er dies bei Verkündung des Urteils sagen. Erwähnt er aber nichts, so wird der Anwalt der siegreichen Partei einen bezüglichen Antrag stellen.

Handelt es sich um einen Fall, den der Kläger vor dem High Court gebracht hat, obwohl er eigentlich vor County Court gehört hätte, so wird der Richter dem Kläger keine höhere Entschädigung zusprechen als das, was er vor County Court erhalten hätte. In einem solchen Falle können dem obsiegenden Kläger auch alle „costs" überbunden werden.

Im allgemeinen gilt die Regel „the costs follow the event", d. h. die Entschädigung richtet sich nach dem Ausgang des Prozesses, so daß die obsiegende Partei das Recht auf Ersatz ihrer „party costs" hat.

Man unterscheidet „general costs" von „special costs" und „costs of separate issues".

Die general costs entsprechen den gewöhnlich in solchen Prozessen vorkommenden ordentlichen Auslagen. Im Gegensatz dazu bedeuten „special costs“ die außerordentlichen Auslagen, wie die Rechnung eines Stenographen für eine stenographische Aufnahme von Verhandlungen, ferner die Kosten verursacht durch die Einvernahme von Zeugen im Ausland, die Ausgaben zufolge Einberufung einer special jury, die Bezahlung photographischer Reproduktion von Urkunden und weitere Auslagen, die „at the trial“ vorkommen.

Was diese besondern Kosten betrifft, müssen sie von der obsiegenden Partei in besonderem Begehren geltend gemacht werden, und zwar sofort, nachdem das Urteil gesprochen ist. Sonst werden sie nicht mehr berücksichtigt.

Es ist möglich, daß eine Partei nicht in allen Teilen recht bekam, daß z. B. die Beweisaufnahme teilweise zu ihren Ungunsten ausfiel. Dies kann zur Folge haben, daß ihr nur ein Teil ihrer „costs“ zugesprochen werden. Vielleicht muß sie sogar der anderen Partei einen Teil ersetzen. Das ist der Sinn von „costs of separate issues“.

Nur die notwendigen Gerichts- und Anwaltskosten können ersetzt verlangt werden — as between party and party —. Was darüber hinausgeht, braucht der Gegner nicht zu vergüten.

Doch hat in den Fällen des Billigkeitsrechtes das Gericht die Befugnis, die unterlegene Partei mit gar allen costs — as between solicitor and client — zu belasten.

Aus dieser Darstellung ergibt sich, daß in England auch ein gewonnener Prozeß einer Partei sehr teuer zu stehen kommen kann.

Der barrister, Gerichtsadvokat, welcher sein Honorar nicht einklagen darf und den Auftrag durch den Solicitor zugewiesen erhält, läßt sich von diesem die erforderlichen Garantien geben, daß er bezahlt wird. Er läßt sich zum voraus ein Engagementhonorar bezahlen, the retaining fee, retainer, das regelmäßig sehr hoch ist. Ist dieses aufgebraucht, so verlangt er weitere Zahlungen, bevor er in diesem Prozeß weitere Schritte tut, er verlangt einen „refresher“, zu deutsch „eine Auffrischung“. Der barrister wird schon deshalb ohne Sicherheit nicht arbeiten, weil er seine Anwaltsrechnung gerichtlich nicht geltend machen darf.

Zur Festsetzung der costs lädt der taxing master die Parteien zu sich. Ist ein Versäumnisurteil ergangen, hat er allerdings den Beklagten nicht zu benachrichtigen. Der unterlegene Gegner kann gegen die Taxation Einwendungen erheben. Werden diese berücksichtigt, so muß sie der master in seinem „certificate“ aufnehmen. Beide Parteien können gegen die Taxierung der costs durch den master innerhalb 10 Tagen nach Ausstellung des certificate beim Richter „in chambers“ Beschwerde einlegen.

C. Sicherheitsleistung für die Prozeßkosten.

Ergibt sich bei dem Antrag auf Eintragung der Klage, daß der Kläger nicht in England oder Wales wohnt, so kann die Ladung nicht eher erfolgen, als bis der Kläger Sicherheit für die Kosten des Beklagten geleistet hat. Wird der Antrag auf Eintragung durch einen Anwalt gestellt, so genügt es, wenn sich dieser für die Kosten haftbar erklärt.

Außer in diesem Hauptfall steht dem Gerichte in zahlreichen anderen Fällen das Recht zu, Sicherstellung der Kosten der Gegenpartei zu verlangen. Es kann hier darauf nicht näher eingetreten werden.

Mehr als in irgendeinem anderen Lande ist es in England angezeigt, daß eine Partei, die vor den Gerichten ihr Recht suchen will, bevor sie den Prozeß beginnt, sich genaue Rechenschaft darüber gibt, wie hoch die Kosten der Anwälte und der Gerichte ungefähr sein werden. Es ist dabei nicht zu übersehen, daß mit einem Anwalt allein nicht auszukommen ist, daß vielmehr mindestens zwei — der solicitor und der barrister — beigezogen werden müssen und daß selbst im Falle erfolgreichen Vorgehens die vom Gericht gesprochene Prozeßentschädigung einen großen Teil der Anwaltsrechnung nicht deckt.

Zweites Kapitel.

Die Vollstreckung ausländischer Urteile in England.

A. Das Urteil eines außerhalb Englands gelegenen Gerichtes ist in England nicht ohne weiteres vollstreckbar. Doch kommt für die Vollstreckbarkeit in England die Frage der „Reciprocität“ in keiner Weise in Betracht.

ODGERS, On the Common Law of England, 1927, Vol. II, 311ff. schreibt darüber:

Das ausländische Urteil, welches eine Schuld auf eine bestimmte Schuldsumme festsetzt, bildet einen prima facie Beweis. Es wird wie ein Zahlungsversprechen behandelt (a foreign judgment is in fact deemed a promise to pay the sum ordered and its costs). Es besteht zugunsten eines solchen Urteils die Vermutung, wie auch eine Vermutung für die Zuständigkeit des Gerichtes, von welchem das Urteil ergangen ist.

B. Doch kann das ausländische Urteil in England mit Erfolg entkräftet werden:

1. wenn das auswärtige Gericht sich absichtlich geweigert hat, das ihm nachgewiesene englische Recht anzuwenden, wenn solches Recht hätte angewendet werden müssen;

2. wenn das Urteil nicht endgültig und rechtskräftig ist;

3. wenn das Urteil gegen die Grundsätze von Vernunft und Gerechtigkeit verstößt. Dagegen genügt es nicht, nachzuweisen, daß der Kläger in England nicht obgesiegt hätte, falls er dort geklagt haben würde;

4. wenn nachgewiesen wird, daß das Urteil betrügerischerweise erlangt wurde;

5. wenn das Gericht nicht zuständig war, weder sachlich noch in bezug auf die Parteien;

6. wenn der Beklagte nicht vorgeladen war und keine Kenntnis vom Prozesse hatte, es sei denn, daß er freiwillig erschienen ist und sich der Zuständigkeit des Gerichtes unterworfen hat.

C. Nach englischem Recht besitzt ein ausländisches Gericht Zuständigkeit über:

1. die eigenen Staatsangehörigen und alle Personen, welche Domizil in jenem Lande haben (all persons domiciled in that country);

2. diejenigen Personen, welche sich dort aufhielten zur Zeit des Prozeßbeginns, ob sie dort domiziliert waren oder nicht; denn sie schulden örtliche oder zeitliche „Untertanenpflicht" (those who are resident therein at the time of commencing the suit, whether domiciled there or not; for they owe local or temporary allegiance);

3. diejenigen, die sich im Lande aufhielten (were resident) zur Zeit, da der Vertrag abgeschlossen wurde oder zur Zeit, da die Handlungen vorgenommen wurden, auf die sich die Klage stützt;

4. jeden, der dieses Gericht auswählt, um vor ihm als Kläger aufzutreten;

5. jeden, der freiwillig erscheint, um auf die Klage als Beklagter zu antworten;

6. in bezug auf jedes Vermögen (property), das innerhalb einer Jurisdiktion liegt, aber nicht in bezug auf den Eigentümer dieses Vermögens bloß deshalb, weil er Eigentümer ist (any property within its jurisdiction, but not over the owner of it merely as such owner).

Drittes Kapitel.

Das Vollstreckungs- und Konkursverfahren (Execution und Bankruptcy).

WILLIAM'S: Law and Practice in Bankruptcy, 13th Ed., London 1925/26. III. STEPHEN: S. 666—703.

Debtors Act, 1869 (D. A., 1869). — Bankruptcy Act, 1914 (B. A., 1914).

Bankruptcy Rules, 1915. — Bankruptcy Amendment Act, 1926 (B. A. A., 1926). — Deeds of Arrangement Act. 1914 (D. A. A., 1914).

I. Verfahren gegen säumige Schuldner (Execution) (siehe oben S. 116). Dem Gläubiger eines rechtskräftigen Anspruches stehen verschiedene Rechtsmittel zur Verfügung. Gestützt auf ein Urteil kann der Gläubiger, der judgment creditor, jederzeit Vollstreckung, execution, in das Vermögen des Schuldners, des judgment debtor, verlangen. Sie wird auf verschiedene Weise durchgeführt.

Handelt es sich darum, daß der Schuldner etwas zu tun oder zu unterlassen hat, so erteilt der Richter einen bezüglichen Befehl unter der Androhung, daß der Schuldner, wenn er dem Befehl nicht nachkommt, wegen Contempt of Court bestraft wird. So kann bei ehrverletzendem und kreditschädigendem Verhalten, bei Übertretung eines Konkurrenzverbotes, der fehlbaren Person befohlen werden, eine Kaution bei Gericht zu leisten unter der Androhung, daß diese verfallen und der Schuldner bestraft werde, wenn er fortfahre, die Interessen des Gläubigers zu verletzen und den Befehl des Richters, „to keep peace", zu mißachten.

Behauptet ein Schuldner, kein Vermögen zu haben, um die Forderung des Gläubigers zu befriedigen, so ist es möglich, daß der Richter nach erfolgter Einvernahme des Schuldners über seine Vermögens- und Einkommensverhältnisse diesem aufgibt, an bestimmten Terminen Abschlagszahlungen zu leisten. Kommt der Schuldner dieser Auflage ohne vernünftigen Grund nicht nach, so kann er mit Gefängnis bestraft werden. Das wird dann vorkommen, wenn nachgewiesen ist, daß die nötigen Mittel zur Zahlung vorhanden waren. Der zuständige Richter des High Court ist berechtigt, eine Gefängnisstrafe bis zu 6 Wochen auszusprechen, wenn der geschuldete Betrag höher ist als £ 50 (Debtors Act, 1869).

Der Schuldner kann auch verhaftet werden, wenn seine Schuld den genannten Betrag erreicht und er im Begriffe ist, England zu verlassen. Leistet er keine Sicherheit, so ist eine Gefängnisstrafe bis zu 6 Monaten Gefängnis zulässig.

Abgesehen von diesen Fällen, ist die Schuldhaft in England abgeschafft.

Regelmäßig wird der Sheriff, vertreten durch einen Unterbeamten, dem eigentlichen Vollstreckungsbeamten, durch den writ of execution, den Vollstreckungsbefehl, beauftragt, sich der Vermögensstücke, die im Besitz des Schuldners sind, zu bemächtigen und sie zugunsten des Gläubigers zu verwerten. Hat der Sheriff die von ihm gepfändeten Gegenstände verkauft oder sind sie während 21 Tagen nicht ausgelöst worden, so bildet dies einen Konkursgrund. Jeder Gläubiger ist auf Grund dieser Tatsache berechtigt, das Konkursbegehren zu stellen, wodurch das Vollstreckungsverfahren in das Konkursverfahren übergeleitet wird.

Handelt es sich um die Beschlagnahme einer Forderung des Schuldners bei dritten Personen, z. B. um Werte, die bei der Bank des Schuldners liegen, so verbietet der Richter dem dritten Schuldner an seinen

Gläubiger zu zahlen, und weist ihn an, den betreibenden Gläubiger an Stelle des Schuldners als Gläubiger anzuerkennen. Der bezügliche gerichtliche Befehl ist zunächst eine order nisi, d. h. sie erfolgt unter der Bedingung, daß der Drittschuldner nicht binnen bestimmter Frist rechtswirksame Einreden erhebt. Ist dies nicht der Fall, so wird die gerichtliche Verfügung zu einer order absolute. Man spricht von einer garnishee order.

Dem Richter steht in weitgehender Weise freies Ermessen zu, wie im einzelnen Fall die Vollstreckung vor sich gehen soll. Es ist möglich, daß sie schon am Tage der Verkündigung eines erstinstanzlichen Urteils erfolgt. Will in diesem Fall der Schuldner eine Sistierung erwirken, so kann er dies in der Regel nur, wenn er bei Gericht eine Kaution leistet, welche so hoch bemessen ist, daß die obsiegende Partei zufolge der Berufung keinen Schaden erleidet, wenn sie auch in der oberen Instanz gewinnt.

II. Konkurs (Bankruptcy), Konkursgründe (Acts of Bankruptcy). Handelt es sich um eine Schuld von wenigstens £ 50, gleichgültig, ob ein einziger Gläubiger oder mehrere zusammen eine solche Forderung geltend machen, so kann gegen den Schuldner, wenn ein bankruptcy act, ein Konkursgrund, vorliegt und er dem Konkurs unterliegt, das Konkursverfahren beantragt werden. Auch der Schuldner selbst kann den Konkurs begehren.

Zuständig in Konkurssachen sind die besondere Abteilung der Chancery Division des High Court und die außerhalb Londons gelegenen County Courts.

Zunächst ist festzustellen, ob der Schuldner überhaupt der Konkursbetreibung unterliegt. Das ist nicht der Fall mit den eingetragenen Companies, gegen welche nur die Liquidation mit Hilfe des Gerichtes, the winding-up, zulässig ist. Siehe darüber Curti II, S. 348 ff.

Dagegen können in den Konkurs gebracht werden einzelne Personen, individuals, auch wenn sie keine Kaufleute sind, Frauen, ob sie allein oder mit ihrem Manne ein Geschäft betreiben, sowie die Gesellschafter der partnership für Schulden der Firma, wie für persönliche Schulden, nicht aber die partnership als solche.

Wenn der Schuldner innerhalb des Londoner bankruptcy district wohnt oder hier seine Geschäfte betreibt, so ist für das Verfahren die Chancery Division des High Court zuständig, vertreten durch einen Richter, welcher die besondere Aufgabe hat, die Funktionen des Konkursrichters, des judge in bankruptcy, auszuüben. Neben ihm arbeiten Hilfsbeamte, registrars in bankruptcy, welche fast die gleichen Befugnisse haben wie er selbst.

Der High Court ist auch zuständig, wenn der Schuldner sich zwar im Ausland aufhält, sein Aufenthaltsort aber nicht bekannt ist.

Außerhalb Londons ist für Konkurssachen der County Court des Distrikts maßgebend, wo der Schuldner wohnte oder Geschäfte in den letzten 6 Monaten betrieben hat.

Das Gesetz bezeichnet genau die Bedingungen, unter welchen das Konkursverfahren verlangt werden kann. Jedermann unterliegt dem Konkurse, wenn irgendeiner der gesetzlich bestimmten Konkursgründe gegen ihn vorliegt zur Zeit, da er persönlich in England anwesend war, sich hier gewöhnlich aufhielt oder einen „place of residence" in England hatte, oder wenn er persönlich oder durch einen Vertreter oder Geschäftsführer Geschäfte in England ausführte oder Gesellschafter einer Firma oder partnership war, die in England Geschäfte betrieb.

Das Konkursverfahren kann nur eingeleitet werden, wenn ein Konkursgrund, ein act of bankruptcy, vorliegt, nämlich:

a) wenn der Schuldner in England oder anderswo sein Vermögen einem Treuhänder, trustee, zur Befriedigung von Gläubigern im allgemeinen übertragen hat;

b) wenn er zum Nachteil von Gläubigern in England oder anderswo betrügerischerweise Vermögensübertragungen oder Geschenke gemacht hat;

c) wenn er in England oder anderswo irgendeine Übertragung seines Vermögens oder eines Teiles davon vorgenommen hat oder es irgendwie belastete, unter Umständen, welche diese Handlungen für den Fall des Konkurses zu einer betrügerischen Bevorzugung eines Gläubigers gestalten würden, also null und nichtig sind;

d) wenn er mit der Absicht, seine Gläubiger zu prellen (defeat) oder hinzuhalten (delay), von England weggezogen ist, oder wenn er außerhalb von England wohnt, von England wegbleibt oder sich von seinem Wohnhause entfernt oder sich verborgen hält („or otherwise absents himself or begins to keep house");

e) wenn eine Zwangsvollstreckung (Pfändung) gegen ihn verfügt wurde aus einer Klagesache vor irgendeinem Gericht oder irgendeinem Zivilprozeß vor High Court und der Sheriff die gepfändeten Objekte verkauft hat oder sie 21 Tage lang in dessen Verwahrung waren, ohne daß er sie verkaufte. Ein Konkursbegehren, das auf Grund dieser Tatsache gestellt wird, leitet das Vollstreckungsverfahren in das ordentliche Konkursverfahren über. Der pfändende Gläubiger genießt nur dann ein Vorrecht gegenüber den anderen Gläubigern, wenn der Verkaufserlös der gepfändeten und verkauften Gegenstände oder ein Lösegeld während 14 Tagen im Besitz des Sheriff blieben, ohne daß ihm mitgeteilt worden wäre, daß ein Konkursbegehren von anderer Seite gestellt wurde;

f) wenn der Schuldner selbst beim Gericht seine Zahlungsunfähigkeit erklärt oder gegen sich selbst das Gesuch auf Konkurseröffnung stellt; man spricht von „voluntary petition";

g) wenn ein Gläubiger, der im Besitze eines gegen den Schuldner ergangenen Urteils auf Zahlung einer bestimmten Summe ist, in bezug auf welche die Vollstreckung nicht sistiert wurde, dem Schuldner erfolglos eine bankruptcy-notice zugestellt hat. Dies ist eine in bestimmter Form gefaßte, beim Gericht eingetragene Aufforderung an den Schuldner, binnen 7 Tagen zu zahlen oder binnen 3 Tagen begründete Einreden durch Klage beim Gericht geltend zu machen, da sonst der Gläubiger das Konkursverfahren verlangen werde. Reicht der Gläubiger keine Klage innerhalb der ihm eingeräumten Frist ein, so wird der Richter auf die petition des Gläubigers die receiving order für das Konkursverfahren erteilen.

Handelt es sich um einen Schuldner, welchem die bankruptcy-notice ins Ausland zugestellt werden muß, so bestimmt der Richter die Fristen nach seinem freien Ermessen.

h) Ein weiterer Konkursgrund liegt vor, wenn der Schuldner irgendeinem seiner Gläubiger mitteilt, daß er seine Zahlungen eingestellt hat oder im Begriffe ist, es zu tun.

III. Bankruptcy Petition; Konkursbegehren. Der Antrag auf Einleitung des Konkursverfahrens muß durch affidavit des Gläubigers oder einer anderen Person für ihn, welche Kenntnis von der Sachlage hat, beglaubigt sein und der gesetzlichen Vorschrift entsprechend dem Schuldner zugestellt werden. Bei der Verhandlung vor dem Richter müssen die Forderung, die Zustellung des Antrags und der Konkursgrund nachgewiesen werden.

Leistet der Schuldner keine Folge, so ergeht ein Versäumnisurteil, ein judgment by default. Erscheint er, so hängt der Entscheid des Richters von dem Verlauf der Verhandlung ab. Wenn der Schuldner nachweist, daß er schon bezahlt hat oder daß er sonst nichts schuldig ist, z. B. weil ihm eine Gegenforderung in gleicher Höhe zusteht, oder daß er zur Zeit nichts schuldet, weil der Gläubiger eine Stundung gewährt hat, so liegt der Fall anders, als wenn keine solchen Einreden erfolgen. Der Richter kann, nachdem er den Schuldner einvernommen hat, ihm Stundung in der Weise gewähren, daß er ihn zu wöchentlichen oder monatlichen Ratenzahlungen verpflichtet unter der Androhung einer Strafe, eventuell Haft, im Unterlassungsfalle.

IV. Receiving order, adjudication order. Ist der Schuldner absolut unfähig zu zahlen, hat er seine Zahlungen eingestellt, oder liegt sonst ein Konkursgrund vor, so erläßt der Richter eine receiving order, einen Sequestrationsbefehl, sei es auf Begehren des Gläubigers oder direkt auf Verlangen des Schuldners.

Die receiving order macht den Schuldner nicht gleich zum Konkursiten, zum bankrupt. Die order verbietet dem Schuldner, weiterhin über sein Vermögen zu verfügen, und den Gläubigern, ihre Forderungen anders als im Konkurs geltend zu machen. Ausgenommen davon sind nur die Gläubiger, welche Sicherheiten in ihren Händen haben.

Zufolge der receiving order geht das Vermögen des Schuldners auf den vom Handelsamt (board of trade) ernannten amtlichen Vermögensverwalter, den official receiver, über. Er hat den Umfang des Vermögens, Aktiven und Passiven, genau festzustellen, das Vermögen festzuhalten, aber auch über das persönliche Verhalten des Schuldners die wünschenswerten Nachforschungen anzustellen, worüber er dem Gericht und den Gläubigern einen Bericht erstatten muß.

Der Entscheid über die receiving order wird mit Namen, Adresse und Bezeichnung des Schuldners, Datum des Erlasses und Bezeichnung des Gerichtes, sowie mit dem Datum des Antrages in der durch die „Rules of Bankruptcy" vorgeschriebenen Weise in den Zeitungen und sonst bekanntgemacht.

Der Schuldner muß dem receiver in vorgeschriebener Form eine Übersicht über seine Geschäfte, ein statement of affairs, geben, in welchem die Adressen der Gläubiger enthalten sind.

Wenn irgendwelche Vermögensstücke des Schuldners auf dem Wege der Zwangsvollstreckung mit Beschlag belegt sind und noch nicht verkauft wurden, so wird dem Sheriff die receiving order mitgeteilt, und dieser ist verpflichtet, alle Vermögensobjekte, welche er auf dem Wege der Zwangsvollstreckung an sich genommen hat, dem official receiver auszuhändigen. Immerhin haben die Kosten der Vollstreckung in erster Linie ein Recht auf Befriedigung aus diesen Vermögensstücken.

Wenn zufolge einer Zwangsvollstreckung, gestützt auf ein Urteil über eine Schuld von mehr als £ 20 Vermögensstücke des Schuldners verkauft sind oder Geld bezahlt wurde, um den Verkauf zu verhindern, so soll der Sheriff die Kosten der Zwangsvollstreckung vom Erlös oder vom bezahlten Gelde abziehen und den Restbetrag 14 Tage behalten. Wenn ihm innerhalb dieser Zeit bekanntgegeben wird, daß ein Konkursbegehren gegen den Schuldner gestellt worden ist oder eine receiving order erlassen wurde, so hat der Sheriff den Rest an den official receiver oder den trustee zu bezahlen, welcher berechtigt ist, den Erlös des Vollstreckungsverfahrens auch gegenüber dem Gläubiger, der dieses Verfahren verlangt hatte, zur Konkursmasse zu ziehen.

Das Gericht selbst hält eine öffentliche Sitzung zur Prüfung des Verhaltens des Schuldners und seiner Vermögenslage. Der Schuldner wird über seine Vermögensverhältnisse und die Gründe, welche zu seiner ungünstigen Lage führten, in öffentlicher Sitzung vor dem Registrar des Gerichtes durch den receiver einvernommen.

Es findet dann eine erste Gläubigerversammlung (first meeting) statt, in welcher der receiver Bericht erstattet und an welcher die Gläubiger beraten, ob vielleicht mit dem Schuldner ein Vergleich abgeschlossen werden oder ob er bankrott erklärt werden soll (siehe darüber unter VIII).

Es ist möglich, daß es in der ersten Gläubigerversammlung zu einem Vergleich zwischen Gläubigern und Schuldner kommt, durch welchen der Konkurs vermieden werden kann. Doch liegt es im Ermessen des Gerichtes, den Vergleich abzulehnen, wenn ein Grund vorliegt, der auch dazu führen würde, dem Schuldner die sog. discharge zu verweigern (siehe über den Vergleich unter VIII).

Aber selbst ein bestätigter Vergleich bindet einen Gläubiger nicht in bezug auf eine Forderung, von welcher der Schuldner durch eine order of discharge auch im Konkursfall nicht befreit werden könnte.

Kommt es zu keinem Vergleich oder kam es überhaupt nicht zu einer Gläubigerversammlung, so wird das Gericht den Schuldner bankrott erklären, der Schuldner wird adjudicated bankrupt. Diese Verfügung des Konkursrichters heißt *adjudication order*. Das Vermögen des Schuldners wird einem Konkursverwalter, *dem trustee of the bankrupt's estate* übertragen und ist unter seine Gläubiger zu verteilen. Der Richter kann diese Order auch erlassen, wenn der Schuldner es unterläßt, innerhalb von 7 Tagen nach der receiving order eine Vermögensaufstellung anzufertigen, oder auch sonst, wenn es der Richter für richtig findet.

Die Eröffnung des Konkurses wird in der London Gazette und in Lokalzeitungen bekanntgegeben.

V. Vermögensliquidation. Sofort nach der adjudication order wird durch Beschluß der Gläubiger ein Konkursverwalter, ein *trustee* of the bankrupt's estate, ernannt. Die Gläubiger, welche diesen Beschluß fassen, müssen wenigstens die Hälfte der Forderungssumme vertreten.

Gleichzeitig kann ein Gläubigerausschuß bestellt werden, *a committee of inspection,* von wenigstens 3, höchstens 5 Gläubigern, welche den Konkursverwalter bei der Liquidation und Verteilung der Konkursmasse unterstützen. Sowohl die Wahl des Konkursverwalters als auch die Bestellung des Gläubigerausschusses bedarf der Genehmigung des Handelsamtes, des Board of Trade.

Bis der trustee ernannt ist oder solange kein solcher tätig ist, handelt der Official Receiver als Konkursverwalter.

Das ganze Vermögen des Schuldners geht auf den Konkursverwalter über, ausgenommen natürlich das Vermögen, das der Schuldner selbst als Treuhänder verwaltet.

Die Aktiven werden veräußert und der Erlös wird nach Verhältnis unter die Gläubiger verteilt. Ist hinreichend Bargeld vorhanden, so kann schon vor Abschluß des Konkursverfahrens eine Abschlagsdividende ausbezahlt werden.

Das Recht auf vorzugsweise Befriedigung haben (Bankruptcy Act. 1914 (B. A. 1914)):

a) Alle Gemeindeabgaben, welche zur Zeit der receiving order geschuldet wurden und innerhalb eines Jahres vorher fällig waren, sowie alle endgültig festgesetzten Steuern, Grundsteuern, Vermögens- und Einkommenssteuern, welche dem Schuldner bis zum letzten 5. April vor dem Datum der receiving order auferlegt wurden und welche nicht die gesamte Steuerschuld eines Jahres überschreiten.

b) Alle Lohnzahlungen an kaufmännische Angestellte (clerks) und Bedienstete, soweit sie die Dienste der letzten 4 Monate vor der receiving order betreffen, aber nicht über den Betrag von £ 50 hinausgehen.

c) Alle Löhne an landwirtschaftliche und andere Arbeiter und Gesinde, nicht über £ 25, sei es, daß sie nach Zeit oder nach Akkord bezahlt wurden, und zwar für die beiden letzten Monate vor dem erwähnten Datum.

Arbeiter in der Hausgemeinschaft sind berechtigt, in einer runden Summe auf das Ende des Jahres bezahlt zu werden.

d) Forderungen bis zu £ 100 nach dem Workmen's Compensation Act (aus Betriebsunfällen und aus Betriebskrankheiten).

e) Beiträge der Unternehmer an die nationale Versicherung, nach dem National Insurance Act, 1911, für 4 Monate.

Diese Forderungen stehen im gleichen Range und sollen vollständig befriedigt werden, wenn die Masse ausreichend ist, sonst verhältnismäßig.

Im Falle einer Selbstpfändung am Vermögen des Schuldners für ausstehende Miet- und Pachtzinsen während der drei vorausgegangenen Monate haben die Gläubiger ein erstes Pfandrecht an den beschlagnahmten Gütern und am Erlös daraus.

Auch der Vermieter oder Verpächter ist berechtigt, für einen Miet- oder Pachtzins Selbstpfändung vorzunehmen, und zwar vor und nach der Konkurseröffnung. Wenn er aber diese Pfändung nachher vornimmt, so ist sie nur zulässig für den Zins der letzten 6 Monate vor der Konkurseröffnung. Den Rest muß er im Konkursverfahren anmelden. Die Selbstpfändung erstreckt sich nicht auf Zins, welcher erst nach der Vornahme der Pfändung fällig wird (B. A., 1924, s. 35).

Forderungen eines Ehegatten aus Geschäftsbetrieb gegen den anderen können erst befriedigt werden, nachdem alle anderen Gläubiger vollständig befriedigt sind (B. A., 1914, s. 36).

Absonderungsberechtigte (secured) Gläubiger, wie der Verpächter, lessor, usw., werden außerhalb des Konkursverfahrens befriedigt.

Auf Grund des Aussonderungsverfahrens — right of separation — können gewisse Gegenstände, z. B. unterwegs befindliche, zur Verfügung gestellte oder überhaupt solche Waren, welche dem Schuldner nicht gehören, aus der Konkursmasse herausverlangt werden.

Bei Beendigung seiner Aufgabe legt der Konkursverwalter der Gläubigerversammlung eine Schlußrechnung vor.

VI. Persönliche Folgen. Der Konkursit, bankrupt, ist in der Ausübung seiner Rechte beschränkt. Er kann kein öffentliches Amt bekleiden. Er ist verpflichtet, jedem, welcher ihm allein oder mit anderen Personen zusammen einen Kredit von wenigstens £ 10 gewährt, genau zu informieren, daß er ein undischarged bankrupt ist. Unterläßt er dies, so kann er mit Gefängnis bestraft werden.

Unter gleicher Strafandrohung ist ihm verboten, irgendein Geschäft unter einem anderen Namen zu betreiben als unter dem, unter welchem er Konkursit wurde, es sei denn, daß er die anderen Personen, mit welchen er in geschäftlichen Verkehr tritt, genau aufklärt.

Der Schuldner hat deshalb ein großes Interesse daran, den Konkurs überhaupt zu vermeiden oder, wenn er ausgesprochen ist, sich doch so rasch wie möglich rehabilitieren zu lassen. Er kann zu diesem Zweck schon vor Beendigung des Konkursverfahrens, sogar gleich nachdem die receiving order ergangen ist, an das Gericht das Gesuch stellen, es sei zu seinen Gunsten eine *order of discharge* zu erlassen. Der Richter wird nach freiem Ermessen urteilen und auf die besonderen Umstände des Falles abstellen. Wenn der Schuldner ohne sein persönliches Verschulden in seine schwierige Lage gekommen ist, so wird der Richter eher und rascher dem Begehren auf discharge entsprechen. Er kann daran auch bestimmte Bedingungen knüpfen, wie er sie gerade für angezeigt hält. Auf jeden Fall wird jedem Gläubiger Gelegenheit geboten, dazu Stellung zu nehmen und, wenn er es wünscht, gegen die Gutheißung des Begehrens zu opponieren.

Nach vollständiger Befriedigung der Gläubiger ist der Schuldner berechtigt, zu verlangen, daß er wieder ganz in seine früheren Rechte eingesetzt wird, es sei denn, es liege betrügerischer Bankrott, fraudulent bankruptcy, vor.

Die order of discharge befreit den Konkursiten von allen im Konkurs gegen ihn geltend gemachten Ansprüchen. Ein Schuldner kann auch nicht ein rechtsgültiges Versprechen abgeben, durch das er sich verpflichtet, diese Schulden, von welchen er nun befreit ist, doch noch zu zahlen, es sei denn, daß eine neue consideration (Gegenleistung) hierfür gegeben ist. Von diesem Verbot sind allerdings eine Reihe von Schulden ausgenommen. Hierher gehören debts on recognisance, d. h. Verpflichtungen, die dem Gericht gegenüber eingegangen wurden, wie Zahlungen wegen Übertretung des Gebotes „to keep peace, a good behaviour“ usw., ferner Schulden, die aus betrügerischem Verhalten entstanden, insbesondere Verletzung der Pflichten als Treuhänder; ferner Schulden, gestützt auf Urteile in Vaterschaftsprozessen (affiliation order), aus der Verurteilung des Co-respondent im Scheidungsprozeß.

VII. Small bankruptcies. Wenn das vorhandene Vermögen weniger als £ 300 beträgt, so kann das Gericht nach Erlaß der receiving order verfügen, daß die Masse durch den Official Receiver als Treuhänder verwaltet und liquidiert werde, und zwar ohne ein committee of inspection. Doch können die Gläubiger beschließen, daß gleichwohl das ordentliche Konkursverfahren einzutreten habe.

Wenn ein Urteil durch ein Grafschaftsgericht ergangen ist und der Schuldner zahlungsunfähig ist, seine Schulden aber nicht höher sind als £ 50, so kann das Gericht vom Konkurse Umgang nehmen und eine Verfügung erlassen, welche es dem Schuldner ermöglicht, seine Schuld ratenweise zu tilgen, sei es die ganze Schuld oder einen Teil der Schuld, wie es dem Gericht angemessen erscheint.

VIII. Vergleichsverhandlungen. Deed of Arrangement Act, 1914 (D. A. A., 1914). Ein Schuldner, der in Zahlungsschwierigkeiten gerät, wird gewöhnlich den Konkurs dadurch zu vermeiden suchen, daß er zunächst den Gläubigern einen Vergleichsvorschlag unterbreitet. Sehr oft ist dies auch für die Gläubiger von Vorteil, da sie bei einer Konkursliquidation, welche außerordentlich teuer ist, regelmäßig ungünstiger wegkommen. Der Schuldner lädt zu diesem Zwecke seine Gläubiger zu einer Versammlung ein, um ihnen seine Geschäftslage bekanntzugeben und seine Vorschläge zu begründen. Für den Vergleich mit den Gläubigern stehen gewöhnlich zwei Wege offen:

Entweder offeriert der Schuldner den Gläubigern die Abtretung seines ganzen Geschäftes und Vermögens — entsprechend der römischrechtlichen cessio bonorum —, so daß die Gläubiger das Geschäft auf Rechnung der Masse fortführen, gewöhnlich indem sie einen Treuhänder, trustee, mit der Geschäftsführung und Liquidation beauftragen. Dann werden in einem *deed of assignment for the benefit of creditors* zwischen dem Schuldner und den Gläubigern die näheren Bedingungen für die Abtretung niedergelegt und diese Vereinbarung bei der dafür zuständigen öffentlichen Stelle registriert.

Solche Abtretungen sind geordnet durch den Deeds of Arrangement Act, 1914, nach welchem ein *Deed of Arrangement* ungültig ist, wenn er nicht binnen 7 Tagen registriert wurde. Eine solche Abmachung ist regelmäßig ungültig, wenn sie nicht binnen 21 Tagen die Zustimmung der Mehrheit der Gläubiger, sowohl nach Zahl als nach Wert (a majority in number and value) erlangt hat. Eine „honest" Abtretung zugunsten der Gläubiger, auch wenn ein act of bankruptcy vorliegt, kann nicht angefochten werden, es sei denn, daß der abtretende Schuldner bankrupt erklärt wurde, gestützt auf ein Begehren, gestellt innerhalb 3 Monaten vom Datum der Abtretung an. Der Gläubiger, welcher der Abtretung nicht zustimmt, kann nicht auf das abgetretene Vermögen greifen. Er kann aber, wenn er eine liquide Forderung hat, ein Konkursbegehren stellen.

Oder der Schuldner verpflichtet sich, seine Schulden nach und nach in Raten zu tilgen, wenn ihm die Gläubiger die erforderliche Zeit hierfür lassen, also Stundung gewähren. Stimmen die Gläubiger zu, so tun sie dies oft nur, wenn Verwandte oder Freunde des Schuldners eine Sicherheit leisten. Eine solche Vereinbarung zwischen Schuldner und Gläubigern wird in einer *composition deed* niedergelegt und muß ebenfalls registriert werden.

In den meisten Fällen kommt es zu einer Einigung, da sowohl der Schuldner als auch die Gläubiger ein Interesse daran haben, den öffentlichen Konkurs zu vermeiden. Der Schuldner will seinen guten Namen erhalten und sich möglichst vor den Gefahren großer Kreditschädigung schützen, dies um so mehr, als der Konkurs in England auch ehrenrührige Folgen hat.

Die Gläubiger wollen die weit höheren Kosten des amtlichen Verfahrens vermeiden und hoffen auch sonst bei friedlicher Liquidation zu einem besseren Resultat zu gelangen, namentlich wenn ihnen die Freunde des Schuldners noch Sicherheiten bieten, oder wenn sie selbst durch einen Vertrauensmann liquidieren lassen. Dazu kommt, daß der Engländer überhaupt ein geschworener Feind jeder staatlichen Einmischung ist.

Ist es nicht möglich, vor dem Beschlusse des Richters, der das Konkursverfahren einleitet, der receiving order, das Verfahren der amtlichen Aufsicht zu entziehen, so vereinbaren sich Schuldner und Gläubiger oft nachher, bevor das amtliche Verfahren weiter fortgeschritten ist.

Da Schuldner und Gläubiger sich regelmäßig bei solchen Vergleichsverhandlungen und in den verschiedenen Stadien des Konkursverfahrens durch solicitors vertreten lassen, so spielt bei diesen das Bankruptcy Business eine große Rolle.

Gläubiger, welche der von der Mehrheit der Gläubiger mit dem Schuldner beschlossenen Vergleichsvereinbarung, sei es eine deed of composition oder eine deed of assignment, nicht zustimmen, können auch nicht auf die in dieser Urkunde aufgenommenen Vermögensstücke des Schuldners greifen, sondern sind darauf angewiesen, so gegen den Schuldner vorzugehen, wie wenn dieses Vermögen ihm nicht gehörte. Diese ungünstigere Lage wird natürlich den Gläubiger, der zuerst gegen die Vereinbarung ist, schließlich dazu bestimmen, sich mit ihr einverstanden zu erklären.

Besser steht der Gläubiger, dessen Forderung durch eine Sicherheit, z. B. irgendein Pfand oder eine Versicherungspolice, gesichert ist. Er wird sich immer aus diesem Pfand bezahlt machen können, das in allen Fällen zuerst zu seiner Befriedigung zu dienen hat.

IX. Anfechtbare und strafbare Handlungen. In betrügerischer Absicht erfolgte Bevorzugung von Gläubigern vor Ausbruch des Konkurses ist null und nichtig und auch strafbar.

Nach dem Law of Property Act, s. 172, wird jede Übertragung eines Grundstückes in der Absicht, Gläubiger zu schädigen, nichtig erklärt, wenn die geschädigte Person einen bezüglichen Antrag stellt. Doch kann eine solche Übertragung von Rechten an einem Grundstück nicht angefochten werden, wenn sie gegen gültige consideration und in gutem Glauben an jemanden erfolgte, der zur Zeit der Übertragung nicht wußte, daß der Schuldner seine Gläubiger zu schädigen beabsichtige.

Die Frage, ob eine solche betrügerische Absicht vorliegt, hängt von dem Tatbestand des concreten Falles ab.

Im übrigen besteht für alle Zahlungen von Schulden, Leistung von Sicherheiten zugunsten von Gläubigern, zu welchen der Schuldner vertraglich nicht verpflichtet war, in den drei dem Konkursantrag vorausgehenden Monaten, die Vermutung, daß sie in der Absicht erfolgt sind, die andern Gläubiger zu benachteiligen. Sie gelten als fraudulent preference.

Hat der Schuldner seinen Konkurs durch betrügerische Geschäftsführung verschuldet, so kann er bis zu zwei Jahren Freiheitsstrafe verurteilt werden.

Viertes Kapitel.

Schiedsgerichtliches Verfahren; arbitration.

I. Mehr als in irgendeinem anderen Lande wird in England schiedsgerichtliche Erledigung von Streitfällen vereinbart. Maßgebend sind hierfür die gesetzlichen Vorschriften des Arbitration Act von 1889. Sie kommen zur Anwendung, wenn keine entgegenstehende Verfügung im Vertrag getroffen wurde.

Es genügt eine mündliche Abrede; doch ist natürlich schriftliche Vereinbarung über ein Schiedsgericht die Regel.

Das Verfahren vor Schiedsgericht wird in England als ein extrajudicial proceeding behandelt. Doch kann stets die Hilfe des ordentlichen Richters angerufen werden, soweit das Verfahren einer gerichtlichen Verfügung bedarf.

Der Schiedsvertrag heißt *submission,* der Schiedsrichter *arbitrator* oder „*umpire*“, der schiedsgerichtliche Entscheid *award.*

II. Bezeichnung der Schiedsrichter (appointment). Der Schiedsrichter kann in der Parteivereinbarung genannt oder einer späteren Ernennung vorbehalten sein. Der Vertrag nennt auch oft einen oder mehrere Schiedsrichter oder schreibt die Art und Weise ihrer Wahl vor, z. B. die Ernennung soll durch den Lord Chief Justice of England erfolgen oder durch den Vorsitzenden irgendeiner kaufmännischen oder anderen beruflichen Organisation.

Wird nichts anderes gesagt, so wird ein *einziger* Schiedsrichter angenommen. Können sich die Parteien über die Wahl nicht einigen oder lehnt die bezeichnete Person das Amt ab oder ist sie unfähig zu handeln, so ernennt das ordentliche Gericht (regelmäßig ein Richter der King's Bench Division) den Schiedsrichter.

Wenn der Schiedsvertrag vorsieht, daß die Beurteilung durch zwei Schiedsrichter zu erfolgen hat, so wird je einer von einer Partei gewählt. Weigert sich eine Partei die Ernennung ihres Schiedsrichters vorzunehmen, obwohl ihr hierfür von der anderen Partei eine Frist von 7 Tagen angesetzt worden ist, so kann die Partei, welche schon einen Schiedsrichter bezeichnet hat, diesen mit der Aufgabe betrauen, als einziger Schiedsrichter zu entscheiden, und sein Schiedsspruch wird für beide Parteien bindend sein (Act. 1889, s. 6).

Sind zwei Schiedsrichter bezeichnet worden, so können sie einen umpire wählen, und zwar sowohl in dem Falle, daß sie selbst sich nicht auf einen Entscheid einigen können als auch schon vorher. Wählen sie im Konfliktsfall keinen umpire oder weigert sich ein ernannter, zu handeln, so kann das ordentliche Gericht einen umpire mit der Beurteilung des Falles betrauen.

Ist ein umpire ernannt, sei es von beiden erstgewählten Schiedsrichtern oder vom Gericht, so haben die Schiedsrichter ihre Tätigkeit einzustellen, da an ihrer Stelle nur noch der umpire urteilt und die erforderlichen Verfügungen erläßt.

III. Wirkung des Schiedsvertrages. Der Schiedsvertrag verunmöglicht es zwar nicht, daß eine Partei der anderen einen writ of summons zustellt, mit der Absicht, den Prozeß vor dem ordentlichen Richter durchzuführen. Doch hat dann die Gegenpartei das Recht, mit Verweisung auf den Schiedsvertrag, vom ordentlichen Richter Einstellung des Verfahrens vor den ordentlichen Gerichten zu verlangen, „to stay the proceedings".

Dieses Gesuch auf Einstellung des Verfahrens ist einzureichen, nachdem der Beklagte seine Einlassungserklärung eingetragen hat, aber bevor irgendwelche weitere Schritte vor dem ordentlichen Richter getan werden. Zur Begründung seines Gesuches reicht der Beklagte eine eidesstattliche Erklärung, ein affidavit, ein, in welchem er ausführt, daß die Klage sich auf einen Streit bezieht, welcher innerhalb des Schiedsvertrages fällt und daß er selbst bereit ist, im Schiedsgerichtsverfahren Rede zu stehen.

Der Beklagte hat prima facie das Recht auf Sistierung des Verfahrens vor dem ordentlichen Richter. Damit dieser anders entscheide, müßte die klagende Partei den Nachweis leisten, daß die im Streite liegenden Fragen nicht vor das Schiedsgericht gehören.

Das ordentliche Gericht hat freies Ermessen darüber, ob es dem Gesuch entsprechen will oder nicht. Es ist schon vorgekommen, daß die

Sistierung des ordentlichen Verfahrens verweigert wurde, weil nur eine einzige Rechtsfrage im Streite war oder weil der ordentliche Richter zur Ansicht kam, der Fall sei solcher Art, daß es besser sei, ihn durch das ordentliche Gericht zu entscheiden, so z. B. wenn dem Kläger ein Betrug vorgeworfen wird und er ein Interesse daran hat, daß in open Court durch den ordentlichen Richter die Unwahrheit dieser Behauptung und seine Unschuld festgestellt werde. Ebenso wird der ordentliche Richter geneigt sein, das ordentliche Verfahren zuzulassen, wenn der Kläger nachweist, daß der bezeichnete Schiedsrichter ein secret interest in the case hat, oder aus anderen Gründen nicht geeignet wäre, als Schiedsrichter zwischen den Parteien zu entscheiden.

So gibt es eine gerichtliche Entscheidung (Jureidini v. National British usw. Insurance Co., 1915), welche erklärt, daß trotz bestehender Schiedsklausel in einem Feuerversicherungsvertrag die Einrede der Unzuständigkeit des ordentlichen Gerichtes nicht erhoben werden kann, wenn die Versicherungsgesellschaft behauptet, die versicherte Partei habe sich einer Brandstiftung oder eines Betruges schuldig gemacht, welch beide Gründe der Gesellschaft das Recht geben, den ganzen Vertrag als verwirkt zu erklären. Zur Begründung seiner Entscheidung erklärte der ordentliche Richter: es handle sich hier um eine Streitfrage aus Vertrag, bei deren Verteidigung die eine Partei „goes to the very root of the matter"; mit anderen Worten, es handle sich nicht nur um die Frage, ob der Kläger einen Schadenersatzanspruch geltend machen kann, sondern auch um die Frage, ob der Vertrag nicht als verwirkt erklärt werden soll.

Handelt es sich um einen Schiedsvertrag im internationalen Geschäftsverkehr, so ist auch das ordentliche Gericht daran gebunden.

IV. Befugnisse des Schiedsrichters. Der Schiedsrichter kann die Parteien und die Zeugen einvernehmen, und zwar unter Eid oder nach erfolgtem Gelöbnis, die Wahrheit zu sagen. Er kann sie auch by subpoena vorladen und sie zwingen, Zeugnis abzulegen und Urkunden vorzulegen.

Eine Besonderheit des englischen Schiedsgerichtsverfahrens enthalten die Artikel 17 und 19 des Arbitration Act.

Danach kann der Schiedsrichter jederzeit, sei es aus eigenem Entschluß oder auf Verlangen einer Partei, eine Rechtsfrage als a special case (man spricht auch von a consultive case) for the opinion of the Court bezeichnen und diese dem ordentlichen Gericht zu seiner Ansichtsäußerung, also zu einem Gutachten, unterbreiten. Bis letztere eintrifft, wird das Schiedsgericht den eigenen Urteilsspruch aufschieben. Zuständig zur Abgabe solcher Gutachten ist der Divisional Court der King's Bench Division. Eine Berufung gegen dieses Gutachten ist ausgeschlossen.

Weigert sich ein Schiedsrichter auf gehöriges Gesuch einer Partei, eine Rechtsfrage dem ordentlichen Gericht vorzulegen, so kann diese Partei (aber nur solange der Schiedsspruch noch nicht erlassen ist) an das ordentliche Gericht gelangen, damit dieses eine ihr günstige Verfügung trifft.

Auf das Recht, über eine Rechtsfrage im schiedsgerichtlichen Verfahren die Meinung des ordentlichen Gerichtes einzuholen, kann vertraglich nicht verzichtet werden. Ein solcher Verzicht würde nach der Meinung des englischen Juristen gegen die öffentliche Ordnung verstoßen.

V. Die Entscheidung des Schiedsgerichtes (making the award). Der Schiedsrichter muß seinen Schiedsspruch schriftlich abfassen, und zwar mangels ausdrücklicher gegenteiliger Bestimmung im Schiedsvertrag, innerhalb 3 Monaten, nachdem das Verfahren eingeleitet wurde. Diese Frist kann aber durch schriftliche Mitteilung vom Schiedsrichter erstreckt werden, oder wenn die Frist schon verstrichen ist, durch eine Verfügung des ordentlichen Gerichtes. Bestimmt der Vertrag nicht ausdrücklich Gegenteiliges, so kann der Schiedsrichter in seinem Schiedsspruch auch die costs des Verfahrens und des Schiedspruches nach freiem Ermessen festsetzen. Vorher hatte er kein Recht, einer Partei (z. B. einer ausländischen Gesellschaft) die Verpflichtung zur Leistung von Sicherheit für die costs aufzuerlegen.

Ein Schiedsrichter ist gewöhnlich berechtigt, für seine Dienste bezahlt zu werden, auch wenn dies nicht ausdrücklich bestimmt ist. Er kann solche Zahlung auf dem ordentlichen Prozeßweg erlangen. Auch steht ihm ein Retentionsrecht am Schiedsspruch für den Betrag seiner Gebühren zu; in der Praxis bleibt er im Besitz des Schiedsspruches, bis die Gebühren bezahlt sind.

Ist der Schiedsspruch gefällt, so darf der Schiedsrichter bloß „any clerical error", welcher aus Versehen passiert ist, verbessern, jedoch nicht materielle Änderungen vornehmen, solange der Schiedsspruch vom ordentlichen Gericht nicht nach nochmaliger Erwägung zurückgeschickt worden ist.

Hängt der Entscheid von Rechtsfragen ab, so kann der Schiedsrichter darauf verzichten, ein eigenes selbständiges Urteil zu fällen, indem er die Beurteilung des Falles dem ordentlichen Gericht überweist. Man sagt, der Schiedsrichter „states his award in the form of a special case for the opinion of the Court".

Schlägt der Schiedsrichter diesen Weg ein, so muß er in seinem Entscheid alle von ihm gemachten Feststellungen über Tatsachen genau anführen und es dem Court überlassen, gestützt auf diese Tatsachen die Rechte der Parteien festzusetzen.

In diesem Fall ist der Entscheid des Schiedsrichters eigentlich bloß ein Vorschlag an das ordentliche Gericht. Trifft der Schiedsrichter diesen

Entscheid, so ist seine Aufgabe erledigt und er ist seines Amtes enthoben. Doch kann seine Vollmacht wieder aufleben, wenn das ordentliche Gericht den Schiedsspruch zu neuer Erwägung zurückschickt. In der King's Bench Division wird ein solcher Schiedsspruch „stated in the form of a special case" vor einem einzelnen *Richter* verhandelt, und eine Berufung gegen seine Entscheidung geht an den Court of Appeal without leave (d. h. ohne daß hierzu besondere formelle Bewilligung nötig ist).

VI. Anfechtung eines Schiedsspruches. Wenn die Parteien auch vereinbart haben, daß sie sich einem Schiedsspruch unterwerfen, so steht jeder Partei gegen den Schiedsspruch doch ein Recht auf Anfechtung und Berufung an das ordentliche Gericht als Aufsichtsbehörde zu, innerhalb einer Frist von 6 Wochen vom Tage der Bekanntgabe des Schiedsspruches. Es kann nämlich die Aufhebung des Schiedsspruches verlangt werden „on the ground of error on the face", wenn er offensichtlich rechtsirrtümlich ist oder wenn der Spruch auf etwas Unsittliches oder Verbotenes lautet oder der Richter sich eines „misconduct" schuldig machte, wenn z. B. eine Partei unzulässigerweise in Abwesenheit der anderen einvernommen wurde, wenn das Gericht bestochen wurde usw. Eine solche Berufung an das ordentliche Gericht ist aber deshalb schwierig, weil der englische Schiedsrichter seinen Spruch ohne irgendwelche Angabe seiner Gründe erläßt. Das Gesuch auf Aufhebung eines Schiedsspruches geht an die King's Bench Division by notice of motion beim Divisional Court. Gegen den Entscheid des letztgenannten Gerichtes ist eine weitere Berufung an den Court of Appeal möglich.

Hat auf Verlangen des Schiedsgerichtes der Divisional Court ein Gutachten vor der Fällung des Schiedsspruches abgegeben, so ist der Court of Appeal, wenn die Sache auf dem Berufungswege wegen offensichtlichen Rechtsirrtums an ihn gelangt, nicht an die Meinung des Divisional Court gebunden, wie sie vom Schiedsspruch übernommen wurde.

Das ordentliche Gericht kann den Schiedsspruch ganz aufheben und an dessen Stelle ein selbständiges Urteil setzen, oder es kann die Streitsache zur Wiedererwägung oder zur Verbesserung an das Schiedsgericht zurückweisen.

VII. Die Vollstreckung des Schiedsspruches. Ein Schiedsspruch ist prima facie final und bindet die Parteien, welche den Schiedsvertrag eingegangen hatten. Mit Erlaubnis des ordentlichen Gerichtes kann der Schiedsspruch vollständig gleich vollstreckt werden wie ein ordentliches Urteil. Das Gesuch auf Vollstreckung (welches gewöhnlich bei der Bench Division gestellt wird) erfolgt durch *originating summons.*

Sachverzeichnis.

Die Ziffern verweisen auf die Seiten.

Abstand von der Fortführung des Prozesses 69, 94.
Abtretung des Vermögens des Schuldners an Gläubiger 170.
Abwesenheit einer Partei 97, 124.
Account, Rechnungsstellung, Klage auf 40, 50.
Acts of bankruptcy, Konkursgründe 163.
Adjective law 1.
Adjudication order im Konkursverfahren 165.
Admiralty-Court 22.
Admiralty-Prozesse 22.
Affidavit-Beweis, evidence of affidavit 78.
Affidavit of documents 72ff.
Affidavit of scripts in Erbschaftsprozessen 144.
Aktien, Sperrung durch Besserberechtigte 131.
Aktiengesellschaft
— auswärtige als beklagte Partei, Zuständigkeit englischer Gerichte 29.
— Mißachtung gerichtlicher Verfügungen durch A.-G. 131.
Alimony pendente lite im Scheidungsprozeß 137.
Anerkennung von Behauptungen, Tatsachen und Urkunden 76.
Anfechtbare Handlungen des Konkursiten 171.
Anfechtung von Testamenten 149ff.
Annual Practice 15.
Appeal, Berufung 147ff.
Appearance, Einlassung 41ff.
Application, Berufung 147ff.
Arbitrator, Schiedsrichter 172.
Arbitration, Schiedsgericht 172.
Arrangement zwischen Schuldnern und Gläubigern 170.
Art des Prozeßverfahrens (mit oder ohne Jury) 53.
Assessment of damages 12.
Assessors 7, 12.
Attachment of the debtor, Verhaftung des Schuldners 122, 130.
Augenschein 109.
Ausländisches Recht 79, 110.
Ausländische Urteile, Vollstreckung 160.
Außer-Kraft-Setzen von Schriftsätzen (striking out pleadings) 91.

Bailiff 12.
Bankbücher 75.
Bankers Book Evidence Act 52, 75, 114.
Bankruptcy, s. auch unter Konkurs 161ff.
— petition 161.
Banquiers als Zeugen 52, 75, 114.
Barrister 1ff.
Begehren an den master 82.
Beklagter als Zeuge 111.
Bereitstellung der Beweismittel 77.
Berufung, appeal 147ff.
Berufungserklärung 148, 150.
Berufungsfristen, s. Fristenverzeichnis 154.
Berufungsgericht, zuständiges 152.
Berufungsgründe 148ff.
Berufungen gegen Entscheidungen des High Court 147.
Berufungen gegen Entscheidungen des Master 8.
Berufungen gegen Entscheidungen niederer Gerichte 26.
Berufungen gegen Entscheidungen eines Referee 10.
Berufungsgerichte, s. auch Court of Appeal 24.
Berufungsgründe vor High Court 148.
Berufungsinstanzen 24, 32ff.
Berufung gegen Scheidungsurteile 140.
Beschlagnahme von Forderungen, garnishee order 121.
Bestreitung der Behauptungen der Gegenpartei (traverse) 62.
Beweis, s. auch unter Urkunden, Zeugen 52.
Beweismittel, ihre Bereitstellung 77.
Beweisaufnahme, evidence 108ff.
Beweismittel 77.
Beweislast, burden of proof 110.
Beweissatz, issue 111.
Burden of proof, Beweislast 110.

Camera, Prozeßverhandlungen in Camera 96.
Cause-lists 7, 127.
Caveat bei Einsprachen in Testamentssachen 142.
Central Office des Supreme Court of Judicature 8, 35.
Cessio bonorum 170.
Circumstancial proof 109.
Chambers, Verfahren in 44ff., 81ff.
Chancery Division des High Court 20, 123ff.
— Richter 20.
— Zuständigkeit 20.
— Verfahren 123ff.
— Versäumnisurteil 40, 124.
Charging order 131.
Chicanöse Klagen 63, 91.
Classification order 129.
Collusion (Scheidungsprozeß) 136.
Concurs s. Konkurs.
Commissionsweise Einvernahme abwesender Zeugen 77.
Composition deed 171.
Condonation, Verzeihung (Scheidungsprozeß) 136.
Confession and avoidance 62.
Connivance, geheimes Einverständnis der Parteien im Scheidungsprozeß 136.
Contempt of Court, Mißachtung gerichtlicher Verfügungen, auch der Aufforderung zur Zahlung von Schulden 130.
Contemptuous damages 104.
Co-respondent 134, 137.
Costs, Prozeßentschädigung, Sicherstellung 86.
Counsel, s. Barrister 3.
Counter-claim 65.
County Court 26, 30ff.
— Verweisung einer Sache an County Court 86.
Court of Assize 23.
Court of Appeal 24.
— Richter 24.
— Berufungen an Court of Appeal 146ff., Frist 155.
— Arbeitsteilung 24.
— Zuständigkeit 24.
Court-fees 156.
Cross-examination 99.
Custody of children nach der Scheidung 139.

Damages, Schadenersatz 59, 103.
Declaration of legitimacy einer Ehe 134.
— — of rights 44.
Decree, Urteil im Scheidungsprozeß 134.
Decree, Urteil, absolute 134.
— nisi 134, 139.
Deed of Arrangement Act, 1924, 170.
Deed of assignment for the benefit of creditors 170.
Default of Defence 51.
Defence, Klageantwort 61, 66.
Directions des Master 50ff.
Direkter Beweis 109.
Discharge des Konkursiten 169.
Discontinuance, Abstand vom Prozeß 69, 94.
Discovery of documents 70, 71, 92.
— — facts 70.
Dissolution of marriage, Ehescheidung 134ff.
District Registrar 9.
Distringa notice 131.
Divisional Court 7, 19
Divorce, Ehescheidung 134ff.
Documentary evidence, Urkundenbeweis 109, 114.
Domizil 27ff.
Dritter Ansprecher bei Vollstreckungen 120.

Ehegatten als Zeugen 111.
Ehebruch 135, 137.
Ehesachen 21, 134ff.
Ehescheidung 134.
Ehrverletzungsklage 60, 67, 71.
Eid 109, 111.
Einlassung 41ff.
Einreden 62ff.
— im Scheidungsprozeß 137.
Einstellung des Prozeßverfahrens 63.
Eintragung des Prozesses zur Hauptverhandlung 67ff.
Entschädigung, s. Kosten, costs, Prozeßentschädigung, Schadenersatz 67ff.
Entry for trial 67.
Equitable execution 119, 131.
Erbschaftssachen, Verfahren 140ff.
Erbschaftsverwalter, Ernennung 140ff.
Estoppel by Deed 111.
— — Record 111.
Evidence, Beweis 52, 108.
— in Chancery Division 127.
— on affidavit 78.
Examina der Rechtsanwälte 2, 34.
Examination in chief 99.
Execution eines Urteils 116ff., 161ff.
— von Urteilen und orders in Chancery Division 130.
Executor, Testamentsvollstrecker 140ff.
Exemplary damages 103.
Ex-parte Entscheidungen (ohne Vorladung der Gegenpartei) 125.
Experten 112, 113ff.

Fair trial 91, 149.
Fatal Accidents Act. 1846 90.
Festlegung von streitigem Vermögen 131.
Feststellung von Rechten 44.
— von Tatsachen 70, 74, 76.
— von Vermögen 128.
Fieri facias (fi. fa.) 117, 118.
Forderungen, Guthaben, Beschlagnahme 121.
Fragestellung an die Gegenpartei 70ff., 91.
Fremdes Recht, Beweis 79, 110.
Fristenverzeichnis 153.
Frivolous and vexatious actions 63.

Garnishee proceedings (orders) 121.
Gebote, richterliche 126.
Gegenforderung 65.
Geheime Verhandlung 96.
Geheimnispflicht des Zeugen 112.
Genehmigung von Testamenten 140ff.
General damages 104, 108.
Generally indorsed writs (generally indorsements) 37.
Gerichte, Richter 5, 16.
— zuständiges Gericht, Gerichtsort 80.
Gerichtsbarkeit 27ff.
Gerichtsnotorische Tatsachen 110, 111.
Gerichtsgebühren 156ff.
Gerichtliche Urkunden 114.
Gerichtsorganisation 15ff.
Geschäftsbücher, Beweis 114.
Geschworene 12, 13, 14.
— ihre Aufgabe 109.
Gesetze XI.
Gesiegelte Urkunde, Errichtung durch einen Dritten an Stelle des säumigen Pflichtigen 122.
Gläubiger eines Verstorbenen 129.
Gläubigerversammlung im Konkurs 166.
Grand Jury 13.
Gray's Inn 3.
Grundstück, Vollstreckung 119.
Gutachten 112, 113.

Haft des Schuldners 122.
Handelssachen 18, 19, 56.
Hauptverhandlung vor dem urteilenden Richter 95ff.
Hearing (trial), Hauptverhandlung in Bench Division 95ff.
— — — in Chancery Division 127.
High Court of Justice 16, 17, 34.
— Verfahren 34ff.
— Richter 6.
— Arbeitsteilung, Besetzung der Gerichte 6.
High Court of Justice: Berufungen gegen Entscheide des High Court 147.
— Zuständigkeit und Gerichtsbarkeit 15, 16.
— King's Bench Division 17ff., 34ff.
— Chancery Division 20, 123.
Hilfspersonen des Gerichts 7ff.
— der Bench Division 20.
Höhere Gerichte 16, 17.
House of Lords 25.

Indirekter Beweis 109.
Indorsement des writ 37.
— for an account 40, 50.
Injunctions 8, 59, 126.
Inner Temple 3.
Inns of Court 3.
Inspection, Einsichtnahme in Bücher durch eine gerichtlich bestellte Vertrauensperson 125.
Interlocutory Proceedings vor dem Master 81ff.
— relief, vorsorgliche Maßnahme in der Chancery Division 125.
Interpleader, Drittansprecher 85, 120.
Interrogatories, Fragestellung an die Gegenpartei 70ff., 91.
Issue of the writ 35.
Issues, Beweissätze 57, 111.

Jactitation of marriage 172.
Judge, Richter 5ff.
— seine Aufgabe vor den Geschworenen 109.
Judgment des Richters
— in der Bench Division 105.
— in der Chancery Division 127.
Judicature Acts 15, 34.
Judicial Committee of the Privy Council 25.
— separation, gerichtliche Trennung der Ehegatten
Jury, Geschworene 12, 13, 14, 80.
— Rechtsbelehrung durch den Richter 102.
— Wahrspruch der Geschworenen 102.
Justification 66.

Kinder nach dem Scheidungsurteil 139.
King's Bench Division 17ff., 34ff.
— Counsel 5.
— Proctor, Vertreter des Staates in Scheidungsprozessen 137.
Klage auf Patentverletzung 90.
— auf Rechnungsstellung 40, 50.
— auf effektive Leistung 50.
Klagebegründung, statement of claim 57, 58ff., 60.

Klageantwort, defence 57, 58, 60.
Klageerhebung 35.
Klageschrift in Ehesachen 135.
Kläger als Zeuge 111.
Konkurrenz verschiedener Gerichte 29.
Konkurs 161 ff., 163.
— Begehren 165.
— Gründe 163.
— persönliche Folgen 109.
Kontumazurteil 51.
Kosten des Prozesses
— des Scheidungsprozesses 140.
— Sicherstellung 52.
Kreuzverhör 99.

Law Reports 106.
Law Society 2.
Lawyer 1ff.
Legitimerklärung einer Ehe 134.
— von Kindern 21.
Letters of administration, Einsetzung eines Erbschaftsverwalters 140ff.
Lincoln's Inn 3.
Liquidated damages 45, 103.
Liquidation von Aktiengesellschaften, s. Curti II, 348ff.
Liquidation der Konkursmasse 167.
Literatur XI.
Lord Chancellor 6.
Lord Chief Justice 6.

Maintenance, Unterhaltsbeiträge an die geschiedene Frau 139.
Mandamus 8.
Master 7ff.
— in chambers 44.
Master's Certificate 129.
Master of the Rolls 6.
Mayor's Court of London and the City of London Court 26.
Middle Temple 3.
Misdirection des Richters 148.
Mode of trial 53.
Motion for judgment (bei Berufungen) 148, 155.
Mündlichkeit des Verfahrens 95.

New trial, Begehren bei Berufungen 148.
Nichtigkeitserklärung einer Ehe 134.
Niedere Gerichte 16, 26.
Nominal damages 104.
Notice to admit any specific fact or document.
— to the opposite party 82.
— of motion bei Berufungen 148, 155.
— of trial 67.
— to produce and admit 79.
— to inspect and admit 79.
Notice to admit any specific fact or document 76, 79.
Notorische Tatsachen 115.
Nullity of marriage 134.

Obligationen, Sperrung durch Besserberechtigte 131.
Öffentliche Urkunden 114.
Öffentlichkeit der Hauptverhandlung 95.
Ökonomische Folgen im Scheidungsprozeß 139.
Official Receiver, amtlicher Konkursverwalter 166.
Official Referee 10.
Oral evidence, Zeugenbeweis 109.
Orders (Prozeßvorschriften) 34.
Order XIV, summarisches Verfahren bei liquider Summe 48ff.
Order for directions 54, 55.
Order of discharge zugunsten des Konkursiten 169.
Order for inspection 75.
Originating motion 133.
Originating Summons 43, 132.
— in Chancery Division 132.

Parlamentsmitglied, Einrede der Immunität 63.
Parteien als Zeugen 111.
Particulars, Angabe von Einzelheiten 52, 70.
Patentverletzung, Klage und Klageantwort 90.
Payment into Court 64.
Permanent Alimony bei gerichtlicher Trennung 139.
Personal representative (Erbschaftsverwalter) 140ff.
Personen der Rechtspflege 1.
Petition 133, 134.
Petitioner 134.
Petty Jury 13, 14.
Place of trial 53.
Plaidoyers der Anwälte in der öffentlichen mündlichen Hauptverhandlung 98.
Pleadings, Schriftenwechsel 52, 57ff., 127.
Pressefreiheit in bezug auf Prozeßberichte 95.
Presumptions 110.
Primary (documentary) evidence 115.
Privaturkunden 114.
Probate Actions 22.
Probate, Divorce and Admiralty Division 21, 134ff.
— das Verfahren 134ff., 140ff.
— Testamentsklagen, probate actions 140ff.

Probate in common form 141.
— in solemn form 143, 145.
Prohibitions 8.
Proof 109.
Protokolle über Verfahren und Urteile 106, 127.
Prozesse betr. Testamentsgenehmigung und Ernennung von Erbschaftsverwaltern 141.
Prozeßentschädigung 86.
Prozeßhindernde Einreden 63.
Prozeßleitende Verfügungen des Master 50ff., 63.
Prozeßkosten 156ff.
Prozeßverfahren 52ff.
Prüfungen der Rechtsanwälte 2, 3, 4.
Puisne Judges 7.

Real evidence, Augenschein 109.
Rechtsmittel gegen erstinstanzliche Entscheide 147ff.
Re-examination 99.
Rebutter 67.
Receivers, Sachwalter 12, 130, im Konkurs 166.
Receiving order im Konkursverfahren 165.
Rechnungsstellung, Klage auf 40, 50.
Rechnungsvorlage und Prüfung von Rechnungen in Chancery Division 128.
Rechtliche Bestreitung von gegnerischen Behauptungen 63.
Rechtsanwälte 1ff.
— als Zeugen 134.
Rechtsbelehrung der Jury durch den Richter 102.
Rechtsfragen 63.
Rechtshilfe, relief, Arten 59.
Rechtskraft des Urteils 107.
Rechtsvermutungen 110.
Referee 10.
References for trial 10, 11.
— for inquiry or report 10, 11.
Registrar 9.
Rejoinder 67.
Relief, Art der Rechtshilfe 59.
Replik 67.
Reply, Replik 67.
Representative proceedings 124.
Residence (tatsächliches Wohnen an einem Ort) 27.
Respondent 134.
Restitution of conjugal rights 134.
Richter, seine Aufgabe 109.
Rules of the Supreme Court (Prozeßverordnungen) 15, 34.

Sachen, Herausgabe von 119.
Sachverständige 100, 112.
Sachwalter im Konkurs 166.
Schriftenwechsel, pleadings 52, 57ff.
Secondary (documentary) evidence 115, 116.
Seerecht, Verfahren 22.
Service of the writ 36.
Set-off, Verrechnung gegen Gegenforderung 65.
Sheriff 12, 117.
Sheriff's interpleader 85.
Sicherheitsleistung für Kosten 52, 86, 160.
Sistierung des Verfahrens 53.
Small bankruptcies 169.
Solicitor 1ff.
Sondergerichte 16.
Special damages 104, 108.
Specially indorsed writs 39, 47.
Stakeholder's interpleader 85.
Statement of Claim 58ff., 60.
Streitverkündung 87, 88, 89.
Striking out pleadings 64, 91.
Subjective law 1.
Submission, Schiedsvertrag 172.
Submission to an official referee 12.
Subpoena order 77, 96, 104.
— duces tecum 77.
Substance of case bei Probate-Klagen 143.
Substantial damages 104.
Substantive law 1.
Summarisches Verfahren bei liquidated damages 45.
Summing-up des Richters 102.
Summons, s. auch writ of summons 82.
— for directions 50ff.
— originating summons 43.
— for directions 50 ff., 53, 54, 55, 127.
— in Chancery Division.
Supreme Court of Judicature 16.
Surprise in einer Gerichtsverhandlung 149.
Surrejoinder 67.
Schadenersatz 59, 103.
— Berufung gegen 149.
Schadenersatzklage 103.
Scheidungsklage 134ff.
Schiedsgerichtliches Verfahren 172.
— Überweisung an Schiedsgericht 84.
Schikanöse Klagen 52.
Schriftenwechsel, pleadings 52, 57, 127.
Schriftliche Wiedergabe von Urteilen, Begründungen 106.
Schuldhaft 122, 130.
Schuldner, säumiger 122.

Tatsachen, zu beweisen 111.
Tatsachen-Fragen 70ff., 91ff.
Taxing-master 8.
Testamentssachen 22, 140ff.
Testamentsvollstrecker, Ernennung und Bestätigung 140ff.
Testament, Bestätigung in gewöhnlicher Form und „in solemn Form" 140ff., 143.
Third Party Procedure (Streitverkündung) 87.
Traverse (Einrede), Bestreitung der Behauptungen der Gegenpartei 62.
Trial (Hearing) of an action 95ff.
— in Chancery Division 127.

Umpire, Schiedsrichter 172.
Undue influence 110.
Ungehörige Beeinflussung 110.
Unliquidated damages 103.
Urkunden 79ff.
Urkundenbeweis (documentary evidence) 114.
Urkunden, Vorlage und Bekanntgabe 71ff., 92ff.
Urkundenbeweis 109.
Urteil des Richters
— der Bench Division 105.
— der Chancery Division 127.
— Rechtskraft 107.
— im Scheidungsprozeß 139.
— in Testamentssachen 144.
— ausländisches, Vollstreckung 160.

Verbesserung und Ergänzung eines writ oder eines Schriftsatzes 84.
Verbote, richterliche 126.
Verdict, s. Wahrspruch der Geschworenen 102.
Verfahren vor High Court 34ff.
— in der mündlichen Hauptverhandlung 95ff.
— mit Geschworenen 95ff.
— ohne Geschworene 108.
— vor dem Master in Chambers 44ff.
— vor King's Bench Division 34.
Vergleich im Prozeß 101.
— des Schuldners mit den Gläubigern 170.
Verhaftung des Schuldners 122, 130.
Verjährungseinrede 63.
Vermögen, Feststellung in Chancery Division 128.
Versäumnisurteil 51, 61.
Verweigerung der Vorlage von Urkunden 72, 74.
Verweisung einer Sache an County Court 86.
Verzicht auf Fortführung des Prozesses 69.
Vexatious actions 63.
Vindictive damages 103.
Vollstreckungsbefehl 117.
Vollstreckungs- und Konkursverfahren 161ff.
Vollstreckung des Urteils 116ff., 130.
— von auswärtigen Urteilen 160.
— in Grundstücken 119.
Vollstreckung durch attachment 122.
— nach Billigkeitsrecht 119, 131.
Vollstreckung eines Schiedsspruches 176.
Vorbereitung der Hauptverhandlung 69.
Vorsorgliche Maßnahmen 76, 125.
Vorträge der Anwälte 98ff.

Wahl des urteilenden Richters und Gerichtsortes 80.
Wahrspruch der Geschworenen 102.
Wards of Court 131.
Wechselklage 46, 48.
Wertpapiere, Klagen aus Wertpapieren 46.
Wiederherstellung der ehelichen Rechte 134.
Widerklage 65.
Winding-up Companies, s. Curti II 348ff.
Wohnsitz 27ff.
Writ of attachment 119.
— of execution 117.
— of fieri facias 118.
— of sequestration 122.
— of Summons 35ff.
— generally indorsed 37.
— specially indorsed 39, 47.
— Änderung des Writ 101, 102.

Yearly Practice of the Supreme Court 15.

Zahlung in die Gerichtskasse 64.
Zeitschriften, juristische XII.
Zeugen, abwesende 77.
Zeugeneinvernahme 99, 111.
— on commission 77.
— by letter of request 77.
Zeugenbeweis 99, 109, 111.
Zeugen, ihre Bereitstellung 77.
— im Ausland 77.
Zwangsvollstreckung 116ff.
Zuständigkeit 15ff., 27ff.
— des Court of Appeal 24.
— der King's Bench Division 17.
— der Chancery Division 20.
— der Admiralty Division 22.
— des Judicial Committee des Private Council 25.
— des House of Lords 25.
— der Probate, Divorce Division 21.
— des County Court 30.
Zustellung des writ (der Klage) 35, 36.

Fortsetzung siehe nächste Seite.

Enzyklopädie der Rechts- und Staatswissenschaft. (Fortsetzung.)

Strafrecht und Strafprozeß

20. **Strafrecht.** Von Prof. Dr. **Eduard Kohlrausch,** Berlin.

*21. **Strafprozeßrecht.** Von Geh. Hofrat Prof. Dr. **Karl von Lilienthal †,** Heidelberg. VI, 97 Seiten. 1923. RM 3.20

22. **Kriminalpolitik.** Von Prof. Dr. **Ernst Rosenfeld,** Münster i. W.

*22a. **Preßrecht.** Von Landgerichtsrat Dr. **H. Mannheim,** Privatdozent an der Universität Berlin. VIII, 112 Seiten. 1927. RM 6.60

Sozialrecht und Wirtschaftsrecht

*31. **Arbeitsrecht.** Von Prof. Dr. **Walter Kaskel,** Berlin. Dritte erweiterte Auflage. XXII, 432 Seiten. 1928. RM 18.80

31a. **Soziales Versicherungsrecht.** Von Prof. Dr. **Walter Kaskel,** Berlin.

*31b. **Fürsorgerecht.** Von Stadtrat Dr. **H. Muthesius,** Berlin. XII, 184 Seiten. 1928. RM 8.60

32. **Wirtschaftsrecht.** Von Prof. Dr. **Walter Kaskel,** Berlin, und Geh. Regierungsrat Dr. **Reichardt,** Ministerialdirektor, Berlin.

Allgemeine Volkswirtschaftslehre

33. **Allgemeine Volkswirtschaftslehre.** Von Geh. Hofrat Prof. Dr. **Otto von Zwiedineck-Südenhorst,** München.

*34. **Geschichte der Volkswirtschaftslehre.** Von Prof. Dr. **Edgar Salin,** Heidelberg. 42 Seiten. 1923. Z. Zt. vergriffen.

*35. **Die Ordnung des Wirtschaftslebens.** Von Geh. Reg.-Rat Prof. Dr. **Werner Sombart,** Berlin. Zweite, verbesserte Auflage. V, 65 Seiten. 1927. RM 3.60

36. **Geld und Währung.** Von Prof. Dr. **Joseph Schumpeter,** Bonn a. Rh.

37. **Kredit und Banken (Kapital und Geldmarkt).** Von Prof. Dr. **Arthur Spiethoff,** Bonn a. Rh.

Besondere Volkswirtschaftslehre

38. **Landwirtschaft (Landwirtschaftl. Betrieb und Agrarpolitik).** Von Prof. **Otto Auhagen,** Berlin.

*39. **Gewerbepolitik.** Von Geh. Leg.-Rat Prof. Dr. **K. Wiedenfeld,** Leipzig. X, 213 Seiten. 1927. RM 9.60

40. **Innerer Handel.** Von Prof. Dr. **Theodor Beste,** Bonn a. Rh.

41. **Äußerer Handel.** Von Prof. Dr. **Friedrich Beckmann,** Bonn a. Rh.

42. **Verkehr.** Von Prof. Dr. **Erwin von Beckerath,** Köln a. Rh.

*43. **Versicherungswesen.** Von Regierungsrat a. D. Dr. **Fritz Herrmannsdorfer,** Hamburg. Mit 1 Abbildung. V, 156 Seiten. 1928. RM 8.80

44. **Sozialpolitik, Wohlfahrtspflege und Armenwesen.** Von Prof. **Gerhard Keßler,** Jena.